"十四五"职业教育国家规划教材

新编21世纪高等职业教育精品教材 ◆ 物流类

物流运输实务

（第三版）

WULIU YUNSHU SHIWU

主 编 姬中英

副主编 刘 浩 胡艳君 杨晓楼

中国人民大学出版社

·北京·

前 言

物流连接生产和消费、内贸和外贸，是实体经济的“筋络”。2024 年 2 月 23 日，习近平总书记在主持召开中央财经委员会第四次会议时强调：“物流降成本的出发点和落脚点是服务实体经济和人民群众，基本前提是保持制造业比重基本稳定，主要途径是调结构、促改革，有效降低运输成本、仓储成本、管理成本。”这就鲜明指出了现阶段我国物流发展的目标、任务和方向，为降低全社会物流成本、有力有效服务实体经济提供了根本指引。编者根据现代物流业发展的新技术、新要求和新变化，及时更新了教材内容。在本次修订中，教材编写团队还广泛听取和吸收了广大读者的建议，结合近几年教学改革实践，形成了以下鲜明特色。

1. 教材编写历程：深耕 20 年

本教材前身为《物流运输业务管理》，2006 年 8 月由科学出版社出版，该书曾获科学出版社教材建设三等奖。使用 8 年后，教材编写团队对教材内容和形式进行了大篇幅更新，更名为《物流运输实务》，由中国人民大学出版社出版，第一版出版于 2014 年 9 月，第二版出版于 2020 年 7 月，重点新增了“课程思政”内容，获评首批“十四五”职业教育国家规划教材。2025 年，教材编写团队又进行了第三版修订工作。教材编写团队根据新版专业教学标准、行业规范等新要求，重点修订了智慧物流产业发展新规范、新技术、新工艺的相关内容。

2. 教材编写团队：国家首批教师教学创新团队领衔

本教材编写团队由 8 人组成，主编是首批国家级职业教育教师教学创新团队（现代物流管理）负责人，具有 37 年运输管理课程教学经验。教材编写团队系教学创新团队核心成员，结构合理，由教授 1 人、副教授 3 人、讲师 3 人、企业经理 1 人组成。其中包括全国交通运输职业教育教学名师 1 人、全国职业院校技能大赛智慧物流赛项专家组组长 1 人、物流技能大赛优秀指导教师 4 人、物流管理 1+X 职业技能等级证书培训讲师 4 人。实力雄厚的编写团队为“岗课赛证”深度融通奠定了基础。

3. 课程思政进教材：国家级课题教改成果应用于教材开发

教材编写团队将教育部课题研究成果运用于教材。本教材系主编主持的教育部课题《物流管理专业“课程思政”载体与方法创新研究》的研究实践成果。课题特设《物流运输实务“课程思政”研究》子课题，挖掘本课程思政元素，与思政课教师结伴同行，共同进行课程思政系统教学设计，深化了教材的育人功能。该课程思政教学成果荣获全国物流职业教育教学指导委员会优秀课程思政教学案例、湖北物流职业教育集团“课程思政”优秀案例。主编受中国人民大学出版社邀请为全国 500 多名物流教材作者在线推广课程思政进教材的建设经验。

4. 行业指导：国家示范性职教集团、物流产教融合共同体指导教材类型建设

教材编写团队将首批国家示范性职教集团和长江经济带物流产教融合共同体的调查研究成果和建设成果运用于本教材。集团和共同体在建设过程中，得到湖北省物流协会、武汉物流协会的直接指导，开展了“物流企业万里行”活动，团队成员深入企业调研，研究制定了《湖北省物流企业基础岗位任职要求及主要业务流程》《湖北省职业教育物流管理专业中高职衔接教学标准》《商贸企业职业教育实习实训规范——实习组织与评价标准开发》《铁路集装箱箱流车流运输组织研究》《物流业态分类研究》等标准文件。在教材编写过程中，教材编写团队将这些研究成果融入教材内容。

本教材由姬中英担任主编，刘浩、胡艳君、杨晓楼担任副主编。全书共分六个项目，项目一由杨晓楼编写，项目二由姬中英编写，项目三由胡艳君编写，项目四由刘浩编写，项目五由胡惟璇编写，项目六由黄腾跃编写，全书习题及标准答案由曹萍编写，全书案例由武汉现代物流研究院有限公司石君总经理提供。本书的编写得到了全国物流职业教育教学指导委员会秘书长郭肇明和副秘书长李俊峰的指导，得到了中国人民大学出版社的帮助，在此一并致以真诚的感谢。

由于物流业发展特别是运输技术发展日新月异，再加之编者能力和时间有限，书中难免存在不当之处，恳请广大读者批评指正，以使本书日臻完善。

编者

目　录

项目一
物流运输认知

- 项目一　物流运输认知
  - 任务一　认识物流运输市场
    - 一、物流运输市场分析
    - 二、物流运输市场调研设计
    - 三、物流运输市场调研实施
    - 四、物流运输市场调研报告
  - 任务二　认识运输型物流企业
    - 一、物流企业的企业性质
    - 二、运输型物流企业的评估指标
    - 三、运输型物流企业的业务流程
    - 四、运输型物流企业的主要部门设置及职责

学习目标

素养目标

1. 了解中国正在加快建设交通强国，立体的交通运输网建成以后，将让每一个中国人从中受益，“人享其行、物畅其流”“流动的中国”将会让我们通达全球；
2. 培养肩负实现物流强国重任的担当与意识。

知识目标

1. 熟悉物流运输市场构成、物流运输系统、物流运输市场供求和竞争；
2. 了解运输市场调研相关内容；
3. 了解运输型物流企业评估指标、业务流程。

技能目标

1. 能够对物流运输市场有全面、系统的了解；
2. 能够对物流运输市场进行调研设计和实施；
3. 能够分析运输型物流企业的业务流程。

内容提要

本项目旨在让学生对物流运输有基本的认知，重点是认识物流运输市场和运输型物流企业。其中，任务一主要是让学生学习物流运输市场构成、供求、竞争、运输系统构成等基础内容，任务二主要是让学生学习运输型物流企业的企业性质、评估指标、业务流程和主要部门设置及职责。通过这些内容的学习，学生能够对物流运输有感性的认识，为后续拓展项目以及货物运输操作应用的学习打下基础。

通过“任务情境”创设认知情境，让学生带着问题和任务学习，在学习过程中通过“知识链接”等内容分析问题和解决问题。

任务一
认识物流运输市场

任务情境

湖北信达通恒物流有限公司（以下简称 XDTH 物流）总部位于湖北省襄阳市，注册资金为 5 000 万元人民币，是一家以专业化、标准化、网络化为特点，专注于湖北省内中西部地市和相邻的河南西部、陕西中南部、山西南部等地区的货运服务的物流公司。除襄阳公司外，XDTH 物流在十堰、南阳、洛阳、三门峡、运城、临汾、安康、商洛、渭南已成立 9 家子公司，拥有 600 余名员工，布局了 10 个物流分拨、配送中心，并在 50 多个城市、县、乡镇设置了网络节点。目前，XDTH 物流运营近 200 台车辆，公司所有运营车辆全部自购、自有、自控，实现了跨区域一体化运营。XDTH 物流成为以零担快运、城市配送、网络货运、供应链物流为主的综合服务型物流企业，实现了商流、物流、资金流、信息流四流合一的供应链一体化服务。

如今，在国家大力推动长江经济带发展的重大战略背景下，XDTH 物流想将业务拓展到武汉的公路运输和公-水联合运输。一天，公司总经理找到市场部张经理，要求张经理拟订一份武汉市物流运输市场调研方案，公司准备进行市场调研后再决定是否拓展与武汉间的公路运输业务和公-水联合运输业务。

如果你是市场部张经理，你应该从哪些方面入手对武汉的物流运输市场进行调研呢?

任务分析

1. 设计一份武汉物流运输市场调研方案；
2. 确定调研内容；
3. 确定运输市场调研的方式和方法；
4. 形成调研报告。

任务实施

XDTH 物流需要对武汉市大型专业物流运输市场和内河水运市场进行全面、细致的调研，形成调研报告（见图 1-1）。教师需要讲解物流运输市场必备理论知识和物流运输市场调研方案设计等内容。该任务在班级内部分小组完成，每组 5～6 名同学，要求每组认真讨论调研提纲，精心设计调研形式，形成一份调研报告。

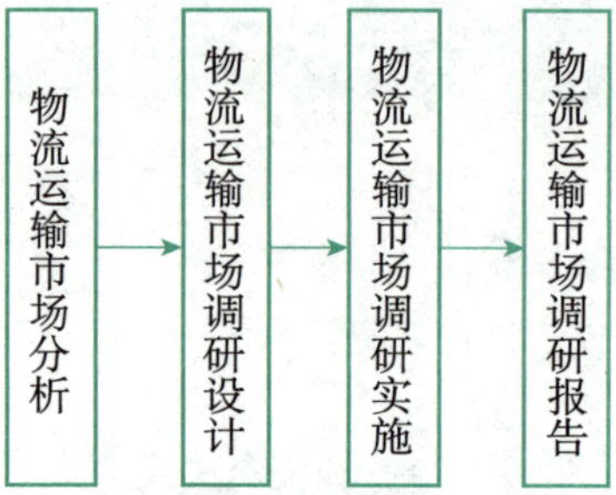

图 1-1　物流运输市场调研流程

流程一　物流运输市场分析

物流企业在进行市场调研之前，首先要对某地的运输市场进行全面分析，把握好调研范围和调研重点，确定调研的关键问题。

◎ 知识链接

一、运输的概念和作用

（一）运输的概念

动画：什么是物流运输市场

运输是指物品借助于运力在空间上所发生的位置移动。具体来讲，它是在不同的地域范围内（如两个城市、两个工厂或两个物流节点之间），以改变“物”的空间位置为目的，实现物流的空间效应。

（二）运输的作用

1. 运输是物流的主要功能要素之一

物流是“物”的物理性运动，它包含物的时间状态和空间状态的改变。运输是改变空间状态的主要手段。

2. 运输是社会物质生产的必要条件之一

运输是生产过程的继续，这一活动连接生产与再生产、生产与消费的诸环节，连接国民经济各部门，连接各企业，连接不同国家和地区，连接城乡。

3. 运输可以创造场所效用

空间场所不同，同种“物”的使用价值的实现程度也会不同。由于改变场所可以最大限度地发挥使用价值并提高投入产出比，因此这被称为场所效用。通过运输，将“物”运到场所效用最高的地方，就能发挥“物”的潜力，实现资源的优化配置。

4. 运输是“第三利润源”的主要源泉

运输承担大跨度空间转移任务，时间长、距离长、消耗也大。综合分析和计算社会物流费用会发现，运输费用在其中占比接近50%，有些产品的运输费用甚至高于产品的生产成本。

5. 合理的运输能降低物流费用，节约物流成本

运输费用是物流费用的主要组成部分，在物流费用中占有很大的比重。因此，企业可通过合理组织运输、缩短运输里程、提高运输工具的运用效率以降低运输费用，进而达到降低物流费用、节约物流成本的目的。

6. 合理的运输能加快资金周转速度，减少资金占用时间

从宏观角度来讲，合理的运输能促使物流建设加快，减少物品的库存量，加快资金的周转，节约资金的占用，这样就相应地提高了社会产品的使用效率，提高了物流的经济效益和社会效益。

二、物流运输系统

（一）物流运输系统的要素

构成物流运输系统的要素主要有基础设施、运输工具和运输参与者。

1. 基础设施

基础设施分为运输线路与运输节点两个要素。

（1）运输线路。运输线路是供运输工具定向移动的通道，也是运输工具赖以运行的基础设施之一，是构成运输系统最重要的因素之一。

（2）运输节点。运输节点是指以连接不同运输方式为主要职能，处于运输线路上的承担货物集散、运输业务办理、运输工具保养和维修的基地与场所。

2. 运输工具

根据从事运输活动的独立程度，运输工具可以分为以下三类。

（1）仅提供动力，不具有装载货物容器的运输工具，如铁路机车、牵引车、拖船等；

（2）没有动力，但具有装载货物容器的从动运输工具，如车皮、挂车、驳船、集装箱等；

（3）既提供动力，又具有装载货物容器的独立运输工具，如轮船、汽车、飞机等。

3. 运输参与者

运输活动的主体是运输参与者，运输活动作用的对象（运输活动的客体）是货物。货物的所有者是物主或货主。只有物主和运输参与者共同参与，运输才能进行。

（1）物主或货主。物主或货主包括托运人（或称委托人）和收货人，有时托运人与收货人是同一主体，有时不是同一主体。

（2）承运人。承运人是指运输活动的承担者，可能是铁路货运公司、航运公司、民航货运公司、储运公司、物流公司或个体运输业者等。

（3）货运代理人。货运代理人是根据货主的指示，为获得代理费用而招揽生意、组

织运输的人员，其本人不是承运人。他们负责将来自各货主的小批量货物合理组织起来，以大批量装载，然后交由承运人运输。

（二）物流运输系统的分类

动画：

运输与运输方式

1. 按运输方式划分

按运输方式划分，物流运输系统可分为公路运输、铁路运输、水路运输、航空运输和管道运输。

2. 按运输线路的性质划分

按运输线路的性质划分，物流运输系统可分为干线运输、支线运输、二次运输和厂内运输。

（1）干线运输。干线运输是指利用铁路与公路的骨干线路、大型船舶的固定航线以及枢纽机场的定期航线进行的长距离、大批量的运输。

（2）支线运输。支线运输是指与干线相连接的分支线路上的运输。支线运输是干线运输与收、发货地点之间的补充性运输方式，一般路程较短、运输量相对较小。

（3）二次运输。二次运输是指干线、支线运输到目的站后，目的站与客户仓库或指定地点之间的运输。由于这是一种补充性的、以满足个体单位需要的运输方式，因此运输量相对较小。

（4）厂内运输。厂内运输是指在生产企业的内部，直接为生产过程服务的运输方式。厂内运输一般在车间与车间之间、车间与仓库之间进行。厂内运输一般使用载货汽车，搬运时操作人员则使用叉车、输送机等。

三、物流运输市场

物流运输市场是运输生产者和运输需求者进行运输产品交易的场所和领域。狭义的物流运输市场是指承运人提供运输工具和运输服务来满足货主对运输的需求的交易活动场所。广义的物流运输市场是指一定地区对运输需求和供给的协调与组织，包括一定的交易场所、较大范围的营业区域和各种直观或隐蔽的业务活动。

（一）运输需求的含义

运输需求是一个特定概念，是指由于社会经济活动的需要，货主对运输供给者提出的实现货物空间位移的有支付能力的、可以实现的要求。

（二）运输供给的含义

静态的运输供给是指在一定的时期内、一定的价格水平下，运输供给者愿意并能够提供的运输服务的数量；动态的运输供给则是指运输供给者向运输市场提供运输服务的过程。

（三）物流市场的竞争

物流市场的竞争主要来自两个方面：物流供需双方的竞争和物流企业之间的竞争。两种竞争相比，前者比较缓和，后者比较激烈。

物流企业之间的竞争，即物流供给者间的竞争。目前，我国物流市场上形成了以四类物流企业为主的竞争格局。

一是从传统的运输、仓储和商贸企业转型的物流企业，以大中型国有企业为典型代表，如中外运、中邮物流、中铁快运、中远海运物流、中国储运等；

二是生产制造企业在供应链流程再造中打造的第三方物流服务公司，如日日顺物流、安得物流等；

三是按照现代化物流理念和经营模式建立的新型物流服务企业，以民营资本为主，如顺丰控股、中通快递、京东物流、圆通快递、宝供物流等；

四是中外合资或外商独资建立的物流企业，如 FedEx、DHL（中外运敦豪）、UPS 等。

就市场份额而言，在这四类物流企业中，第一类物流企业仍占据市场的主导地位；第二类物流企业所占市场份额较小，主要利用其与生产企业的密切联系发展供应链服务；第三类物流企业的市场份额快速上升；第四类物流企业的市场份额正逐步扩大，并主要占据高端市场。

流程二 物流运输市场调研设计

本次调研由 XDTH 物流市场部组织进行。调研的总体目的是对武汉市公路和公-水联合运输进行市场分析，以便公司做出科学决策。

本次调研对象包括物流运输市场中的供给和需求两个方面。“供给”是调研目前经营武汉至襄阳、十堰等地的零担物流企业有哪些，并调研在武汉港从事内河水运业务的主要船运企业；“需求”是调研武汉产业集中度比较高的生产制造型企业和流通型企业，通过现场实地调研和查阅统计数据统计出这些企业与襄阳、十堰、河南西部、陕西中南部、山西南部等地区之间货物运输的具体流向、流量、流时等情况。

◎ 知识链接

一、物流运输市场调研的内容

（一）市场运营环境调研

市场运营环境调研资料是物流运输企业开拓市场的基础资料，主要包括政治环境、经济环境、法律环境、技术环境、竞争环境、自然环境和文化环境等方面的资料以及区域内物流环境调研资料。

（二）物流运输市场需求调研

物流运输市场需求的调研内容有运输市场容量调研（包括物流运输市场需求结构变化情况、需求量和分布情况）、物流运输需求特点调研、市场需求变化趋势调研等。

（三）物流运输市场供给调研

物流运输市场供给是与物流运输市场需求相对应的概念，是指在一定时期内社会能够向市场提供有效物流服务的能力或资源，也就是在一定价格水平下企业愿意提供的各种物流运输服务的数量。

（四）客户资源调研

客户资源调研主要包括主要客户的数量、行业分布和区域分布以及未来的物流需求、物流发展计划等。

（五）运输产品和价格调研

运输产品和价格调研主要包括调研运输市场上同类物流服务的数量、质量、价格等，物流需求者对服务的认识、建议等，服务成本及其变动情况，影响市场价格变化的因素，同类服务供求变化情况，替代服务价格的高低，不同服务方案的定价方法以及促销的调研等。

（六）物流流量和流向调研

物流流量和流向调研主要包括承运商品的运量、主要运输方式、商品的流向、商品流通过程覆盖的区域等。

二、物流运输市场调研方案设计

物流运输市场调研方案设计是指根据调研目的和调研对象的性质，在进行实际调研之前，对调研工作总任务的各个方面和各个阶段进行通盘的考虑和安排，提出相应的调研实施方案，制定合理的工作程序。

物流运输市场调研方案设计主要包括以下几个方面。

（一）确定调研目的

确定调研目的是调研设计的首要问题，只有确定了调研目的，才能确定调研的范围、内容和方法。

（二）确定调研对象和调研单位

确定调研对象和调研单位主要是为了解决向谁调研和由谁来具体提供资料的问题。例如：在对冷藏物流市场进行调研时，调研对象就是涉及冷藏货物经营的企业，如冷饮、肉制品、速冻食品以及乳制品等生产企业。而调研单位则是从这些企业中抽选出来的个体。

（三）确定调研项目

调研项目是指对调研单位所要调研的主要内容，确定调研项目就是要明确向调研对象了解哪些问题。

（四）制定调研提纲或调研表

当调研项目确定后，可将调研项目科学地分类、排列，形成调研提纲或调研表，方便调研登记和汇总。调研表一般由表头、表体和表脚三个部分组成。

（五）确定调研时间、调研期限

调研时间是指调研资料所属的时间。调研期限是规定调研工作的开始时间和结束时间。为了提高信息资料的时效性，在可能的情况下，调研期限应适当缩短。

（六）确定调研方式和方法

搜集调研资料的方式有普查、重点调研、典型调研、抽样调研等。具体的调研方法包括文案法、访问法、观察法和实验法等。

（七）确定调研资料的整理方法和分析方法

随着经济理论的发展和计算机的运用，越来越多的现代统计分析手段可供调研人员在分析调研资料时选择，如回归分析、相关分析、聚类分析等。由于每种分析方法都有自身的特点和适用性，因此，调研人员应根据调研的要求，选择最佳的分析方法并在方案中加以规定。

（八）确定提交调研报告的方式

确定提交调研报告的方式主要是确定调研报告的形式和份数、调研报告的基本内容、调研报告中图表的多少等。

（九）制订调研组织计划

调研组织计划是确保实施调研的具体工作计划，主要包括调研的组织领导、调研机构的设置、人员的选择和培训、工作步骤及善后处理等。必要时，还必须明确规定调研的组织方式。

表 1－1 是物流运输市场调研实施计划表。

表 1－1　物流运输市场调研实施计划表

编号：　　　　　　　　　　　　　　　　　　　　　　　填写日期：

<table>
<tr><td>调研目标</td><td colspan="4"></td></tr>
<tr><td>考虑因素</td><td colspan="4"></td></tr>
<tr><td>调研方法</td><td colspan="4"></td></tr>
<tr><td>调研人员</td><td colspan="4"></td></tr>
<tr><td>调研区域</td><td colspan="4"></td></tr>
<tr><td>调研日期</td><td colspan="4"></td></tr>
<tr><td>调研对象群体</td><td colspan="4"></td></tr>
<tr><td rowspan="3">行程表</td><td>时间</td><td>活动项目</td><td>调研对象</td><td>备注</td></tr>
<tr><td></td><td></td><td></td><td></td></tr>
<tr><td></td><td></td><td></td><td></td></tr>
<tr><td>准备事项</td><td colspan="4"></td></tr>
<tr><td>经费预估</td><td colspan="4"></td></tr>
<tr><td>审批</td><td>总经理意见</td><td></td><td>市场拓展部经理意见</td><td></td></tr>
</table>

批准：　　　　　　　　　审核：　　　　　　　　　拟文：

流程三　物流运输市场调研实施

本次调研将每班学生分成两大组。其中第一大组调研物流运输市场中的供给情况，即调研武汉专线物流公司；第二大组调研物流运输市场中的需求情况，即调研武汉市主要的生产制造型企业和流通型企业。每大组分成若干小组，每小组由5～6名同学组成，每小组设组长一名。具体见表1-2、表1-3、表1-4。

表1-2　物流运输市场中的供给情况调研安排

小组名	组长	组员	调研任务	调研时间
1			武汉东西湖保税物流园	2天
2			汉口北高新物流园	2天
3			红霞物流园	2天
4			安能物流园	2天
5			汉欧国际物流园	2天
6			湖北功臣物流园	2天
7			普洛斯江夏物流园	2天
8			武汉洲际物流园	2天

表1-3　物流运输市场中的需求情况调研安排

小组名	组长	组员	调研任务	调研时间
1、2			武汉经济技术开发区	3天
3、4			武汉东湖新技术开发区	3天
5、6			青山区武钢下属企业	3天
7、8			吴家山台商工业园	3天

表1-4　武汉内河水运市场调研安排

小组名	组长	组员	调研任务	调研时间
1、2			阳逻港区	2天
3、4			经开港区	2天
5、6			江夏港区	2天
7、8			白浒山港区	2天

流程四　物流运输市场调研报告

调研报告是对某项工作、某个事件、某个问题，经过深入、细致的调研后，将调研中搜集到的材料加以系统整理、分析研究，以书面形式向组织和领导汇报调研情况的一种文书。调研报告体现了写实性、针对性和逻辑性。

◎ 知识链接

一、调研报告的结构

调研报告一般由标题和正文两部分组成。

（一）标题

调研报告要有规范的标题，即“发文主题”加“文种”，基本格式为“××关于×××× 的调研报告”“关于×××× 的调研报告”“×××× 思考（建议、分析、对策研究）”等。

（二）正文

正文一般分前言、主体、结尾三部分。

1. 前言

前言起到画龙点睛的作用，要精练概括、直切主题。

2. 主体

这是调研报告最主要的部分，这部分详述调研的基本情况、做法、经验，以及分析调研材料中得出的各种具体认识、观点和基本结论。

3. 结尾

结尾可以提出解决问题的方法、对策或下一步改进工作的建议；或总结全文的主要观点，进一步深化主题；或提出问题，引发人们进一步思考；或展望未来，发出鼓舞和号召。

二、调研报告的格式要求

调研报告的格式可参考以下内容：

（1）字数：控制在 3 000 字左右。

（2）书写顺序：标题、班级、组名、姓名、学号、正文。

（3）格式及字体字号。

1）标题：宋体二号。

2）班级、组名、姓名、学号：楷体三号。

3）正文：宋体五号。

4）正文标题一般不超过三个层次。第一层标题为黑体，样式为“一、”，第二层标题为楷体，样式为“（一）”，第三层标题为仿宋加粗，样式为“1.”。

归纳总结

作为企业“第三利润源”的物流，完成其改变“物”的空间位置功能的主要手段是运输。综合分析表明，运输费用占全部物流费用近 50% 的比重。在现实生活中，有很多人认为物流就是运输，就是因为物流的很大一部分功能是由运输完成的。由此可见，运输在物流中占有重要地位。

由于运输市场的形成是基于客观上存在对运输的需求，因此运输市场表现为在相当广阔的空间里，在一定时间的推移中实现运力的需求与供给，从而完成货物的位移。

运输市场随运输需求和供给的产生而出现，它在价值规律的作用下运作。

本任务让学生：一是初步认识物流运输市场调研；二是学习物流运输市场调研方案设计的内容；三是了解与调研方案设计密切相关的基本理论。

任务二 认识运输型物流企业

任务情境

赵明是武汉交通职业学院物流学院的学生，今年读大三。进入大三后，赵明应聘了几家实习单位，最终，他选择了德通物流公司（以下简称 DT 物流）。经过多方了解，赵明知道了 DT 物流的以下一些信息：

DT 物流创立于 1996 年，从空运起家成长为“公路零担物流巨头”，再到大件快递领导者，不断为提升客户体验而努力，如今已成长为一家覆盖快递、物流、跨境、仓储与供应链的综合性物流供应商，是国家 AAAAA 级物流企业。

作为大件快递领导者，DT 物流在新质生产力浪潮的引领下，加大科技投入力度，提升自身的智能化水平，为物流行业的转型升级贡献自己的力量。

在收件环节，DT 物流推出云打印模式，客户可实现远程下单，同时支持隐私面单模式，提升线上服务效率与体验；在派送环节，DT 物流运用全段码分拣功能，有效缩短出仓时长，卸车分拣时长由约 40 分钟减少至约 18 分钟，提高了卸车、分拣、出仓效率，让货物更快地被分拣并派送到客户的手中，有效提升了终端服务质量；在分拣和卸车环节，DT 物流应用窄带设备和狂扫设备，实现货物高效中转，效率提升有了更大突破；在运输环节，DT 物流引入先进技术，连通场内所有终端设备，打造智能路由系统，通过实时规划，实现全局最优线路运行，提升自有车利用率，减少外请使用需求。

在保障配送效率，提升服务质量的同时，DT 物流通过持续使用电子面单、循环纤袋、循环围板箱、小型聚丙烯中空板箱等绿色包装材料，不仅助力商家降低包装成本，还积极响应绿色、可持续的物流发展新趋势。

以上这些信息赵明觉得还不够全面，他希望更多地了解关于 DT 物流的企业性质、企业的组织结构、具体部门、岗位设置、业务流程等信息，以便使自己在入职前对企业有全面的认识，了解自己将来在 DT 物流的职业发展空间。

任务分析

1. 了解 DT 物流的企业性质；
2. 熟悉物流企业的评估指标；
3. 了解运输型物流企业的业务流程；
4. 熟悉运输型物流企业的主要部门设置及职责等信息。

运输型物流企业的认知内容如图 1－2 所示。

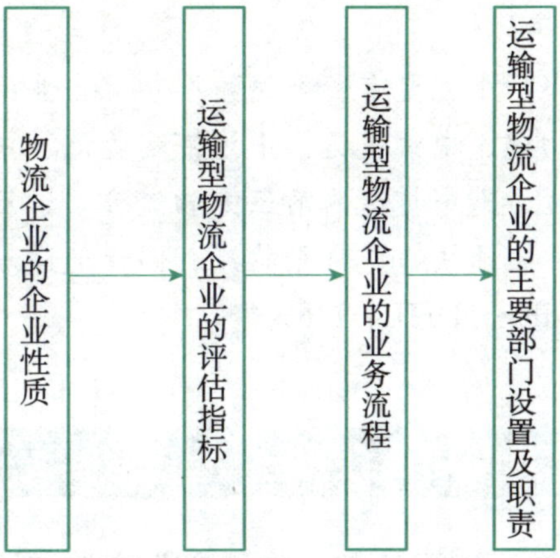

图 1－2　运输型物流企业的认知内容

任务实施

赵明要分别从 DT 物流的企业性质、企业规模、业务流程、主要部门设置及职责等内容对其进行全面了解，期望在入职后很快适应工作岗位任职要求。

流程一　物流企业的企业性质

经过向专业教师的咨询和请教，赵明知道了 DT 物流的企业性质：

DT物流是一家民营物流企业，是中国民营物流企业十强，同时是中国物流与采购联合会会员单位，曾获“中国物流杰出企业”称号。

1. 企业主营业务

DT物流专业从事国内公路运输和航空运输代理，网络遍及所有省、自治区、直辖市的500多个城市和地区，产品包括DT快递、精准卡航、精准城运、精准汽运、整车运输、航空货代等。作为航空运输代理，DT物流拥有南航、国航、深航、厦航、东航、山航、海航等多家航空公司的代理权，在全国主要大中城市设有空运代理点，是华南地区最具实力的空运代理企业之一。

2. 企业规模和实力

DT物流是国家5A级物流企业，在上海、北京、广州、深圳等各大中城市建有近30个中心枢纽外场，近1万个网点遍布全国所有省、自治区、直辖市，网络辐射全国90%的经济中心；在全国有华北、华东、华中、深圳、广州五大事业部；四大运作中心分别设在上海、广州、北京和武汉。

◎ 知识链接

目前，我国物流运输市场上主要有四类运输型物流企业：一是国有性质的运输型物流企业，如中外运、中邮物流、中铁快运、中远海运物流、中国南方航空公司等；二是生产制造企业在供应链流程再造中打造的第三方物流公司；三是以民营资本为主的运输型物流企业，如顺丰控股、中通快递、京东物流、圆通速递等；四是中外合资或外商独资建立的物流企业，如FedEx、DHL、UPS等。

流程二 运输型物流企业的评估指标

物流企业分类与评估指标依据的是《物流企业分类与评估指标》(GB/T 19680—2013)。该标准规定了物流企业的定义与分类原则、方法，明确了我国物流企业的类型与评估指标。根据该标准，我国的物流企业基本分为三类：运输型物流企业、仓储型物流企业、综合服务型物流企业。

国家标准GB/T 19680—2013中对运输型物流企业的评估指标见表1-5。

表1-5 运输型物流企业评估指标

评估指标		级别				
		AAAAA级	AAAA级	AAA级	AA级	A级
经营状况	1. 年物流营业收入/元*	16.5亿元以上	3亿元以上	6 000万元以上	1 000万元以上	300万元以上
	2. 营业时间*	5年以上	3年以上		2年以上	

续表

评估指标		级别				
		AAAAA 级	AAAA 级	AAA 级	AA 级	A 级
资产	3. 资产总额/元*	11 亿元以上	2 亿元以上	4 000 万元以上	800 万元以上	300 万元以上
	4. 资产负债率*	不高于 70%				
设备设施	5. 自有货运车辆/辆*（或总载重量/t）*	1 500 以上（7 500 以上）	400 以上（2 000 以上）	150 以上（750 以上）	80 以上（400 以上）	30 以上（150 以上）
	6. 运营网点/个	50 以上	30 以上	15 以上	10 以上	5 以上
管理及服务	7. 管理制度*	有健全的经营、作业、财务、统计、安全、技术等机构和相应的管理制度				
	8. 质量管理	通过国家或行业相关认证			具有规范的质量管理体系	
	9. 业务辐射面*	跨省区以上			—	
管理及服务	10. 物流服务方案与实施	提供物流系统规划、资源整合、方案设计、业务流程重组、供应链优化、物流信息化等方面服务			提供整合物流资源、方案设计等方面的咨询服务	
	11. 客户投诉率（或客户满意度）	≤0.05%（≥98%）	≤0.1%（≥95%）		≤0.5%（≥90%）	
人员管理	12. 中高层管理人员*	80%以上具有大专及以上学历，或全国性行业组织物流师认证	60%以上具有大专及以上学历，或全国性行业组织物流师认证		30%以上具有大专及以上学历，或全国性行业组织物流师认证	
	13. 基层物流业务人员	60%以上具有中等及以上学历或物流职业资格	50%以上具有中等及以上学历或物流职业资格		30%以上具有中等及以上学历或物流职业资格	
信息化水平	14. 信息系统*	物流经营业务全部信息化管理			物流经营业务部分信息化管理	
	15. 电子单证管理	90%以上	70%以上		50%以上	
	16. 货物物流状态跟踪*	90%以上	70%以上		50%以上	
	17. 客户查询*	建立自动查询和人工查询系统			建立人工查询系统	

注 1：标注 * 的指标为企业达到评估等级的必备指标项目，其他为参考指标项目。

注 2：物流营业收入指企业通过物流业务活动所取得的收入总额，包括提供运输、仓储、装卸、搬运、包装、流通加工、配送、信息等基本服务及其他相关增值服务所取得的业务收入。

注 3：运营网点是指在企业市场覆盖范围内，可以承接并完成企业基本业务的分支机构和联盟伙伴。

注 4：客户投诉率是指在年度周期内客户对不满意业务的投诉总量与企业业务总量的比率。

注 5：客户满意度是指在年度周期内企业对客户满意情况的调查统计。

注 6：基层物流业务人员是指从事物流业务执行活动的企业成员。

流程三　运输型物流企业的业务流程

运输业务非常复杂，涉及公路运输、铁路运输、水路运输、航空运输、管道运输等，每一部分的运输流程都不大相同。运输型物流企业业务运作流程见图 1-3。

动画：

运输型物流企业业务运作流程

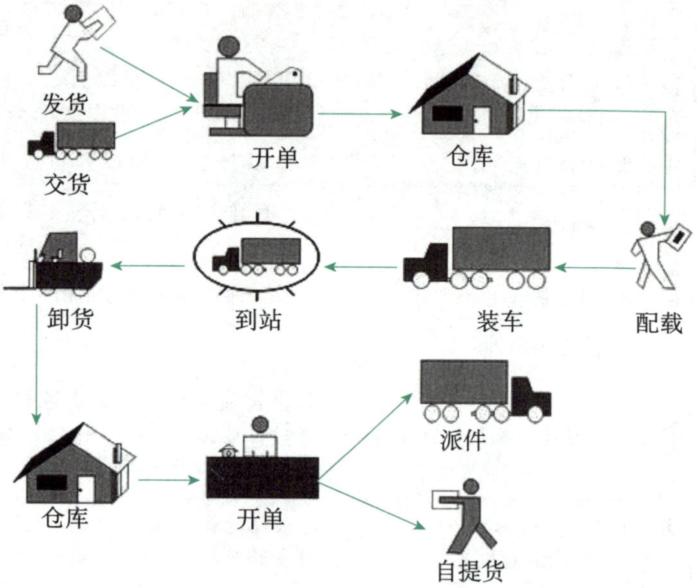

图 1-3　运输型物流企业业务运作流程

流程四　运输型物流企业的主要部门设置及职责

由于运输型物流企业规模有大、中、小之分，因此具体部门设置也不尽相同。下面以一家中等规模的物流企业为例介绍部门设置及职责。

1. 业务部

业务部的主要职责为明确公司的配送服务目标并努力实现目标；维持与老客户的良好关系，努力发展新客户；进行市场调研和市场需求预测，提出竞争策略和建议。

2. 客户服务部

客户服务部是联系公司与客户的纽带，是公司的对外窗口。客户服务部的主要职责为维护客户资源，防止客户流失，提供优质的后续服务。客户服务部既要在客户中积极推广企业的宗旨、服务、理念、产品，又要听取客户的建议，处理客户的投诉等，使双方在合作中互利互惠、协调发展、和谐共赢。

3. 仓储部

仓储部的主要职责是负责日常运输产品的缴库、保管、发运、销货退回及滞存料与滞成品处理等事务，以及有关产品仓储管理作业的库位规划、收发货作业及仓储管理等事务，另外还负责配套设施、机械、制冷设备的管理和维护工作。

4. 运输部

根据公司业务开展情况，运输部全面负责公司车队的调度和运输业务的实时监控管理。

5. 运营部

运营部负责公司各部门规则的制定和绩效考核。

6. 财务部

财务部的主要职责是负责整个公司的财务事项、公司发展预算与结算的编制，日常财务核算、出纳工作；并定期对各部门的收支情况进行分析，及时向总经理汇报资金运转情况，参与公司各部门经营管理预测和决策，参与各种生产经营会议，参与审核、审查等重要经济活动。

7. 设备管理部

设备管理部的主要职责是负责公司设备的全权管理和调配；深入现场，掌握人员和设备状况。

8. 行政部

行政部的主要职责是负责物流配送中心日常事务性工作，做好各种后勤服务。

9. 网络部

网络部主要负责公司各部门计算机的维护与维修，公司网络的建设及信息更新，物流信息服务平台的建设、维护与管理。

10. 人力资源部

人力资源部主要负责人员的招聘、培训及人员编制管理等工作。

归纳总结

运输型物流企业的企业性质目前主要有国有、以民营资本和股份资本为主和中外合资或外商独资三种。

物流企业类型主要有运输型、仓储型、综合服务型三种。

运输型物流企业的评估指标是非常详细、具体、可量化的指标体系。

运输型物流企业的业务流程及部门设置不尽相同，但是大同小异，遵循货物流、信息流、单据流和资金流的基本逻辑规律。

学德增信

70余年交通巨变　把提升人民幸福感、获得感放在首位

经济要发展，交通须先行；民生得改善，交通来开路。

雨后清晨，远山青翠。泰山脚下的泰安市里峪村君子居客栈里又迎来游客爆满的场面。“现在北京到泰安只要两个小时，过去不敢想！1/3的客人是坐京沪高铁过来的。村里不少老宅子都被开发成民宿，乡村游火了！”君子居客栈老板岳建说。泰安只是京沪高铁上的一站，却浓缩了京沪高铁沿线地区的变化。

张金山是某物流公司的一位货运车司机，常年跑广州到北京这条线。“早些年我刚到咱物流公司开车时，广州到北京这条线只有京港澳高速，那时候京港澳高速经常堵车，后来咱国家又修通了靠东边点儿的大广高速，分流了很多车。2020年1月开始，全国高速公路取消了省界收费站，过去经常堵在省界收费站好几个小时的情况没有了，高速路走起来更顺畅了，现在基本都能按公司要求的时间准时送到，公司满意了，客户也就满意了。”

“要致富，先修路！”公路一通，蔬菜瓜果摆上了广大市民的餐桌，山乡美景迎来了络绎不绝的游客；铁路一通，数以亿吨的矿石煤炭、琳琅满目的货物商品在大江南北辗转腾挪、昼夜不停；航路一通，五湖四海的商贾宾朋纷纷云集华夏，志向远大的中国企业昂首走向全球……70余年交通巨变，改写了神州大地的时空格局。方便、快捷、舒适、温暖的出行体验，让越来越多的中国人“说走就走”，惬意拥抱绚烂广阔的世界。

资料来源：刘志强．交通铺就发展大道［N］．人民日报，2020-09-11.

讨论准备：

1. 请同学们回顾自己从家乡到学校来求学，主要乘坐哪些交通工具，到达学校总用时多长。

2. 请同学们查阅2021年中共中央、国务院印发的《国家综合立体交通网规划纲要》。

讨论题目：

1. 从你的家乡通过的高速公路线路有哪些？

2. 你的家乡是否开通了高铁？高铁的开通给沿线的经济发展和人民群众出行带来哪些好处？

3. 2021年中共中央、国务院印发的《国家综合立体交通网规划纲要》的主要内容是什么？

学思践行

1. 调研你家乡的主要产业，了解主要产业中重点企业的原材料、产成品的货物流向和运输方式，撰写一份市场调研报告。

2. 向家人或朋友介绍中华人民共和国成立以来，中国物流运输环境的巨大变化，特别是中国已建成全球最大的立体交通物流网。

同步实训

认识物流园区——武汉红霞物流园

实训任务

针对武汉红霞物流园进行一次市场调研活动，要求设计调研方案，完成调研活动，形成调研报告，并将调研成果进行班级内的展示和分享。

（1）了解武汉红霞物流园的基本情况；

（2）了解武汉红霞物流园入驻的物流企业情况，并绘制布局示意图；

（3）全面了解武汉红霞物流园的物流线路开通情况、货物类别和物流运输企业服务的客户企业情况。

实训目的

通过对武汉红霞物流园的市场调研，掌握物流市场调研的方法，形成对物流园区的基本认知。

实训准备

（1）学生分组：4 人一组，组内可进行分工。

（2）每组根据情况，进行物流园区调研分析，确定调研提纲、调研内容和方法。

实训步骤

（1）武汉红霞物流园实地调研；

（2）典型运输型物流企业调研。

典型运输型物流企业调研的内容包括企业名称、企业类型、主营业务内容、行业优势、业务网络、业务流程、岗位设置、员工需求等基本情况。

实训结果

调研报告演示、陈述。利用课堂时间（90 分钟）对调研资料进行整理，制作成演示幻灯片（PPT），并进行演示、陈述。

同步测试

一、单项选择题

1. 创新学习是一种以（　　）为基础，采取创造性方法，积极追求创造性成果的学习。

A. 奇思妙想　　B. 瞬间顿悟　　C. 求真务实　　D. 封闭蛮干

2.（　　）不是托盘的优点。

A. 返空容易　　B. 自重量小　　C. 保护性能好　　D. 装载量适宜

3. 运输的本质是一种（　　）。

A. 产品　　B. 服务　　C. 营销　　D. 技术

4. 下列哪项物流业务可以不实行运输过程透明化管理？（　　）

A. 冷链物流运输　　B. 危险品物流运输

C. 高价值商品运输　　D. 低价值商品运输

5. 运输可以创造（　　）效用。

A. 时间　　B. 服务　　C. 产品　　D. 场所

6.（　　）是供运输工具定向移动的通道，也是运输工具赖以运行的基础设施之一，是构成运输系统最重要的因素之一。

A. 运输节点　　B. 运输线路　　C. 基础设施　　D. 运输参与者

7. 由于质量问题，产品被厂家召回，因此产生的物流活动属于（　　）。

A. 供应物流　　B. 生产物流　　C. 销售物流　　D. 回收物流

8. 以下（　　）不是运输参与者。

A. 物主　　B. 承运人　　C. 货运代理人　　D. 货车生产企业

9. 公路运输的适用范围是（　　）的货物运输。

A. 远距离、大批量　　B. 近距离、小批量

C. 远距离、小批量　　D. 近距离、大批量

10.（　　）是整个运输管理系统的核心。

A. 运输调度　　B. 费用控制　　C. 外包管理　　D. 资源管理

11. 干线运输主要承担（　　）的货运任务。

A. 远距离、大批量　　B. 近距离、大批量

C. 近距离、小批量　　D. 远距离、小批量

12. 水路运输适用于（　　）。

A. 运距长、运量大、时间性不太强的货物运输

B. 运距短、运量大、时间性不太强的货物运输

C. 运距长、运量小、时间性不太强的货物运输

D. 运距长、运量大、时间性很强的货物运输

13. 铁路运输中，（　　）的货运量最大。

A. 铁矿石　　B. 石油　　C. 粮食　　D. 煤炭

14. 下列不属于货主范畴的是（　　）。

A. 托运人　　B. 收货人　　C. 委托人　　D. 承运人

15. 德邦快递公司以大件快递为核心，业务涉及快运、整车运输、仓储与供应链等多元业务，从以上业务范围可看出德邦快递公司属于（　　）。

A. 仓储型物流企业　　B. 运输型物流企业

C. 综合服务型物流企业　　D. 物流代理型物流企业

二、多项选择题

1. 物流运输市场包括（　　）。

A. 运输产品交换的场所

B. 运输产品的流通领域

C. 运输产品供求关系的总和

D. 在一定时空条件下对运输产品的需求总和

2. 下列选项可提高实载率的措施包括（　　）。

A. 整车运输　B. 整车拼装　C. 整车分卸　D. 分装分卸

3. 下列属于物流运输市场的构成主体的是（　　）。

A. 物流运输的供给者　B. 物流运输的需求者

C. 物流运输的中介机构　D. 政府

4. 物流运输市场的功能有（　　）。

A. 信息传递　B. 资源优化配置

C. 结构调整　D. 促进技术进步

5. 根据运输市场的供求状况，运输市场可以分为（　　）。

A. 买方运输市场　B. 卖方运输市场

C. 完全竞争运输市场　D. 垄断竞争运输市场

6. 物流运输市场需求的特点有（　　）。

A. 多样性　B. 广泛性　C. 部分可替代性　D. 派生性

7. 物流运输市场供给的特点有（　　）。

A. 整体性　B. 不平衡性　C. 时空差异性　D. 公共性

8. 按运输作用划分，物流运输系统可分为（　　）。

A. 集货运输　B. 配送运输　C. 二次运输　D. 厂内运输

9. 按运输中途是否换载划分，物流运输系统可分为（　　）。

A. 联合运输　B. 直达运输　C. 中转运输　D. 多式联运

10. 很多国家政府倡导绿色物流配送的对策是在（　　）几个方面制定相关的政策。

A. 污染发生源　B. 交通量　C. 交通流　D. 物流系统

三、问答题

1. 简述物流运输市场的特征。

2. 影响物流运输市场需求的因素有哪些？

3. 影响运价的因素有哪些？

4. 物流企业的客户服务工作主要从哪几个方面来着手？

四、业务分析题

根据各种交通运输方式的特点及货物（人员）特点，请选择最佳的运输方式并打“√”（见表1-6）。

表 1-6 选择最佳的运输方式

货物（人员）类别	数量	起点至终点	选择最佳的运输方式					
			铁路	公路	河运	海运	航空	管道
羊	1 000 只	包头—北京						
煤	1 万吨	秦皇岛—厦门						
会议代表	15 名	拉萨—乌鲁木齐						
柑橘	5 000 吨	重庆—宜昌						
原油	10 万吨	胜利油田—南京						
急救药	1 箱	武汉—潜江						

项目二
公路货物运输实务

- 项目二　公路货物运输实务
  - 任务一　营业部受理托运
    - 一、托运人咨询、填写托运单
    - 二、承运人验货过磅量方、审核托运单
    - 三、公路货物运费的计算与结算
  - 任务二　物流运作中心组织货物运输
    - 一、货物配载
    - 二、装车
    - 三、车辆运行与在途跟踪
    - 四、卸车及交付

学习目标

素养目标

1. 了解物流行业连着供需两端，物流安全直接影响百姓安全和供应链安全；
2. 遵守职业规范，强化安全生产意识。

知识目标

1. 熟悉公路货物运输业务流程；
2. 了解公路货物运输的货物分类和营运方式；
3. 了解公路货物运输的相关单证；
4. 掌握公路货物运输运费的计算；
5. 掌握公路货物配载、装车和卸车的原则；
6. 掌握贵重物品操作规定。

技能目标

1. 作为物流企业营业部的客服人员，在熟练掌握公路货物运输业务流程的基础上，能够接待客户的业务咨询，指导客户填写托运单，会进行货物的验货过磅，会计算运费；
2. 作为物流运作中心的工作人员，在熟练掌握公路货物运输业务流程的基础上，能够正确请车，会进行货物的配载，合理地安排车辆的行驶线路，能够进行车辆的跟踪，能够按照操作规范进行货物的卸车以及贵重物品的运输、交接和保管，及时、准确地将货物交付给客户，并正确收取运费，做好签收回单工作。

内容提要

本项目结合企业真实案例，通过“任务情境”导入金西物流公司的公路货物运输业务，通过“任务分析”清晰地呈现要做什么，提炼要点、理顺思路，详细介绍了公路货物运输的业务流程。

在任务实施中，以生产运作流程为主线，分别讲述了物流企业营业部和物流运作中心相关人员的工作任务，明确了每个环节的承担部门和业务要点，以“够用”原则讲述相关知识点，通过“想一想”“算一算”“填一填”等多种形式及时强化知识点和业务操作技能，通过“同步实训”“同步测试”综合考查学生学习效果和技能掌握情况，真正实现“教、学、做、测”一体化。

任务一
营业部受理托运

任务情境

金西物流公司是一家提供零担、整车“门到门”服务以及仓储服务的第三方物流企业，主要承接一般货物的运输作业任务以及为合同物流客户提供仓储服务。金西物流公司无剧毒化学品道路运输通行证，故不可承接危险化学品的运输或仓储订单。

动画：

零担货物运输业务流程

1. 场站概况及仓库情况

金西物流公司在其场站内有明确的区域划分，具体划分为市内取派作业区和干线发运作业区。

（1）市内取派作业区。金西物流公司将北京市内划分为东、西、南、北四个取派区域。

（2）干线发运作业区。金西物流公司现有 6 条干线发运线路，目的站分别为沈阳、杭州、上海、郑州、武汉、广州，每天定时有班车从北京发往各地。

金西物流公司仓库分出入库理货区、托盘货架区和流通加工区。运输部操作人员将到达的货物堆放到出入库理货区并与仓管员进行交接。仓管员检查货物无误后，在运单上签字并办理入库手续。

同样，仓管员将办理好出库的货物放在出入库理货区，与运输部操作人员进行交接，运输部操作人员核查货物无误后签字，并将货物根据发运情况转运到发货堆货区等待发货。

2. 订单信息

2024 年 1 月 10 日，客服人员王婷婷接收到 12 笔客户的订单信息，具体信息详见运输任务通知单（见表 2－1 至表 2－12）。

表 2－1 运输任务通知单 1

托运客户（编号）：北京乐华机电设备有限公司（KH00201）	
始发站：北京	目的站：广州
托运人：李伟民	
取货地址：北京市丰台区莱户营 58 号财富西环大厦 5 层	

续表

联系方式：1376654××××			取货时间：2024.1.15，16:00之前		
收货人：广州利威客车有限公司					
收货地址：广州市白云区石井石沙路451号大院4楼					
联系方式：1367654××××			收货时间：2024.1.19		
货品名称	单位	包装规格（长 * 宽 * 高）	总体积（立方米）	重量（千克）	数量
轴承	箱	0.48 * 0.32 * 0.20	0.30	20	10

表2-2　运输任务通知单2

托运客户（编号）：北京新本化工有限公司（KH00202）						
始发站：北京			目的站：沈阳			
托运人：贾长虹						
取货地址：北京市大兴区大礼路45号						
联系方式：010-8761××××			取货时间：2024.1.15			
收货人：沈阳圣达科技有限公司						
收货地址：沈阳市于洪区太平镇工业园20号						
联系方式：024-8435××××			收货时间：2024.1.17			
货品名称	单位	包装规格（半径 * 高）	总体积（立方米）	重量（千克）	数量	备注
强酸	桶	0.2 * 0.4	0.75	68	15	易腐蚀品

表2-3　运输任务通知单3

托运客户（编号）：恒生永兴（北京）科技有限公司（KH00203）						
始发站：北京			目的站：杭州			
托运人：马长浩						
取货地址：北京市海淀区天创科技大厦8层						
联系方式：010-6261××××			取货时间：2024.1.15，17:00前			
收货人：杭州鹏润数码科技有限公司						
收货地址：杭州市下城区长庆街45号						
联系方式：1380988××××			收货时间：2024.1.17			
货品名称	单位	包装规格（长 * 宽 * 高）	总体积（立方米）	重量（千克）	数量	备注
三色墨盒	箱	0.37 * 0.27 * 0.19	0.12	4.2	6	不可倒置 不可重压

表 2-4　运输任务通知单 4

托运客户（编号）：北京卓越出版有限公司（KH00204）					
始发站：北京			目的站：广州		
托运人：段金虎					
取货地址：北京市海淀区中关村南大街 12 号科海福林大厦					
联系方式：1398567××××			取货时间：2024.1.15，17:00 前		
收货人：广州海慧图书					
收货地址：广州市海珠区建基路 68 号 306 室					
联系方式：1380984××××			收货时间：2024.1.18		
货品名称	单位	包装规格（长 * 宽 * 高）	总体积（立方米）	重量（千克）	数量
图书	箱	0.38 * 0.285 * 0.27	0.17	15	6

表 2-5　运输任务通知单 5

托运客户（编号）：北京卓越出版有限公司（KH00205）					
始发站：北京			目的站：沈阳		
托运人：段金虎					
取货地址：北京市海淀区中关村南大街 12 号科海福林大厦					
联系方式：1398567××××			取货时间：2024.1.18，17:00 前		
收货人：沈阳学府书店					
收货地址：沈阳市皇姑区中山路新华大厦 1 层					
联系方式：024-3187××××			收货时间：2024.1.20，18:00 前		
货品名称	单位	包装规格（长 * 宽 * 高）	总体积（立方米）	重量（千克）	数量
单词手册（4 级）	箱	0.32 * 0.48 * 0.20	0.31	22	10

表 2-6　运输任务通知单 6

托运客户（编号）：北京乐园包装有限公司（KH00206）					
始发站：北京			目的站：郑州		
托运人：冯鹏					
取货地址：北京市东城区交道口南大街 140-6 号					
联系方式：1361100××××			取货时间：2024.1.15，17:00 前		
收货人：郑州华通商贸有限公司					
收货地址：郑州市嵩山北路 28 号					
联系方式：0371-6780××××			收货时间：2024.1.20，18:00 前		
货品名称	单位	包装规格（长 * 宽 * 高）	总体积（立方米）	重量（千克）	数量
包装材料	箱	0.345 * 0.345 * 0.24	0.14	4	5

表 2-7 运输任务通知单 7

托运客户（编号）：北京飞博斯通科技公司（KH00207）						
始发站：北京			目的站：武汉			
托运人：李海						
取货地址：北京市西城区纳福胡同 13 号						
联系方式：1387765××××			取货时间：2024.1.15，17:00 前			
收货人：武汉富丽商贸有限公司						
收货地址：武汉市鹦鹉大道 28 号						
联系方式：1390087××××			收货时间：2024.1.17，18:00 前			
货品名称	单位	包装规格（长*宽*高）	总体积（立方米）	重量（千克）	数量	备注
蓝牙耳机	箱	0.19*0.37*0.27	0.16	5.2	8	每箱 1 000 元，保价运输

表 2-8 运输任务通知单 8

托运客户（编号）：北京新飞轴承有限公司（KH00208）					
始发站：北京			目的站：广州		
托运人：李宏					
取货地址：北京市丰台区西三环南路 57 号美克大厦					
联系方式：1397654××××			取货时间：2024.1.15，16:00 前		
收货人：广州越秀公司					
收货地址：广州市越秀区新港西路 1 号银华大厦 1401 室					
联系方式：020-8423××××			收货时间：2024.1.19，18:00 前		
货品名称	单位	包装规格（长*宽*高）	总体积（立方米）	重量（千克）	数量
轴承	箱	0.48*0.38*0.22	0.16	43	100

表 2-9 运输任务通知单 9

托运客户（编号）：思锐迪有限公司（KH00209）						
始发站：北京			目的站：广州			
托运人：王晶						
取货地址：北京市朝阳区望京西路 50 号						
联系方式：010-6479××××			取货时间：2024.1.15，18:00 前			
收货人：广州佳美商贸公司						
收货地址：广州市瑞康路 233 号						
联系方式：020-8423××××			收货时间：2024.1.19，18:00 前			
货品名称	单位	包装规格（长*宽*高）	总体积（立方米）	重量（千克）	数量	备注
口腔修复材料	箱	0.57*0.38*0.22	0.24	37	5	不可倒置

表 2-10　运输任务通知单 10

托运客户（编号）：北京科美商贸有限公司（KH00210）					
始发站：北京			目的站：武汉		
托运人：康德海					
取货地址：北京市朝阳区八里庄东里 1 号					
联系方式：1360987××××			取货时间：2024.1.15，18:00 前		
收货人：武汉嘉华贸易公司					
收货地址：武汉市发展大道 302 号					
联系方式：027-8426××××			收货时间：2024.1.18，18:00 前		
货品名称	单位	包装规格（长*宽*高）	总体积（立方米）	重量（千克）	数量
单证	箱	0.48*0.38*0.22	0.33	6.2	8

表 2-11　运输任务通知单 11

托运客户（编号）：北京樱花之秀五金制品公司（KH00211）					
始发站：北京			目的站：上海		
托运人：贾芸					
取货地址：北京市朝阳区青年北路 48 号					
联系方式：1360987××××			取货时间：2024.1.15，18:00 前		
收货人：上海美华商贸公司					
收货地址：上海市宜山路 1048 号					
联系方式：021-8345××××			收货时间：2024.1.18，18:00 前		
货品名称	单位	包装规格（长*宽*高）	总体积（立方米）	重量（千克）	数量
刀具架	箱	0.37*0.27*0.19	0.23	6.2	12

表 2-12　运输任务通知单 12

托运客户（编号）：北京樱花之秀五金制品公司（KH00212）					
始发站：北京			目的站：长沙		
托运人：贾芸					
取货地址：北京市朝阳区青年北路 48 号					
联系方式：1360987××××			取货时间：2024.1.18，18:00 前		
收货人：长沙方科美园家居商场					
收货地址：长沙市瑞康路 233 号					
联系方式：0731-8442××××			收货时间：2024.1.21，18:00 前		
货品名称	单位	包装规格（长*宽*高）	总体积（立方米）	重量（千克）	数量
刀具架	箱	0.37*0.27*0.19	0.57	15.49	30

3. 金西物流公司部门设置

（1）营业部。营业部的主要工作包括客户开发与维护、客户接待、报价、货物称重、量方、开单、跟踪查询。

（2）物流运作中心。物流运作中心作为公司公路运输活动的主要承担部门，负责公司所有省际快线业务、省际专线业务、城际配送业务、偏线业务的整体运作。作为公司的心脏、枢纽，物流运作中心肩负着整体汽运货物的分拨重任，是营业部业务开展的重要保障与后盾。物流运作中心下设以下几个部门：

1）配载部。配载部主要负责进港货物的点到、单据的交接以及货物的出港配载。配载部每日会根据仓库的货量给予请车部车辆需求信息，在司机前来报到时，对司机的证件进行核实、备份并录入公司系统，指导司机正确停靠车位。

2）查询部。查询部主要负责车辆的在途跟踪、货物状态查询以及外发业务。当货物丢失时，查询部需要确定问题发生环节并查找丢失货物。

3）外场。外场主要负责货物的装卸、货物的在库分拣，以及库区的 6S 工作。在装卸过程中，外场有对异常货物进行举报的义务，并协助相关部门进行异常处理。

4）仓管部。仓管部主要负责外场装卸货物时，对货物进行扫描、盘点，详细记录货物进出港信息，完成货物在物流运作中心的跟踪过程。在装卸过程中，仓管部有对异常货物进行举报的义务，并协助相关部门进行异常处理。

5）请车部。请车部根据配载部对车辆的要求提供合适的车辆，负责与司机进行车辆运费协商，并对司机负有监督责任。当营业部需要办理整车业务时，请车部有义务为其提供所需车辆。

6）运输部。运输部负责运输规模规划与车队调度管理、后勤保障与支持（如车辆维护、驾驶员培训、应急处理）、物流活动的在途跟踪及信息沟通与反馈等。

任务分析

首先由营业部接待客户，进行业务受理，判断上述 12 笔订单的有效性，确定是否受理。对确定受理的任务，营业部填写托运单、验货过磅、开票收费。

任务实施

公路货物运输首先从承运人受理托运人的托运请求开始。承运人根据托运人的要求，如所发货物的类型和数量、货物到达的目的地和时间、运输价格和付款方式等，以及自身的实际情况，确定是否受理托运请求。

托运受理的方法主要有：上门受理、原产地受理、现场受理、驻点受理、异地受理、电话/传真/信函/网上托运受理、站台受理等。

营业部王婷婷要分析货物类型，判断其是否属于禁运物品。王婷婷应首先通过验货、过磅、量方确定货物的计费重量，根据一次托运的货物数量确定运营方式；然后，选择运输车辆，规划运输线路，确定运输里程，计算运输费用，商定费用支付方式；最后，确定是否受理托运请求，对接受托运的货物填写托运单。

流程一 托运人咨询、填写托运单

2024 年 3 月 15 日 11:00，金西物流公司 A 营业部接到一名客户的咨询电话。

营业员：您好，金西小何为您服务！

客户：金西物流吗？我想咨询几个问题，可以吗？

营业员：没问题，请说！

客户：我手里现有一票货，对方要得比较急，需要后天中午送达上海浦东，请问你们公司能做到吗？

营业员：可以的，只要您选择我们公司的上海快线产品就可以。

客户：另外我有一票货物不需要这么急，在 3～4 天内送到上海都行，是否可以打个折？

营业员：先生，您好，如果不急的话，您完全可以选择我们公司的专线产品，价格比快线优惠。

客户：好的，就选专线。小姐，我还有个问题。

营业员：您说！

客户：我有票货要运到西藏某村，请问你们公司可以帮我运输吗？

营业员：先生，是这样，我们公司暂时还没有在西藏设点，不过您可以选择我们公司的偏线产品，通过我们的合作公司可以帮您运到！

客户：你们公司真厉害，哪里都可以运到！

营业员：金西物流，服务无处不在。请问还有什么可以帮到您的吗？

客户：你好，我有一票货要运到深圳，需要走快线还是专线呢？

营业员：呵呵，先生，您好！到深圳您可以选择我们的城际配送产品，专线价格，快线时效，很优惠哦！

客户：哦，这么好呀，那我以后就在你们公司发货了！

营业员：好的，谢谢您的来电！

通过上述对话，相信大家应该对托运人咨询以及金西物流公司的快线、专线、偏线及城际配送产品有所了解了。托运人既可以通过电话、网络、信函进行咨询，也可以直接到营业部咨询。

◎ 知识链接

一、禁止托运的物品

交通运输部、公安部公布的《道路客运车辆禁止、限制携带和托运物品目录》自

2021年6月20日起施行。道路旅客运输站经营者、道路客运经营者应当在经营场所及售票渠道公示《道路客运车辆禁止、限制携带和托运物品目录》，履行告知义务。

（1）枪支、子弹及相关物品类（含主要零部件），包括军用枪、公务用枪、民用枪、发令枪、样品枪、道具枪、钢珠枪、催泪枪、电击枪、水弹枪，以及上述物品的样品、仿制品。

（2）爆炸物品类，包括弹药、爆破器材、烟火制品、上述物品的仿制品。

（3）管制器具，包括管制刀具、其他器具，如警棍、军用或警用匕首、刺刀、催泪器、电击器、防卫器、弩、弩箭等。

（4）易燃、易爆物品，包括压缩气体和液化气体、易燃液体、易燃固体、自燃物品、遇湿易燃物品、氧化剂和有机过氧化物等。

（5）毒害品，包括氰化物、砒霜、硒粉、苯酚、氯、氨、异氰酸甲酯、硫酸二甲酯等高毒化学品以及剧毒农药等。

（6）腐蚀性物品，包括硫酸、盐酸、硝酸、有液蓄电池（含氢氧化钾固体、注有酸液或碱液的）、氢氧化钠、氢氧化钾、汞（水银）等。

（7）放射性物品，指含有放射性核素，并且其活度和比活度均高于国家规定豁免值的物品，详见《放射性物品分类和名录（试行）》。

（8）感染性物质，包括可感染人类的高致病性病原微生物菌（毒）种和感染性样本，详见《人间传染的病原微生物名录》中危害程度分类为第一类、第二类的病原微生物。

（9）其他危害道路客运车辆公共卫生或运行安全的物品，包括硫化氢及有粪臭、腐败臭等强烈刺激性的气味或者有恶臭等异味的物品；容易引起旅客恐慌情绪的物品，以及不能判明性质，但是可能具有危险性、妨碍公共安全或公共卫生的物品。

（10）国家法律、行政法规、规章规定的其他禁止携带、运输的物品。

【想一想】

表2-1至表2-12的运输任务中，金西物流公司对于哪些货物可以受理托运？哪些货物不能受理托运？

二、货物分类

由于现实生活中，货物的种类繁多，特点各不相同，因此，这些货物的计费、运输、装卸和储存方法也有所不同。下面我们主要从计算运费的角度来谈一谈货物分类。

（1）普通货物。普通货物是指在运输、配送、保管及装卸过程中，不必采取特殊方式和手段进行特别防护的货物，如沙子、石头、钢材、水泥、粮食等。

（2）特种货物。特种货物是指在运输、配送、保管及装卸过程中具有特殊要求的货物，在运输过程中必须采取相应措施或工艺，以确保货物的安全。特种货物又分为长大笨重货物、危险货物、贵重货物和鲜活易腐货物四种。

（3）实重货物和轻泡货物。货物有实重货物和轻泡货物之分。公路运输中，平均每立方米重量不足333千克的货物为轻泡货物，反之为实重货物。两者的计费标准不同。整车轻泡货物按照车辆额定载重量计算重量。

【算一算】

表2-1至表2-12的运输任务中，哪些货物是实重货物？哪些货物是轻泡货物？

三、货物运输方式

根据货物运输方式的不同，公路运输可分为整批运输、零担运输、集装箱运输、包车运输和联合运输等。

(1) 整批运输是指托运的货物在3吨（含3吨）以上或者虽不足3吨，但其性质、体积、形状需要一辆3吨及以上汽车装运的货物运输方式。

(2) 零担运输是与整批运输相对而言的，是指托运货物不足3吨的货物运输方式。

(3) 集装箱运输是指以集装箱为载体，将货物集合组装成集装单元的货物运输方式。

(4) 包车运输是指根据托运人的要求，经双方协议，将车辆包给托运人安排使用，按时间或里程计算运费的货物运输方式。

(5) 联合运输是指一批托运的货物需要两种及以上运输工具的货物运输方式。联合运输实行一次托运、一次收费、一票到底、全程负责。

【算一算】

表2-1至表2-12的运输任务中，哪些要组织整批运输？哪些要组织零担运输？

四、公路运输涉及的单证

公路运输涉及的单证主要有货物运输合同、托运单等。如果托运人在一定时期内需要经常委托承运人托运货物的话，可以与承运人签订货物运输合同。

(一) 签订货物运输合同

托运人根据需要向承运人提出托运申请，双方意思表示一致后签订货物运输合同，以此来界定双方的权利、义务和责任。货物运输合同的基本内容通常包括以下几项：

(1) 托运人、收货人和承运人的名称（姓名）、地址（住所）、电话、邮政编码；

(2) 月度、季度或年度需运输货物的类型和数量；

(3) 货物的启运地与到达地，是否送货或协助装卸；

(4) 货物是否保价或保险；

(5) 运费计算方法和结算方式；

(6) 其他运输要求；

(7) 违约责任及解决争议的方法；

(8) 合同期限及合同的变更与终止办法。

(二) 填写托运单

托运单是托运人向承运人或其代理人办理货物托运的单证，其式样见表2-13。托运单的内容主要由托运人填写，经承运人审核后由双方签章确认，具有法律效力。在一般情况下，对于公路货物运输中的一些临时性、短期性的客户，承运人或其代理人与这些客户并不签订货物运输合同，托运单就相当于合同。托运单的主要作用为：

（1）公路运输部门开具货票的凭证；

（2）调度部门派车、货物装卸和货物到达交付的依据；

（3）货物在运输期间发生运输期限延滞、空驶、运输事故时判定双方责任的原始记录。

表 2-13　汽车零担运输货物托运单

<table>
<tr><td>启运站</td><td></td><td>到达站</td><td></td><td>托运日期</td><td></td></tr>
<tr><td>托运人</td><td></td><td>详细地址</td><td></td><td>电话</td><td></td></tr>
<tr><td>收货人</td><td></td><td>详细地址</td><td></td><td>电话</td><td></td></tr>
<tr><td>货物名称</td><td>包装</td><td>件数（件）</td><td colspan="2">单位重量（kg）</td><td>实际重量（kg）</td></tr>
<tr><td></td><td></td><td></td><td colspan="2"></td><td></td></tr>
<tr><td></td><td></td><td></td><td colspan="2"></td><td></td></tr>
<tr><td></td><td></td><td></td><td colspan="2"></td><td></td></tr>
<tr><td></td><td></td><td></td><td colspan="2"></td><td></td></tr>
<tr><td></td><td></td><td></td><td colspan="2"></td><td></td></tr>
<tr><td>合计</td><td></td><td></td><td colspan="2"></td><td></td></tr>
<tr><td>计费重量（kg）</td><td colspan="5"></td></tr>
<tr><td colspan="6">托运人注意事项</td></tr>
<tr><td colspan="6">1. 托运单填写一式两份；
2. 托运货物必须包装好，捆扎牢固；
3. 不得瞒报货物名称，否则运输过程中发生的一切损失均由托运人负责赔偿；
4. 托运货物不得夹带易燃易爆物品；
5. 以上各栏由托运人详细填写。</td></tr>
<tr><td>发运日期</td><td colspan="2"></td><td>到达日期</td><td colspan="2"></td></tr>
<tr><td>理货验收员</td><td colspan="2"></td><td>托运人</td><td colspan="2"></td></tr>
</table>

各家物流公司的托运单可能会有所差别，但内容基本大同小异。现在的物流信息管理系统都可以生成标准的托运单，以便满足承运人托运各种货物的需求。托运人应准确填写启运站、到达站、收货人与发货人的姓名及电话、运价、代收货款、付款方式、回单数量等内容及受理员姓名，做到备注清楚、形式规范、内容完整、格式正确（如大小写）。

各家物流公司的托运单的联数是不一样的，最少的两联，一联客户留存，一联随货通行。有的物流公司的托运单多达五联：存根联自留；客户联交给客户；收据联作为结算依据；运输联随货同行；提货人联由承运人转交到达站，由到达站交给提货人。

【填一填】

缮制表 2-1 运输任务 1 的托运单。

流程二　承运人验货过磅量方、审核托运单

托运人填写完托运单后交给物流公司客服人员审核，客服人员确定无误后，交给物流公司专业人员检验货物。具体作业包括以下几个方面：

（1）核对托运单。相关人员应确保货物与托运单上的信息相符。

（2）检查包装。相关人员应查看包装是否损坏、听有无异声、闻有无不正常的气味、摇动包装箱以确认是否晃动。

（3）过磅量方。验货人员根据过磅量方的结果填写托运单上的货物重量、体积，并挂标签、粘贴标志。最后，由开单员开具一份货物运单（见表 2－14）。

表 2－14　货物运单

承运日期：2024 年 11 月 4 日　　运到日期：2024 年 11 月 8 日　　合同编号：2024114

装货地点	上海振财物流有限公司				
卸货地点	上海振财物流有限公司北京分公司	领取货物期限	3 天		
车牌号	沪 A18168	运输证号	2024040902	车型	厢式
挂车牌号	1816801				

货物名称及规格	包装形式	单位体积（m^3）	件数（件）	单价（元）	总价（元）	实际重量（kg）
康师傅方便面	纸箱	0.040	150	48	7 200	750
旺旺雪饼	纸箱	0.040	90	76	6 840	270
心相印卷纸	塑料袋	0.040	180	40	7 200	540
长城干红葡萄酒	纸箱	0.035	100	750	75 000	500
罐装王老吉	塑料袋	0.030	250	72	18 000	2 500
娃哈哈矿泉水	塑料袋	0.035	200	48	9 600	3 000
合计			970		123 840	7 560

计费重量	8 000（kg）	计费单价	0.80 元/千克	运费金额	6 400 元

<table>
<tr><th>货物名称及规格</th><th>单价（元）</th><th>件数</th><th>保价费率</th><th>保价费（元）</th><th>保险费（元）</th></tr>
<tr><td>康师傅方便面</td><td>48</td><td>150</td><td rowspan="6">3‰</td><td>22</td><td rowspan="4">400</td></tr>
<tr><td>旺旺雪饼</td><td>76</td><td>90</td><td>21</td></tr>
<tr><td>心相印卷纸</td><td>40</td><td>180</td><td>22</td></tr>
<tr><td>长城干红葡萄酒</td><td>750</td><td>100</td><td>225</td></tr>
<tr><td>罐装王老吉</td><td>72</td><td>250</td><td>54</td><td>1 000</td></tr>
<tr><td>娃哈哈矿泉水</td><td>48</td><td>200</td><td>29</td><td>600</td></tr>
<tr><td>合计</td><td colspan="3"></td><td>373</td><td>2 000</td></tr>
</table>

结算方式	现金	付款币种	人民币	计价单位	元	合计	2 373 元

运杂费合计：捌仟柒佰柒拾叁元整　　￥8 773

违约责任约定：

1. 托运人未按合同规定的时间和要求提供托运的货物，每逾期一天应向承运人支付违约金<u>　500　</u>元；
2. 承运人未按合同规定的时间和要求配车、发运的，每逾期一天应向托运人支付违约金<u>　1 000　</u>元；
3. 未办理保价或保险运输的，货运事故赔偿方式及费用由双方协商；
4. 货物逾期到达，每逾期一天承运人应赔偿托运人<u>　1 000　</u>元违约金；
5. 收货人未按合同规定的期限领取货物，每逾期一天，收货人（或托运人）应向承运人支付保管费<u>　500　</u>元。

续表

托运人（签章）：卢辉平 地址：上海 邮编：200000 电话：1309876×××× 签订时间：2024年11月4日 签订地点：上海	承运人（签章）：上海振财物流有限公司 地址：上海 邮编：200000 电话：1389876×××× 签订时间：2024年11月4日 签订地点：上海	收货人（签章）：卢辉云 地址：北京 邮编：100101 电话：1398765×××× 签订时间：2024年11月4日 签订地点：上海

流程三　公路货物运费的计算与结算

由于运输价格对于托运人和承运人来说都非常重要，因此，双方都有必要了解公路运费的计算方法，以便在运输交易时作为参考。

◎ 知识链接

一、公路货物运费的计算

在计算货物运费时，应当考虑车辆类型、货物种类、集装箱箱型、营运形式等因素。

整批货物运费＝整批货物运价×计费重量×计费里程＋车辆通行费＋其他法定收费

零担货物运费＝零担货物运价×计费重量×计费里程＋车辆通行费＋其他法定收费

重（空）集装箱运费＝重（空）箱运价×计费箱数×计费里程＋车辆通行费＋其他法定收费

包车运费＝包车运价×包用车辆吨位×计费时间＋车辆通行费＋其他法定收费

运费以元为单位。运费尾数不足1元的，四舍五入。

车辆通行费一般是指过桥费、过路费。

其他法定收费包括装卸费、保险费、保价费、空驶调车费、延滞费等。

二、公路货物运输中的其他费用

公路货物运输中的其他费用主要包括调车费、延滞费、装货（箱）落空损失费、排障费、车辆处置费、检验费、装卸费、通行费、货物保管费、道路阻塞停车费、运输变更手续费等。如果需要保险或保价的话，还应包括保险费或保价费。

（1）调车费。应托运人要求，车辆调出所在地而产生的车辆往返空驶，应计收调车费。

（2）延滞费。车辆按约定时间到达约定的装货地点或卸货地点，因托运人或收货人责任造成车辆和装卸延滞，应计收延滞费。

(3) 装货（箱）落空损失费。应托运人要求，车辆开至约定地点因装货（箱）落空造成的往返空驶里程，按运价的50%计收装货（箱）落空损失费。

(4) 排障费。运输大型或特型笨重物件时，因对运输线路的桥涵、道路及其他设施进行必要的加固或改造所发生的费用，称为排障费。排障费由托运人负担。

(5) 车辆处置费。应托运人要求，运输特种货物、非标准箱等需要对车辆进行改装、拆卸和清理所发生的工料费用，称为车辆处置费。车辆处置费由托运人负担。

(6) 检验费。在运输过程中有关检验检疫机构对车辆的检验费以及因检验造成的车辆停运损失，由托运人负担。

(7) 装卸费。装卸费由托运人负担。

(8) 通行费。货物运输过程中需支付的过路、过桥、过隧道等通行费由托运人负担，承运人代收代付。

(9) 货物保管费。货物运达后，明确由收货人自取的，从承运人向收货人发出提货通知书的次日（以邮戳或电话记录为准）起计，第 4 日开始核收货物保管费；应托运人要求或因托运人责任造成的需要保管货物的，计收货物保管费。货物保管费由托运人负担。

(10) 道路阻塞停车费。在货物运输过程中，因发生自然灾害等不可抗力造成的道路阻塞，导致无法完成全程运输，需要就近卸存、接运时，卸存、接运费用由托运人负担。

(11) 运输变更手续费。托运人要求取消或变更货物托运手续，承运人应计收运输变更手续费。

(12) 保险费。由托运人向保险公司投保（或委托承运人代办），当货物在运输途中因遭受自然灾害或意外事故而导致损失或增加相关费用时，由保险公司负责赔付。保险费由托运人负担。

(13) 保价费。保价就是托运人向承运人声明其托运货物的实际价值。凡按保价运输的货物，托运人除缴纳运输费用外，还要按照规定缴纳一定的保价费。保价收费标准见表 2-15。

表 2-15　保价收费标准

货物类型	正常保价费率	最低权限费率
公路运输普通货物	3‰	1‰
公路运输易损货物	10‰	5‰
公路运输易碎货物	10‰	限额投保 3 000 元
公路运输高价值物品（电子产品、医药设备）	5‰	1‰

不予承保的货物：

1) 现金、票据、有价证券、单证、艺术品、金银、珠宝、钻石、玉器、文物古玩等贵重物品；

2) 动物、蔬菜、水果、花卉及其他动植物、鲜活物品以及需要冷藏或保温运输的货物；

3）汽油、烟花爆竹等易燃易爆品及危险品；

4）饲料、粮油食品、谷物等易发霉变质物品；

5）枪支弹药、管制刀具、危险品类货物以及违反国家规定或触犯法律的货物；

6）裸装货物；

7）二手机器设备、二手电器（如需投保，需获得保险公司认可）；

8）玻璃面积占货物总面积90%以上的物品；

9）不能提供发票的私人行李。

在收运货物时，承运人只有全面了解所收取货物的运输投保要求、投保范围及保险责任，才不会出现盲目收运货物，导致货物错保、漏保情况的发生。

【整批运输运费计算实例】

北京发往武汉铝合金门窗及门锁一批，总重3.5吨。由于门窗形状的原因需要一辆5吨的厢式货车运输，由A公司承运，途中发生通行费580元。试计算本次运费。

步骤1：本批货物重量为3.5吨，根据货物需要，需安排一辆5吨的厢式货车运输，计费重量为5吨，属于整批运输。

步骤2：经查A公司对外公布的公路运价，北京至武汉1吨以上货物运费为每吨480元，所以，运费=5×480=2 400元。

步骤3：途中发生通行费580元，这笔费用是否还要加到运费中呢？

分析：由于汽车运输企业通常按照运输专线公布运价，这个运价是根据单位计费重量、计费里程、运价率、车型、通行费等因素，按照整车运费计算公式得出的，已经考虑了通行费，因此，不应重复计算。运费就是A公司对外公布的运价乘以计费重量而得。如果属于保价运输，则再加保价费。

【零担运输运费计算实例】

表2-7的运输任务7中，从北京到武汉，运输蓝牙耳机8箱，每箱重5.2千克，每箱声明价格为1 000元，保价运输。金西物流公司对外公布的北京至武汉专线零担运价为1.0元/千克，保价费率为4‰。计算该批货物的运费。

步骤1：本批货物重量为8×5.2=41.6千克，重量不足3吨，按零担组织运输。

步骤2：基本运费=41.6×1.0=41.6≈42元（四舍五入）。

步骤3：保价费=1 000×8×4‰=32元。

步骤4：本次运费= 42+32=74元。

分析：汽车零担运输企业通常按照零担班线公布运价，这个运价是根据单位运价率、计费里程及相关参考因素，按照零担货物运费计算公式得出的。

【算一算】

金西物流公司对外公布的北京至武汉专线零担运价为1.0元/千克，北京至沈阳专线零担运价为0.8元/千克，北京至杭州专线零担运价为1.2元/千克，北京至广州专线零担运价为1.5元/千克，北京至郑州专线零担运价为0.8元/千克，北京至上海专线零担运价为 1.0 元/千克，北京至长沙专线零担运价为 1.2 元/千克。算一算上述其他运输任务的运费。

三、公路货物运费的结算

目前，公路货物运费的结算方式主要有以下几种：

(1) 现付。现付是指托运人在办理货物托运时直接支付。

(2) 到付。到付是指货物运到目的地时由收货人支付。

(3) 签回单付。签回单付是指货物运到目的地后，收货人收到货物后在托运单上签字，物流公司以此单向托运人收取运费。

(4) 月结。月结是指物流公司对于有长期合作关系的客户，每月定期结算运费。

物流公司结算公路货物运费时，应遵守以下规定：

(1) 运费尾数以元为单位，不足 1 元时四舍五入。

(2) 托运人或者收货人不支付运费、保管费以及其他运输费用的，承运人对相应的运输货物享有留置权，但当事人另有约定的除外。

(3) 货物在运输过程中因不可抗力灭失，未收取运费的，承运人不得要求托运人支付运费；已收取运费的，托运人可以要求返还。

定价员根据司磅员、仓库保管员签字的零担货物托运单进行开票收费作业，开具公路汽车零担货物运输货票（见表 2-16）。有的公司为了简化流程，将托运单、货票、运单合并，形成物流货运单。

表 2-16　公路汽车零担货物运输货票

<table>
<tr><td>启运站</td><td>上海</td><td>到达站</td><td>北京</td><td>运行距离</td><td>1 400 千米</td><td>备注</td><td></td></tr>
<tr><td>托运人</td><td>卢辉平</td><td>详细地址</td><td colspan="5">上海×××××</td></tr>
<tr><td>收货人</td><td>卢辉云</td><td>详细地址</td><td colspan="5">北京×××××</td></tr>
<tr><td>货物名称</td><td>包装</td><td>件数
（件）</td><td>单位体积
（立方米）</td><td>实际重量
（千克）</td><td>计费重量
（千克）</td><td>运价
（元/千克）</td><td>备注</td></tr>
<tr><td>康师傅方便面</td><td>纸箱</td><td>150</td><td>0.040</td><td>750</td><td rowspan="6">8 000</td><td rowspan="6">0.80</td><td></td></tr>
<tr><td>旺旺雪饼</td><td>纸箱</td><td>90</td><td>0.040</td><td>270</td><td></td></tr>
<tr><td>心相印卷纸</td><td>塑料袋</td><td>180</td><td>0.040</td><td>540</td><td></td></tr>
<tr><td>长城干红葡萄酒</td><td>纸箱</td><td>100</td><td>0.035</td><td>500</td><td></td></tr>
<tr><td>罐装王老吉</td><td>塑料袋</td><td>250</td><td>0.030</td><td>2 500</td><td></td></tr>
<tr><td>娃哈哈矿泉水</td><td>塑料袋</td><td>200</td><td>0.035</td><td>3 000</td><td></td></tr>
<tr><td colspan="2">合计</td><td>970</td><td></td><td>7 560</td><td>8 000</td><td>0.80</td><td></td></tr>
<tr><td>托运人签章</td><td>卢辉平</td><td>填票员</td><td>梦俐</td><td>复核人</td><td>张艳</td><td>经办人</td><td>梦俐</td></tr>
</table>

归纳总结

该任务主要完成物流公司营业部的业务受理，这是物流运输的开始，是非常重要的工作环节。营业员除要提供热情、周到的服务以外，还要熟练掌握物流运输整个生产运作流程，宣传本公司各类运输业务，正确指导客户填写托运单，准确验货过磅，计算运费，对于运费现付的收取运费，与仓储部做好交接工作。

任务二 物流运作中心组织货物运输

任务情境

同任务一中的“任务情境”。

任务分析

营业部完成了业务受理后，物流运作中心开始了后续工作。首先由仓管员验收入库，由配载部拟订车辆计划，制订货物配载计划；请车部根据配载部提出的车辆需求信息请车，车辆到达后，外场负责装车；查询部负责车辆运输过程的跟踪、查询；外场负责到货卸车；仓管部负责对货物进行扫描、盘点，详细记录货物进出港信息，通知客户提货，向客户交付货物，做好运费的收取、贵重物品的管理、签收回单等项工作。

任务实施

本任务包括货物配载、装车、车辆运行与在途跟踪、卸车及交付四个流程。

流程一　货物配载

物流运作中心配载部承担货物配载任务。

◎ 知识链接

一、货物配载的定义

货物配载是指承运人对进港货物进行统计、分析，根据货量合理地安排运输线路及运输车辆，优化配载作业，以达到降低运输成本与满足货物时效的目的。

二、货物配载的原则

(1) 货物装载重量以车辆额定吨位为限，不得超过车辆额定载重量和有关长、宽、高的装载规定。

(2) 严格执行混装限制规定，严禁将性质或灭火方法相抵触的货物混装于一车。

(3) 货物应按先远后近、先重后轻、先大后小、先方后圆的顺序装车，并使车辆受力均匀，不偏重。

(4) 按装车顺序填好货物配载单，并整理各种随货同行单证。

三、货物配载的操作流程

(一) 零担货物配载

(1) 待装货量统计：配载员利用物流信息管理系统对各线路进行货量统计。

(2) 车型及线路选择：配载员统计好当日货量后，根据货源结构、货物时效及当前车价情况等进行分析，合理地选择车型与线路。车型与线路的选择应当既要保证相对较低的运输成本，又要保证满足不同货物的时效要求。确定车型及线路后，配载部向请车部发出请车需求。

(3) 预配装车：配载员根据货源情况与请车部提供的车辆尺寸在物流信息管理系统开具预配单。配载员应保证快线货物当天配载，专线货物一般按进港的先后顺序配载。此外，配载员还应保证待装车辆在体积、重量方面的尽量满载。仓管员与外场根据预配单进行扫描装车作业，配载员现场监装。

(4) 货物实配：预配装车完毕后，仓管员交回预配单，配载员根据实际装车情况进行实配作业。配载员与仓管员核对预配单上哪些货物已经装车、哪些未装车、哪些未预配而实际已经装车。确认无误后，配载员在物流信息管理系统配载模块进行实配，打印实配单。至此，整个配载作业已经完成。

(二) 整车货物配载

整车货物运输通常是一车一张货票、一个发货人。物流运作中心应选派额定载重量与托运量相适应的车辆装运整车货物。当一个托运人托运整车货物的重量（毛重）低于车辆额定载重量时，为合理利用车辆的载重能力，可以拼装另一托运人的货物，即一车两票或多票，但货物总重量不得超过额定载重量。所以，整车货物配载主要是选派额定载重量与托运量相适应的车辆，必要时可以拼装。整车货物配载流程包括以下几个环节：

（1）公司发出整车业务需求；

（2）请车部根据公司要求请用相应车型；

（3）司机根据分部要求到指定地点装载货物；

（4）货物装载完毕后，司机到达配载部办理运输协议；

（5）在管车宝系统中录入车辆信息，对车辆进行后续跟踪。

流程二　装车

2024 年 4 月 8 日，从武汉发往成都的一辆货柜车（装有一批机器设备）因装车时装车人员没有按配载单装车，且缺乏对装车规范和技巧的掌握，仓管员对外场的监控不到位造成超重、体积不达标、利润率过低，最后需要卸下一半货物，重新装货。由此可以看出，物流公司需注重装车细节。

◎ 知识链接

一、认识车型

公路运输的运输车辆主要是汽车。物流公司使用的汽车主要有封闭车、敞篷车和平板车。

（一）封闭车

封闭车分为半封闭车和全封闭车。全封闭车的优点在于配载货物安全性高。按照载重量，常见的车辆有 2 吨、3 吨、5 吨、8 吨、12 吨、15 吨、20 吨等。

（二）敞篷车

敞篷车分为单桥车和双桥车。两者的区别就在于载重量不同，单桥车的载重量为 12～15 吨，双桥车的载重量能达到 15～18 吨。

（三）平板车

平板车又称台车，载重量一般能达到 35 吨，具有结构简单、承载能力大等优点。

二、请车

请车是指根据实际车辆需求而向车辆市场寻求所需车辆的一种活动。请车的基本操作流程包括以下几个环节：

（一）确定请车需求

请车员收到配载部的请车信息以及相应线路货量后，根据对市场车辆信息的了解以及车辆的需求情况，与配载部协商，调整车辆信息，确定请车计划。

（二）核实货量

零担运输：在物流信息管理系统配载模块中的专线自动配载中输入相应的专线线路，点击“开始配载”，查询相应线路的货量，核实货量是否稳定。

整车运输：请车员须向业务员核实确切的货物体积、重量、付款方式、提货地点、送货地点以及货物的特殊尺寸要求。

（三）确定是否有特殊需求

车辆的特殊需求包括：车辆龙门架能否拆除、货箱干净且没有异味、车宽及车长的准确尺寸、车型的具体情况、车辆时效的要求、两地配载的具体要求、整车的卸货时效、整车的装货情况等。

（四）发出请车信息

（1）根据核实后的车型以及合同车的线路优先安排使用合同车，联系各合同车队队长或调度员告知具体的用车需求。

（2）根据核实后的车型向1～3家信息部发送调车申请，从中选择信誉度高且价格合理的车辆。

（3）调车后要求司机按照公司要求到达装货地点装货，整车以客户所要求的装货时间为准。

（五）价格谈判

请车员掌握本区域各类车型的价格，灵活、巧妙地进行谈判，要求既要确保公司获得可观的利益，又要确保彼此合作的顺畅。

（六）请车确认

请车员收到信息部的车辆信息如车牌、目的站、车辆尺寸、载重量、司机电话、运费、预付车费等之后，需在请车本上登记确认，并在物流信息管理系统中重新确认请车价格。

（七）证件检查

车辆到达物流运作中心时，配载员必须严格检查司机的五证（身份证、行驶证、驾驶证、保险卡、运营证）是否齐全，核查证件的真实性，并对司机证件的齐全性进行登记。

（八）车辆到位核实

（1）核实车辆是否停放到位、挂车车头是否摘掉以及敞篷车篷布、杆栏和龙门架是否按照要求拆掉。

（2）对车辆尺寸进行核实。

（3）对每辆到位的车在地面上用粉笔写上车牌的目的地，以防止外场装错车。

（九）出单

配载部根据车辆的尺寸编制生成预配单。

三、装车准备和流程

（一）装车准备

1. 装车原则

按照装车基本原则装车：大不压小、重不压轻、木不压纸、泡上重下、箭头朝上、干湿分离、异味分箱、隔离得当、平衡配车。

2. 装车顺序

装车时遵循由前至后、由外到内、先打底后加高的原则，打底面保证平整、稳定。当货源结构复杂时，打底面略向前倾斜为宜。

3. 车尾装车要求

车尾卸货时需要升高操作，加高时使用专用工具（带平台移动楼梯），用机动叉车加高时应使用保护网栏。

动画：

配送积载原则

4. 特殊操作

（1）特殊货物（木门、木架）竖立码放时，对货物加固捆绑，避免因货物倾倒而造成货物损坏及人员伤亡。

（2）装车时，两人同时作业时必须保持动作的统一性（可以喊口号）；加高时，应避免两人以上共同操作同一件货物。

（3）大件货物无托盘包装时，货物底部垫付不低于2块相同高度的木方，以保证正常卸车。

（二）装车流程

1. 审核预配单

做到三核对三查看：核对车牌，核对车辆额定载重量，核对体积；查看异形货物，查看快线货，查看压货。

2. 登录PDA下载数据

登录PDA下载预配交接单号，核对预配交接单号是否正确。

3. 按照预配交接单号点单并进行扫描装车

按照预配交接单的货物信息，搭配货物并装车。

4. 多地卸货时使用隔离网隔离货物

对于两地卸货、三地卸货，每一地都要使用隔离网将货物隔离。

5. 上传数据并交单

装完车之后第一时间对比PDA中数据并上传数据，在预配交接单上注明装车组长名字、仓管员名字，登记装完车的时间，并将预配交接单交到柜台。对于没有使用物流信息管理系统的物流公司，相关人员要填写货车装载清单（见表 2－17）。

表 2－17　货车装载清单

<table>
<tr><td>车属单位</td><td>金西物流公司</td><td>车号</td><td colspan="2">京 A18168</td><td>吨位（吨）</td><td>8</td></tr>
<tr><td>启运站</td><td>北京</td><td>中转站</td><td colspan="2">无</td><td>到达站</td><td>上海</td></tr>
<tr><td>托运人</td><td>卢辉平</td><td>承运人</td><td colspan="2">上海振财物流有限公司</td><td>收货人</td><td>卢辉云</td></tr>
<tr><td>货物编号</td><td>货物名称</td><td>包装</td><td colspan="2">件数（件）</td><td>单位重量（kg）</td><td>总重量（kg）</td></tr>
<tr><td>001</td><td>康师傅方便面</td><td>纸箱</td><td colspan="2">150</td><td>5</td><td>750</td></tr>
<tr><td>002</td><td>旺旺雪饼</td><td>纸箱</td><td colspan="2">90</td><td>3</td><td>270</td></tr>
<tr><td>003</td><td>心相印卷纸</td><td>塑料袋</td><td colspan="2">180</td><td>3</td><td>540</td></tr>
<tr><td>004</td><td>长城干红葡萄酒</td><td>纸箱</td><td colspan="2">100</td><td>8</td><td>500</td></tr>
<tr><td>005</td><td>罐装王老吉</td><td>塑料袋</td><td colspan="2">250</td><td>10</td><td>2 500</td></tr>
<tr><td>006</td><td>娃哈哈矿泉水</td><td>塑料袋</td><td colspan="2">200</td><td>5</td><td>3 000</td></tr>
<tr><td colspan="3">合计</td><td colspan="2">970</td><td></td><td>7 560</td></tr>
<tr><td>填单人</td><td>张艳</td><td>驾驶员</td><td>刘信飞</td><td>签发日期</td><td colspan="2">2024 年 11 月 6 日</td></tr>
</table>

6. 货量统计

相关人员交完预配交接单后，应将当天的货量录入物流信息管理系统中，做到货量的及时统计。

【想一想】

上述运输任务中，从北京到广州的货物该安排什么车型？该如何配载？

流程三　车辆运行与在途跟踪

物流运作中心运输部、查询部共同承担车辆运行与在途跟踪等相关工作。

◎ 知识链接

一、运输线路的确定

（一）公路

公路是连接城市、乡村和工矿基地，主要供汽车行驶并具备一定的技术标准和设施的道路。在我国，公路可以按以下方式划分为不同的类型。

1. 根据适用任务、功能和适应的交通量，划分为五个等级

高速公路：具有特别重要的政治、经济意义，是专门供汽车分向、分车道行驶并全部控制出入的多车道公路，分为四车道、六车道、八车道高速公路。四车道高速公路一般能适应的年平均日交通量为 25 000～45 000 辆（设计速度 80km/h）。

一级公路：为连接重要政治、经济中心，通往重点工矿区、港口、机场，专供汽车分道行驶并部分控制出入的公路。一级公路一般能适应的年平均日交通量为 25 000～35 000 辆（设计速度 60km/h）。

二级公路：为连接政治、经济中心或大型矿区、港口、机场等地的公路。二级公路一般能适应的年平均日交通量为 5 000～15 000 辆。

三级公路：为沟通县以上城市的公路。三级公路一般能适应的年平均日交通量为 2 000～6 000 辆。

四级公路：为沟通县、乡（镇）、村的公路。四级公路一般能适应的年平均日交通量小于 2 000 辆。

2. 根据公路在政治、经济、国防上的重要意义和使用性质，划分为五个等级

国家公路（国道）：具有全国性政治、经济意义的主要干线公路，包括重要的国际公路、国防公路，连接首都与各省、自治区、直辖市首府的公路，连接各大经济中心、港站枢纽、商品生产基地和战略要地的干线公路。

省公路（省道）：具有全省（自治区、直辖市）政治、经济意义，连接各地市和重要地区以及不属于国道的干线公路。

县公路（县道）：具有全县（县级市）政治、经济意义，连接县城和县内主要乡（镇）、主要商品生产和集散地的公路，以及不属于国道、省道的县际公路。

乡公路（乡道）：主要为乡（镇）村经济、文化、行政服务的公路，以及不属于县道以上公路的乡与乡之间及乡与外部联络的公路。

专用公路：专供或主要供厂矿、林区、农场、油田、旅游区、军事要地等与外部联系的公路。

（二）运距的确定

运输距离简称运距。我们可以查看《中国交通营运里程图》获得运距资料。

可通过百度地图或高德地图等查询具体运行线路。

【查一查】

上述表 2-1 至表 2-12 的 12 个运输任务中，运输距离各为多少？画出其运行线路。

二、车辆跟踪

车辆跟踪是指查询部每日定时通过互联网、管车宝、车载 GPS、电话询问司机行驶状况（包括实时位置、行驶是否正常、预计到达时间），并将行驶情况在物流信息管理系统车辆长途跟踪模块中备注的行为。驾驶员有责任及时反馈运输途中信息、车辆停靠地点及运输情况，填写货物跟踪记录表（见表 2-18）。有异常情况时，驾驶员应及时与公司、收货客户联系。

表 2-18　金西物流公司货物跟踪记录表

序号	托运人	联系人及电话	收货人	联系人及电话	到货日期	货物名称	跟踪情况	处理方法	经办人
1									
2									
3									
4									

如今，很多物流公司都可以提供货物跟踪服务。客户可以根据运单号通过互联网或电话查询。此外，物流公司还会提供异常处理服务，对运输途中车辆出现的异常情况提供相应的处理方法。异常情况是指运输车辆在行驶途中遇到交通意外、道路堵塞等交通异常，以及大雪、大雾、暴雨、地震、泥石流等自然异常，很可能导致货物延误的情况。

对于运输途中需要饲养、照顾的动植物，或者尖端精密仪器、稀有珍贵物品、文物、军械弹药、有价证券和货币等，托运人必须派人押运。对于大型或特型笨重物件、危险物品、贵重物品、个人搬家物品，是否派人押运，由承托双方根据实际情况决定。

流程四　卸车及交付

物流运作中心外场承担卸车与交付等相关工作。

◎ 知识链接

一、车辆到达

(1) 到达部门打车辆到达卡，外场操作人员安排卸货；

(2) 如果车辆在规定时间准时到达，且无货损货差，操作人员正常给司机结账付款；

(3) 如果有异常，则按异常的不同采取相应的处理措施。

1) 时效异常：按照处罚要求对司机进行相应的罚款。

2) 货差：按货物的价值暂扣司机运费，待回公司后结款。若货物找到，正常给司机结款；若货物确认丢失，则按照客户理赔数额对司机进行扣款。

二、卸车

(一) 仓管员的工作职责

(1) 检查车锁是否完好，核对锁号是否一致。

（2）卸货时，负责点清件数，核查标签粘贴是否规范、正确，检查包装与货物是否符合。

（3）检查装车顺序和装载的合理性。

（4）对于每件进港的货物要求使用 PDA 扫描。

（5）卸货之前，仓管员需核对进港交接单。若有同一货物名称或包装的，一定要及时提醒操作人员，以便于正确分拨；扫描时需特别注意 PDA 界面的提示。

（6）卸下的货物要码放成一个托盘，15 件以上的在左上角用记号笔写下该托盘的件数，不规则的货物要在每一层左上角注明件数。若件数不齐，仓管员需在货物上贴一张 A4 纸，标注此货异常。

（7）督导外场操场人员规范码放货物并及时将货物归位。

（8）包装如有破损或潮湿要及时修复，如有严重破损或潮湿，仓管员应及时报予异常录入人员和营运中心督导部（要在车上拍照），先拍照取证，后修复，修复完毕后再拍照。

（9）如果发现违禁品，仓管员应及时上报，做暂扣处理。

（10）统计货量时，仓管员应及时录入物流信息管理系统并正确填写外场装卸考核表。

（11）统计当天扫描率，分析异常原因，并发给主管。

（12）跟踪所反馈的异常信息，直到货物正常为止。

（13）确保 PDA 正常使用。

（二）卸车作业流程

以金西物流公司为例，卸车作业流程如图 2-1 所示。

（三）卸车操作八大原则

（1）货物标签朝外；

（2）货物箭头朝上；

（3）货物 10 件以下的、单件或小件的货物放一排；

（4）货物码放高度不超过 1.5 米；

（5）异形货物、大件货物应放置于便于装车的位置；

（6）货物堆放横看成行；

（7）货物堆放纵看成列；

（8）货物及卡板不压线。

卸车完毕后，操作人员应将到达的货物记入零担货物到达登记表，并以到货公告或到货通知单、电话通知等形式通知收货人前来提货。

三、交付

货物入库后，仓管员应通知收货人凭提货单提货，或者按指定地点送货上门，并做

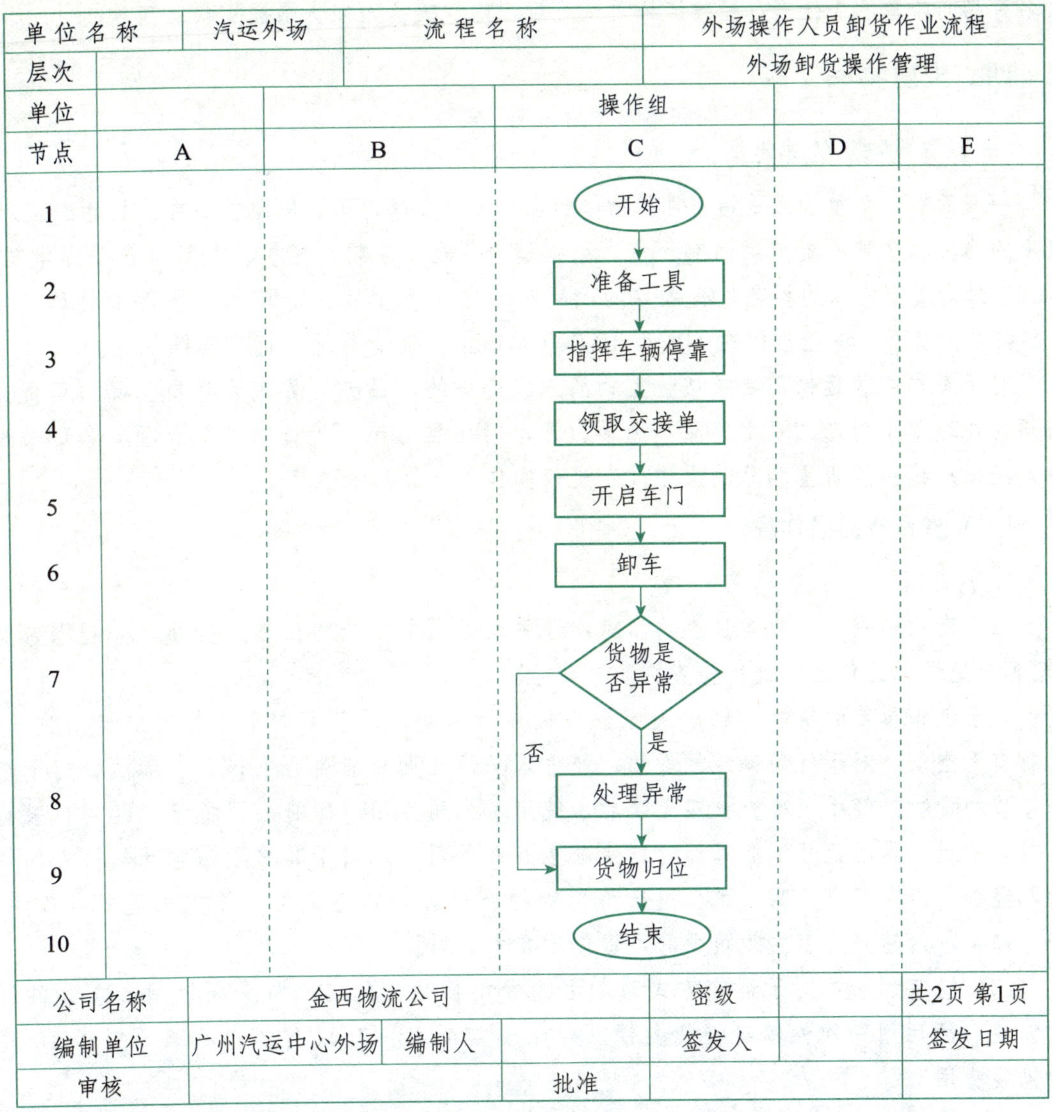

图 2-1　卸车作业流程

好交货记录，逾期提取的按有关规定办理。

交付时应注意以下几个方面：

（1）不能凭白条、信用等方式交付货物。

（2）凭货票提货时，应由收货人在提货联上加盖与收货人名称相同的印章，并提供有效证明文件。

（3）凭到货通知单交付货物时，收货人在到货通知单上加盖与收货人名称相同的印章，查验收货人的有效证明，并在货票提货联上由提货经办人签字交付。

（4）凭电话通知交付货物时，收货人凭提货证明，并经物流公司认可后由提货经办人在货票提货联上签字交付；如委托他人代提货，则应由收货人向物流公司提供盖有与收货人名称相同印章的委托书，经物流公司认可后，由代提货人在货票提货联上签章交付。

四、贵重物品交接

（一）贵重物品的界定

一般而言，贵重物品是指单件货物体积在0.1立方米以下、保险价值在人民币8 000元以上的物品。常见的贵重物品有干货、小型精密仪器、手机、相机、电脑（含手提电脑）等。各地对贵重货物的界定是有差异的，有些地方将贵重物品界定为：单件货物体积在0.1立方米以下，保险价值在人民币10 000元以上。而有些地方标准会低一些。

对于客户或收运部门要求按贵重物品方式走货的物品亦可界定为贵重物品，前提是必须在托运单上勾选“贵重物品”选项。开单时一旦勾选“贵重物品”选项，各环节经手人必须严格按照贵重物品的操作规定进行操作。

（二）贵重物品操作规定

1. 营业部

（1）货物检查：当收运贵重物品时，经手人必须与客户当面核对货物，并对原包装（即客户托运时的包装）进行检查。

对于纸箱包装的货物，经手人应全面检查封箱处，用双手向下压封条或封箱胶处，查看有无空洞。对于纤袋包装的货物，经手人必须全面查看是否有破损、漏洞。对于纸箱包装的货物，经手人检查核实无误后，使用本公司专用（印有公司标识）的封口胶将各封口密封，再用记号笔在每面封口处画上五六条斜线。对于客户不愿意开包检查的货物，经手人应向客户声明，本公司只负责货物外包装与封签完好，并在托运书中备注：若外包装与封签完好而内物短少的，责任不在本公司。

（2）包装加工：对于运输方式为汽运的贵重物品，包装人员必须使用贵重物品纤袋包装，然后用一次性锁对纤袋上锁（对于贵重物品，建议向客户收取不低于10元的包装费用）。

（3）开单：对于贵重物品，各部门经手人在制单时，必须如实填写货物品名；对于符合贵重物品条件的货物，必须确保在物流信息管理系统中勾选“贵重物品”选项栏；须将一次性锁号记录在储运事项中。

（4）填写走货记录表：对于贵重物品，经手人要填写走货记录表，并将一次性锁号填写在走货记录表上，然后将记录表和标签贴在货物同一面（若标签一面面积太小导致贴不下，可贴在另一面），各个环节经手人须在登记表上签字确认货物情况（一票货只附一份走货记录表）。

（5）库存：库存部必须设立贵重物品放置区，并且贵重物品放置区必须设在监控范围内；如果库存部没有监控设备，放置区必须设在柜台人员视线范围之内。贵重物品放置区应由专人负责，并对出入库进行登记。

（6）装车与交接：贵重物品装车时，司机必须在场认真清点件数，检查外包装是否完好并在走货记录表上签字确认；部门进行交接单时，系统会自动将此车所有贵重物品再列出一个贵重物品清单。

2. 物流运作中心

（1）物流运作中心必须在仓库中划定单独的贵重物品放置区（用铁丝网划分专属区域作为贵重物品放置区且在监控器监控范围之内）。

（2）当货物到达物流运作中心后，物流运作中心主管必须在第一时间检查货物包装及货物件数，确认无误后，与司机交接，在走货记录表上签名确认，然后将贵重物品放置在贵重物品放置区，安排专人负责看守。

3. 到达部门

当贵重物品到达目的站后，到达部门必须检查货物包装及货物件数，并在走货记录表上签名确认，然后将贵重物品放置在贵重物品放置区，走货记录表应由部门主管保存备查。客户收货时，经手人必须要求收货人当场拆包验货（外包装完好的，须在签收单上注明再验货）。如果收货人不愿意当场拆包验货，经手人须要求客户在签收单上注明外包装完好，并签名确认后方可提货。

（三）贵重物品操作的注意事项

（1）在所有环节中，凡经手人发现贵重物品没有走货记录表或者走货记录表破损，不可再签名交接的，须立即上报品质管理中心并反馈异常信息，经品质管理中心出具处理意见，重新制作走货记录表后，方可继续走货。

（2）任何经手人发现贵重物品有异常（破损、变形、货差）时，应立即向当班领导反映，若情况属实可由当班领导向品质管理中心反映，品质管理中心在第一时间通知装卸或库存部门负责人和司机验货、称重，并填写登记表。修复破损时，必须有主管及主管级以上两人在场。如果有人举报内部存在盗窃等违法行为，公司应制定一定的奖励政策。

（3）所有经手人都必须核实件数、外包装情况，并在走货记录表上签名确认，凡不签名者应给予一定罚款。对于走货记录表丢失的情况，也应给予一定罚款，相关人员应承担相应货损货差连带责任。

（4）各环节交接以签名为准，每环节从签名确认开始至正常交接到下一环节签名确认为止。各经手部门必须对此期间的货物安全、完好负全责。

（5）在车辆运输过程中，司机必须对货物件数负责。若贵重物品在车辆运输过程中出现货差，公司应对司机处以一定的罚款，并承担相应货损货差连带责任。

（6）贵重货物装车时一律不得重压，若因装车操作不规范而产生的破损、变形，下一环节操作人员在卸车时应及时反馈异常信息，并注明是贵重货物。所产生的损失由上一环节责任人承担。

（7）从收运部门到终端部门，必须使用同一份表格粘贴于货物上，中途各环节经手人均在该表格上填写及签名，原则上不得另外制作表格。

五、签收回单

（一）什么是签收回单

签收回单，又称回单，是托运人在物流公司托运货物后，物流公司将货物送达客户处，收货人正常签收后，物流公司为客户提供原件签收单返还的服务。

对于发货人而言，回单是其发货的凭证，证明对方确实已收到货物；对于承运人而言，回单关系到运费的结算。如果承运人弄丢了回单或忘了让收货人签收回单，就会导致该次运费无法兑现，甚至承运人可能要赔付货款。所以，承运人切勿遗失回单，更不可忘记让对方签收。

（二）签收回单的类型

微课：

公路零担货物装车实务

签收回单包括原件签单、原件传签、网点签单、网点传签。签收回单是目前很多物流公司提供的一种增值服务，即由托运人提供的货物明细等相关的单证为签收回单原件，物流公司将该原件随同货物一起送达收货人，由收货人在签收回单原件上签章，作为托运人与收货人双方交易的证明，最后返还给托运人。物流公司可以收取一定的费用。例如，有些公司的价格标准是中国香港、澳门、台湾：原单返回 40.00 元/票，传真件返回 20.00 元/票；中国大陆：原单返回 20.00 元/票，传真件返回 10.00 元/票。

归纳总结

通过对此次运输任务的完成，学生们对公路货物运输有了较全面的认识，掌握了公路货物运输的工作流程和注意事项，能进行货物配载、请车、装车、车辆运行与在途跟踪、卸车、交付等操作。

需要提醒的是，在运输过程中一定要保证安全运输，各个环节都要达到 6S 管理的要求，体现从业人员的职业道德和职业素养。

学德增信

“夺命快递”给所有物流人的警示

“夺命快递”由武汉发往潍坊，在卸载中造成了危险化学品泄漏，使得 100 多件快件沾上了氟乙酸甲酯，有 8 人因此出现不同程度的中毒症状，其中东营大王镇居民刘某某中毒死亡。收寄快件的当地快递公司由于收寄验视不规范，被依法吊销快递业务经营许可证。

讨论准备：

1. 请同学们上网了解该事件的更多信息。

2. 请同学们查阅《中华人民共和国邮政法》《快递市场管理办法》等法律法规中禁止邮寄的违禁物品种类和实行严格验视的相关制度。

讨论题目：

1. 该公司是否具备运输危险化学品的资质？

2. 客服人员在受理托运时是否按规定进行了验视？

3. 装卸人员是否存在野蛮装卸行为？危险化学品是如何泄漏的？

4. 运输管理人员、仓储管理人员发现危险化学品泄漏后是否采取相应的措施？

5. 在受理—装卸—运输—仓储保管—交付等各环节都按操作规范执行，是否可以避免中毒事件的发生？

学思践行

1. 调研物流公司、快递企业的收件验视制度和实名制的执行情况，撰写一份市场调研报告。

2. 将不规范操作的深刻教训讲给你身边的十位朋友，与大家共勉。

3. 给未来从业后的自己写一封信：提醒自己工作时一定把人民的生命财产安全放在第一位，严格执行岗位操作规范，绝不敷衍或心存侥幸。

同步实训

实训任务

请安排金西物流公司接到的上述 12 笔运输任务。

实训目的

综合运用本项目所学知识与技能，熟练掌握公路货物运输生产作业流程，制订公路货物运输组织计划。

实训准备

(1) 12 人为一组，将班级同学分成若干个小组，如果还有剩余的同学，这些同学可以组成纠错检查小组，检查并纠正各小组的不规范行为。

(2) 每组 12 名同学按表 2-19 进行分工。

表 2-19 小组分工

货运角色	工作职责	学生姓名
托运人	提供托运货物	
收货人	签收货物	
定价员	计算运价	
收款员	填制货票	
调度员	车辆、人员、线路安排，签行车路单	
开票员	制单、填写单据	
受理员	受理业务、填写托运单	
司磅员	过磅量方，扣贴标签、标志	
配货员	装配货物、随货单据整理等	
理货员	整理所装货物	
装车员	按要求装载货物	
货运司机	货物运输	

实训步骤

1. 工作计划安排

填写工作计划安排表（见表 2-20）。

表 2-20 工作计划安排表

作业内容	作业人员	完成时间

2. 有效订单分析

分析上述 12 笔运输任务，哪些可以受理托运？哪些不能受理托运？请说明理由。

此项工作应该由哪个岗位的工作人员负责？

3. 运输方式分析

根据上述12笔运输任务，填写货物运输信息表（见表2-21），并分析各项运输任务应采用哪种运输方式组织运输，此项工作应该由哪个岗位的工作人员负责。

表2-21　货物运输信息表

品名	重量（kg）	体积（m^3）	件数（件）	单价（元）	发货方	收货方

4. 开展货运任务

请按照以下每项工作的操作标准描述每项任务的执行者的工作。

（1）托运受理，填写托运单：______________________________。

（2）验货过磅量方，填写货物运单：______________________________。

（3）验收入库：______________________________。

（4）开票收费：______________________________。

（5）配载装车：______________________________。

1）车辆信息（见表2-22）。

表2-22　车辆信息表

<table>
<tr><td>车辆品牌</td><td></td><td>车辆类型</td><td></td><td colspan="2">吨位</td><td></td></tr>
<tr><td>长</td><td></td><td rowspan="2">生产日期</td><td rowspan="2"></td><td colspan="2">车况</td><td></td></tr>
<tr><td>宽</td><td></td><td colspan="3">保险金额</td></tr>
<tr><td>高</td><td></td><td>购买日期</td><td></td><td>有</td><td>无</td><td>险金（元/年）</td></tr>
<tr><td>容积</td><td></td><td>年检日期</td><td></td><td></td><td></td><td></td></tr>
</table>

2）运输人员信息（见表2-23）。

表 2-23 运输人员信息表

司机姓名		性别		民族		年龄	
家庭住址					联系电话		
驾驶经验		技术水平			维修水平		
工作态度		性格特点			文化水平		
身体状况		思想状况					

3）运输线路选择。

4）零担货物的配载：整理随货同行的单据，包括托运单、零担货票及其他随货单据。

5）装车组织：编制货车装载清单。

6）司机发车执行运输任务。

（6）到站后货物卸车入库：________________。

（7）到货通知：________________。

（8）收票交货：________________。

（9）托运人结付费用：________________。

实训结果

（1）制定公路货物运输方案；

（2）执行公路货物运输方案；

（3）任务完成情况总结。

同步测试

一、单项选择题

1. 按照托运批量大小，公路运输可以分为整车运输、零担运输、集装箱运输和（　　）。
A. 包车运输　B. 长途运输　C. 短途运输　D. 普通货物运输

2. 公路运输中，能适应的年平均日交通量为 25 000～30 000 辆的公路等级是（　　）。
A. 一级公路　B. 二级公路　C. 三级公路　D. 高速公路

3. 下列车辆配载描述中，错误的是（　　）。
A. 危险物品单独配装　B. 重的货物放在底层
C. 饼干和洗衣服混装　D. 大件货物放在底层

4. 哪方在托运单上签字后，货物的责任由托运人转至承运人？（　　）
A. 托运人　B. 承运人　C. 收货人　D. 保险代表

5. 车身为全封闭形式的货车是（　　）。
A. 厢式货车　B. 普通货车　C. 中型货车　D. 重型货车

6.（　　）是托运人与运输企业之间的契约，它明确了承托双方在货物运输过程中的权利、义务和责任。

A. 运输计划　　B. 托运单　　C. 路单　　D. 装卸清单

7. 各类危险货物、易破损、易污染和鲜活等货物，一般不能作为（　　）办理托运。

A. 整车货物　　B. 零担货物　　C. 快件货物　　D. 特种货物

8. 客户托运一件轻泡货物，体积为 1.2 立方米，其计费重量应为（　　）。

A. 12 千克　　B. 333 千克　　C. 399.6 千克　　D. 400 千克

9. 某货主交运一件公路零担货物，毛重为 5.3 千克，计费重量应为（　　）。

A. 5.3 千克　　B. 5.5 千克　　C. 5 千克　　D. 6 千克

10. 刘先生的货物要求保价运输，保价金额为 3 000 元，应交运费总计 286 元，保价费率为 1%，此货物需支付的保价费为（　　）。

A. 30 元　　B. 2.86 元　　C. 32.86 元　　D. 27.14 元

11. 在公路货物运输过程中，为了确保货物安全，驾驶员需要定期检查哪些内容？（　　）

A. 货物包装是否完好　　B. 货物数量是否准确

C. 车辆机油和轮胎状况　　D. 以上都是

12. 在公路货物运输的运费计算中，通常不包括以下哪项费用？（　　）

A. 燃油费　　B. 过路费　　C. 装卸费　　D. 车辆折旧费

13. 在公路货物运输过程中，对于需要严格控制温度和湿度的货物，应选用哪种类型的货车进行运输？（　　）

A. 普通厢式货车　　B. 冷藏车　　C. 开顶式货车　　D. 罐式货车

14. 在公路货物运输合同的签订过程中，以下哪项内容不是必须明确约定的？（　　）

A. 货物的名称、规格、数量　　B. 货物的装卸地点、时间

C. 运输方式、线路和运费　　D. 驾驶员的个人爱好和饮食习惯

二、多项选择题

1. 公路货物运费的支付方式主要有（　　）。

A. 到付　　B. 现付　　C. 签回单付　　D. 月结

2. 导致配载效率低下的因素包括（　　）。

A. 基础数据不准确　　B. 配载时间制约

C. 订单波动大　　D. 配载技术不成熟

3. 公路货物装车原则为：（　　）、箭头朝上、干湿分离、异味分箱、隔离得当、平衡配车。

A. 大不压小　　B. 重不压轻　　C. 泡上重下　　D. 木不压纸

4. 下列关于整车货物运输特征的说法正确的是（　　）。

A. 一个托运人　　B. 门到门的运输

C. 托运人负责装卸车　　D. 操作方便

5. 零担货物托运时，业务员应仔细查验货物，查验的内容包括（　　）。

A. 货物件数　B. 货物性质　C. 货物包装　D. 货物质量

6. 小型厢式车多用于（　）。

A. 运送贵重货物　B. 运送邮件　C. 工厂配送　D. 商业领域的配送

7. 以下哪些情况，汽车运输承运人可以不负赔偿责任？（　）

A. 不可抗力　B. 货物本身的自然性质变化或者合理损耗

C. 包装内在缺陷造成货物受损　D. 押运人责任造成的货物损毁或灭失

8. 南京发往上海瓷砖一批，总重 4.680 吨，南京长运物流公司承运，南京至上海专线运价为每吨 150 元、通行费为 120 元。计费重量为（　），货主应支付（　）运费。

A. 4.680 吨　B. 4.7 吨　C. 5 吨　D. 825 元

E. 715 元

9. 公路货运合同的签订应包含哪些关键条款？（　）

A. 双方当事人的名称和地址

B. 货物的名称、规格、数量、质量等详细信息

C. 运输方式、线路、启运时间和到达时间

D. 运费及支付方式、违约责任等条款

三、简答题

1. 简述公路货物运输的含义和特点。

2. 什么是公路整车货物运输？

3. 什么是公路零担货物运输？

4. 如何理解公路货物运输虽适合短距离货运但要独立承担长距离干线运输？

5. 什么是货物配载？

四、业务分析题

1. 金华发往杭州瓷砖一批，总重 4.5 吨，货运公司派一辆 5 吨的厢式货车运输，金华至杭州运价为每吨 140 元。计算该批瓷砖的运费。

2. 嘉兴刘先生从杭州奇华有限责任公司购买 3 套 X 型锁，用木箱包装。杭州奇华有限责任公司委托杭州斯通物流公司运输，每套锁净重 38 千克、毛重 40 千克，每套锁声明价值 1 600 元，保价运输。杭州斯通物流公司公布的杭州至嘉兴专线零担运价为 2.4 元/千克，保价费率为 7‰。

（1）计算该批货物的运费。

（2）根据以下信息（见表 2－24）填制货物运输托运单（见表 2－25）。

表 2－24　基本信息

客户	单位：杭州奇华有限责任公司
	地址：浙江省杭州市富春路 8975 号
	联系人：王兴旺
	电话：139××××××××

续表

<table>
<tr><td rowspan="4">收货人</td><td>单位：嘉兴百事有限责任公司</td></tr>
<tr><td>地址：浙江省嘉兴市南湖区亚太路 9341 号</td></tr>
<tr><td>联系人：刘新民</td></tr>
<tr><td>电话：158××××××××</td></tr>
<tr><td>装货地点</td><td>浙江省杭州市富春路 8975 号</td></tr>
<tr><td>卸货地点</td><td>浙江省嘉兴市南湖区亚太路 9341 号</td></tr>
</table>

表 2-25　货物运输托运单

<table>
<tr><td>托运人</td><td colspan="2"></td><td>电话</td><td colspan="2"></td><td>装货地点</td><td colspan="4"></td></tr>
<tr><td>收货人</td><td colspan="2"></td><td>电话</td><td colspan="2"></td><td>卸货地点</td><td colspan="4"></td></tr>
<tr><td rowspan="2">货物名称</td><td rowspan="2">性质</td><td rowspan="2">包装或规格（mm）</td><td rowspan="2">件数</td><td rowspan="2">实际重量（千克）</td><td rowspan="2">计费重量（千克）</td><td rowspan="2">货物声明价值（元）</td><td colspan="3">计费项目</td><td rowspan="2">货物核实记录</td></tr>
<tr><td>运费（元）</td><td>装卸费（元）</td><td>保价费（元）</td></tr>
<tr><td></td><td></td><td></td><td></td><td></td><td></td><td></td><td></td><td></td><td></td><td></td></tr>
<tr><td></td><td></td><td></td><td></td><td></td><td></td><td></td><td></td><td></td><td></td><td></td></tr>
<tr><td></td><td></td><td></td><td></td><td></td><td></td><td></td><td></td><td></td><td></td><td></td></tr>
<tr><td>注意事项</td><td colspan="10">1. 货物名称应填写具体品名，如货物品名过多，不能在托运单内逐一填写，必须另附货物清单。
2. 保险或保价货物，在相应价格栏中填写货物声明价值。</td></tr>
</table>

受理人签章：　　　　托运人签章：　　　　收货人签章：

项目三

水路货物运输实务

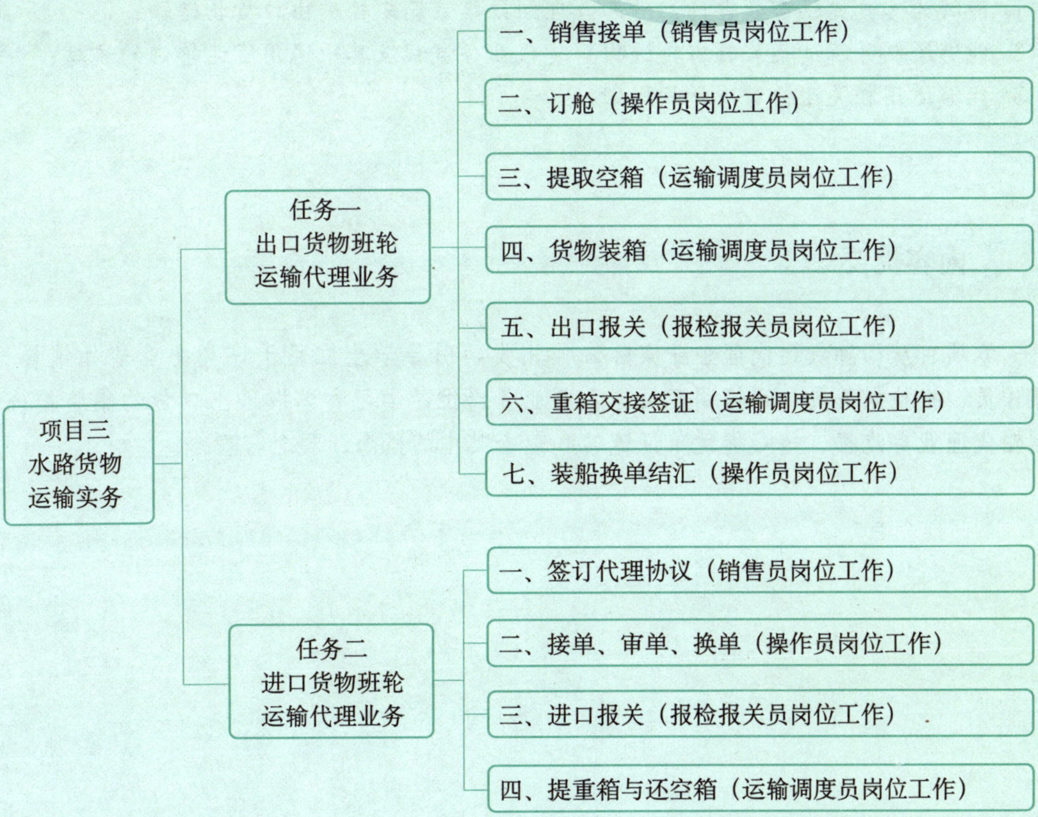

学习目标

素养目标

1. 培养干一行爱一行精一行的职业观，弘扬并传承工匠精神；
2. 通过对货代人全程组织集装箱货运从而实现资源全球配置的学习，将经济全球化和人类命运共同体理念融入对自己担当意识的培养。

知识目标

1. 熟悉船期表相关信息；
2. 熟悉国际集装箱海运各大航线及基本港；
3. 重点掌握集装箱班轮进出口的货代业务流程和通用货运单证；
4. 理解班轮运输费用计收规则。

技能目标

1. 能够为客户提供有效咨询，进而合理组织集装箱班轮进出口货物运输；
2. 能够绘制并解读集装箱班轮进出口货代业务流程及其中通用货运单证的流转；
3. 能够运用相关运输费用计收规则。

内容提要

本项目从国际货运代理企业实际工作出发，引导学生立足于该类企业诸如销售员、操作员、报检报关员、运输调度员等主要业务岗位，学习和掌握进出口货物集装箱班轮运输代理业务流程、核心货运单证流转和蕴含其中的概念、观念与理念。

任务一
出口货物班轮运输代理业务

任务情境

2024年7月，某高校现代物流管理专业毕业生高琪入职WH国际货运代理有限公司（以下简称WH货代公司）工作。WH货代公司创立于1993年，是经我国商务部、交通运输部、海关总署、民航局批准成立的一级货运代理企业。WH货代公司主要经营国际及国内进出口货物的海运、空运和快件运输的代理业务，包括揽货、订舱、报关、中转、仓储、集装箱拼装与拆箱、保险、运杂费结算等相关服务及咨询服务，服务网络遍及全球150多个国家和地区，与20余家船公司签订了长期货运合约，能提供优惠的运价和充分的舱位，尤其在与日本、韩国、美国以及东南亚、欧洲之间航线的海运业务代理方面具有明显优势。

在高琪入职后不久，WH货代公司接到下列业务：

2024年9月3日，大连A公司与日本B公司成交一批童装，共20万件。A公司向包括WH货代公司在内的多家货代企业询价，要求在保证货运质量的情况下，尽可能控制运输成本。WH货代公司经与A公司多次洽谈，最终承接该批童装出口运输代理业务。

该批童装贸易合同的有关条款为：

买方：日本B公司（Japan B Corporation）

卖方：大连A公司（Dalian A Corporation）

商品名称：童装

包装：纸箱（每箱毛重为20KGS、净重为19.5KGS）

数量：4 000箱，每箱50件

支付方式：L/C

价格条款：每件USD10 CIF TOKYO

装运时间：2024年10月16日

装运港：大连港

目的港：东京港

保险条款：加保一切险，加一成投保

按照公司安排，高琪需全程参与上述业务工作，通过到各相关部门跟岗、见习，以切实熟悉并掌握公司出口运输代理业务的具体运作。

任务分析

根据入职培训所学，按照 WH 货代公司出口货运代理业务流程、对应的业务部门及岗位职责分工，高琪将首先到市场部见习销售员岗位工作；然后到操作部的海运一部现场学习操作员岗位工作；最后到实地熟悉报关员、运输调度员等岗位工作。

任务实施

WH 货代公司集装箱整箱货出口运输代理业务流程见图 3－1。

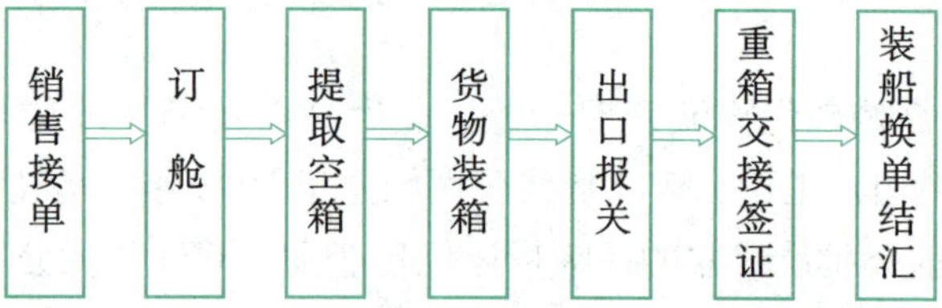

图 3－1 WH 货代公司集装箱整箱货出口运输代理业务流程

WH 货代公司承担出口货物海运代理业务的海运一部的主要岗位见图 3－2。

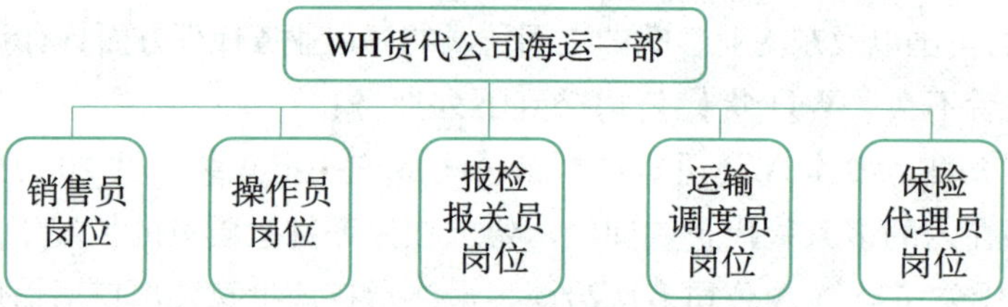

图 3－2 WH 货代公司海运一部的主要岗位

流程一 销售接单（销售员岗位工作）

运输货当先。任何一家货代公司的业务工作一般都源自市场部门的销售成果。货代行业中的销售即揽货，即通过与客户直接洽谈或通过电话、传真、互联网、广告等各种方式，从客户那里争取货源、承揽货载的行为。

高琪经实地了解得知，WH 货代公司市场部销售与接单业务包括四个步骤（见图 3－3）。

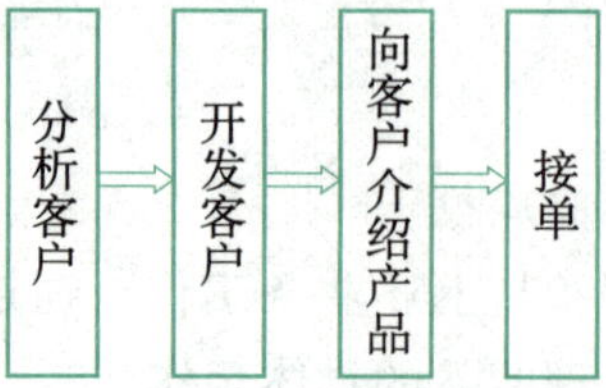

图 3－3 销售与接单业务四步骤

步骤一　分析客户

对客户进行分析的根本目的是做到知己知彼、百战不殆。各类客户的分析与比较见表 3-1。

表 3-1　各类客户分析与比较

客户类型	客户特征	与之相适应的货代企业
大型出口企业	商业信誉好、出口量大、目标国家多，有些通过招投标选择货代	实力雄厚、服务质量高的货代企业
中小型出口企业	货量较小、对服务价格比较敏感，企业数量众多、货源总量大	大多数货代企业
新成立的出口企业	经验不足、小心谨慎	有实力、有耐心、有诚信的货代企业
加工贸易类出口企业	一般采用 FOB 交易、运费到付	有较完善的海外代理网络的货代企业
特殊货物出口企业	例如：冷冻食品、超大超重的货物、液态货物、危险品等，特种箱操作难度大，但利润高	操作人员专业知识扎实、实力较强、实践经验丰富的货代企业

步骤二　开发客户

1. 寻找潜在的客户资源

货代公司销售员可通过互联网、展会、各种人际关系及媒介等寻找潜在的客户资源。首先，销售员可在互联网上找到具有运输优势的产品，然后用搜索引擎查询客户尽可能详尽的信息，如客户公司名称、规模，是外贸公司还是工厂，一年的出货量多大，多选择何种货运方式，经常出口的目的港名称，常会选择哪些船公司，主要市场在哪里，联系人、主要产品等。销售员应及时整理相关信息并录入本公司物流信息管理系统中。

2. 拜访客户

（1）拜访前的准备。拜访客户前，销售员通常需提前备妥下列信息：潜在客户的姓名或职务、职称，企业名称及经营范围，联系的理由、拟沟通的事项，潜在客户可能会提出的问题，以及如何应对客户的拒绝等。

（2）电话拜访。需要注意的是，本次致电是为了安排与客户的一次面谈，而不是完成一次交易。销售员应避免在电话中讲太多，应保留一些关键问题，待有机会与客户会面时再进行充分沟通。与客户见面时，销售员必须准时赴约。如果客户答应见面但没有确定时间，销售员应继续保持联系并尽快达成拜访。

（3）上门拜访。有些客户对销售员的上门拜访并不反感，而且会表示欢迎、热情招待销售员的到来；但也有一些客户由于工作繁忙，不太愿意受外界打扰，他们对销售员的到访比较排斥，甚至将其拒之门外。因此，为了成功地接近客户，销售员必须事先做好预约、预热等充分的准备工作。

（4）拜访客户后。拜访客户后，销售员要及时做好拜访客户的记录，如详细记录客户的情况、需求、要求等；在第一时间答复客户提出的问题；记录给客户的承诺，在约定的时间内给予客户回复。同时，销售员要增进客户对公司的了解，与客户建立更进一步的联系，并不断提升自身的专业能力水平，从而为客户提供更好的服务。

步骤三　向客户介绍产品

销售员应重点向客户介绍本公司的优势产品，提供合理的报价。例如：介绍与本公司合作的船公司有哪些、本公司主要承接哪些航线的货物运输业务。销售员应强调本公司在哪些航线上价格或者服务更有优势，并向客户介绍相关港口信息。营销报价示例见表 3－2。

表 3－2　营销报价示例

DDD TRADING CO.，Ltd.
P. O. BOX 211，USA

Shanghai HT International Co.，Ltd.
5 FL，Bldg，137 Zhongshan Rd.，Shanghai，CHINA

我公司承揽该业务具有以下优势：
1. 美国是我公司主营航线之一，享受优惠运价。
2. 我公司与国际几大船公司长期以来保持着密切的合作关系，船公司可以保证我们的货物按时上船。
3. 我公司保证在开航日前 10 天完成订舱。
4. 我公司提供仓储、订舱、报关、货物集港等一条龙服务。

希望有机会为贵公司服务，期盼你们的回复！

运输报价：
海运费：3 550.00 元，燃油附加费：55.00 元，上海港码头作业费：370.00 元，订舱费：200.00 元，报关费：100.00 元，电放费：100.00 元，客户海运费佣金：20.50 元，货币附加费：42.70 元。

上海 HT 国际贸易有限公司

◎ 知识链接

一、班轮运价与运费计算

（一）基本概念

运费是承运人根据运输契约完成货物运输后从托运人处收取的报酬。运价是承运企业为运输单位货物而付出的运输劳动的价格，是运输产品价值的货币表现。

班轮运费＝班轮运价×运量＋附加费

＝基本运费＋附加费

其中，班轮运价又称基本费率（Basic Rate），是指对每一计费单位（如一运费吨）货物收取的基本运费。基本费率有等级费率、货种费率、从价费率、特殊费率和均一费率之分。附加费（Surcharges）是运费不可分割的一部分，由于运价是按照运价表和协议运价计收的，因此在一定时期内是相对稳定的，但是实际影响运价的因素在一定时期内是不稳定的，如燃油涨价、码头拥挤、货币贬值等。承运人为了应对航运市场的这些变化，不固定地公布并加收各种附加费。

常见的附加费见表3-3。

表3-3 常见的附加费

附加费名目	说明
燃油附加费（Bunker Surcharge or Bunker Adjustment Factor，BAF）	在燃油价格突然上涨时加收的附加费。
货币贬值附加费（Devaluation Surcharge or Currency Adjustment Factor，CAF）	在货币贬值时，船方为了使实际收入不致减少，按基本运价的一定百分比加收的附加费。
转船附加费（Transshipment Surcharge）	凡运往非基本港的货物，需转船运往目的港，船方收取的附加费，其中包括转船费和二程运费。
直航附加费（Direct Additional）	当运往非基本港的货物达到一定的货量，船公司可安排直航该港而不转船时所加收的附加费。
超重附加费（Heavy Lift Additional）、超长附加费（Long Length Additional）和超大附加费（Surcharge of Bulky Cargo）	当一件货物的毛重、长度或体积超过或达到运价本规定的数值时加收的附加费。
港口附加费（Port Additional or Port Surcharge）	有些港口由于设备条件差、装卸效率低或其他原因，船公司加收的附加费。
港口拥挤附加费（Port Congestion Surcharge）	有些港口由于拥挤、船舶停泊时间增加而加收的附加费。
选港附加费（Optional Surcharge）	货方托运时尚不能确定具体的卸货港，要求在预先提出的两个或两个以上港口中选择一个港口卸货，船方加收的附加费。
变更卸货港附加费（Alteration of Discharging Port Additional）	货主要求改变货物原来的卸货港，在有关当局（如海关）准许、船方同意的情况下所加收的附加费。
绕航附加费（Deviation Surcharge）	由于正常航道受阻不能通行，船舶必须绕道才能将货物运至目的港时，船方所加收的附加费。

（二）运费计算标准

运费计算标准（Basis/Unit for Freight Calculation）通常是按货物重量、按货物尺码或体积、按货物重量或尺码，选择其中收取运费较高者计算运费。按货物FOB价收取一定百分比作为运费，称为从价运费。按每件为一单位计收，由船货双方临时议定价格收取运费，称为议价。

（三）运费计算步骤

（1）选择相关的运价本；

（2）根据货物名称，在货物分级表中查到运费计算标准和等级；

（3）在等级费率表的基本费率部分中找到相应的航线、启运港、目的港，按等级查到基本运价；

（4）在附加费部分查出所有应收（付）的附加费项目和数额（或百分比）及货币种类；

（5）根据基本运价和附加费计算实际运价；

（6）运费＝运价×运费吨。

二、集装箱运输费用的构成及计费特点

目前，集装箱货物海上运价体系较内陆运价体系成熟。集装箱运输费用的计算方法基本上分为两种：一种是沿用件杂货运费的计算方法，即基本费率以每运费吨为计算单位（俗称散货价），多数航线采用等级费率。除传统件杂货所收的常规附加费外，还要加收一些与集装箱货物运输有关的附加费。另一种是以每个集装箱为计费单位（俗称包箱价）。

（一）集装箱运输费用的构成

集装箱运输中不同交接方式下承运人运费构成见表 3-4。

表 3-4 集装箱运输中不同交接方式下承运人运费构成

交接方式		发货地				海上运输	收货地				费用构成
		A	B	C	D	E	D	C	B	A	
LCL/LCL	CFS/CFS		√	√		√		√	√		B+C+E+C+B
FCL/FCL	DR/DR	√		√		√		√		√	A+C+E+C+A
	DR/CY	√		√		√	√	√			A+C+E+C+D
	CY/CY			√	√	√	√	√			C+D+E+C+D
	CY/DR			√	√	√		√		√	C+D+E+C+A
LCL/FCL	CFS/CY		√	√		√	√	√			B+C+E+C+D
	CFS/DR		√	√		√		√		√	B+C+E+C+A
FCL/LCL	DR/CFS	√		√		√		√	√		A+C+E+C+B
	CY/CFS			√	√	√		√	√		C+D+E+C+B

表 3-4 中字母含义如下：

A 代表内陆运输费（Inland Transportation Charge），包括铁路、公路、航空、内河、沿海支线运输所发生的运输费用。

B代表拆拼箱服务费（LCL Service Charge），包括取箱、装箱、送箱、拆箱及理货、免费期间的堆存、签单、制单等各种作业所发生的费用。

C代表码头/堆场服务费（Terminal Handling Charge），包括船与堆场间搬运、免费期间的堆存及单证制作等费用。

D代表装/卸车费（Loading/Unloading Charge），包括在堆场、货运站等地点使用港区机械从货方接运的汽车、火车上卸下或装上箱子所发生的费用。

E代表海运费（Ocean Freight），与传统班轮件杂货的费用涵盖范围相同。

（二）集装箱运费的计费特点

1. 拼箱货

拼箱货按货物的重量或体积计收运费（与传统班轮运费的计收规定相同）。

2. 整箱货

整箱货通常以箱为单位计收运费，主要包括以下三种费率：

(1) 均一包箱费率（Freight for All Kinds，FAK）是指对每一集装箱不细分箱内货物种类，不计货量（当然不能超过额定重量），只按箱子类型（普通货、一般化工品、半危险品、全危险品、冷藏货）制定费率。

(2) 等级包箱费率（Freight for Class，FCS）是对于普通货物按不同货物等级制定相应的包箱费率。集装箱普通货物的等级划分与件杂货的划分方法一样，但是集装箱货物的费率级差小于件杂货费率级差，普通低价货的集装箱运输费用高于传统运输费用，高价货的集装箱运输费用低于传统运输费用；对于同一等级的货物，重货集装箱运价高于体积货运价。船公司鼓励客户将高价货和体积货装箱运输。在这种费率下，拼箱货运费的计算与传统运输一样，首先根据货物名称查得等级、计算标准，然后查相应的费率，乘以运费吨，即得运费。

(3) 基于货物等级和计算标准的包箱费率（Freight for Class and Basis，FCB）既按不同货物等级或货类，又按计算标准制定不同的费率。

（三）海运运费计算实例

某轮从广州港装载一批杂货——人造纤维，体积为20立方米、毛重为17.8吨，运往欧洲某港口，托运人要求选择鹿特丹港或汉堡港作为卸货港。鹿特丹港和汉堡港都是基本港，基本运费率为USD80.0/FT，3个以内选卸港的附加费率为每运费吨加收USD3.0，W/M。

思考：

(1) 该托运人应支付多少运费（以美元计）？

(2) 如果改用集装箱运输，海运费的基本费率为USD1 100.0/TEU、货币贬值附加费10%、燃油附加费10%。此时，该托运人应支付多少运费（以美元计）？

(3) 若不计件杂货运输和集装箱运输两种方式的其他费用，托运人从节省海运费的角度考虑，是否应选择改用集装箱运输？

解：

（1）因为 M 大于 W，故确定运费吨为 20.0，则：

运费＝（80.0＋3.0）×20.0＝1 660.0（美元）

（2）根据该批货物的实际情况，选用 1 个 TEU，则：

运费＝（1＋10%＋10%）×1 100＝1 320.0（美元）

或者　运费＝1×1 100＋1 100×10%＋（1 100＋1 100×10%）×10%

＝1 100＋110＋121

＝1 331（美元）

（3）根据计算结果，因为（1）大于（2），所以应选择改用集装箱运输。

步骤四　接单

销售员与客户经过洽谈后达成货运代理协议，并接受客户书面订舱委托。

销售员岗位的主要职责是负责对外签订货运代理协议。在本次任务中，当 A 公司决定委托 WH 货代公司代为办理出口货运业务后，WH 货代公司应及时与 A 公司签订代理协议，以确定货代公司所代理的项目内容及收费事宜。

在本环节，销售员要做好及时、充分且富有成效的沟通与交流工作，在详细了解客户需求的基础上，尽可能帮助客户设计经济合理、切实可行的运输方案；同时，做好内外协调与跟踪工作，帮助客户处理好突发、例外事件。

1. 接收客户提供的有关货物的详细情况（一般为传真件）

在本票业务中，货物的主要信息如下：

货物名称：童装；数量：4 000 箱，每箱 50 件，共计 20 万件；支付方式：L/C；价格条款：每件 USD10 CIF TOKYO；包装：纸箱（每箱毛重为 20KGS、净重为 19.5KGS）；装运时间：2024 年 10 月 16 日；装运港：大连港；目的港：东京港。

对于不同类别的货物，需选择与之相适应的运输方式。针对本次任务中的童装，按照货物性质归为纺织品货类，在运输中属于件杂货范畴。作为件杂货而言，既可以采用传统的件杂货运输方式，也可以采用集装箱运输方式，主要考虑的因素包括货物安全、数量和运输成本等。

根据该批童装的实际情况，结合客户对货运的要求，WH 货代公司通过综合比较、分析后，为客户选择的是集装箱（FCL）运输方式。这就要求高琪具备有关集装箱及其运输方面的基本常识。

2. 与客户详谈需要代理委托的事项

经双方沟通并达成一致后，确定本票业务为全部出口业务代理，包括租船订舱、提供集装箱及装箱、国内短途运输、报检报关业务、投保业务、货物集港装船等内容。

3. 双方洽谈收费标准

本票业务按包干费 3 500 元/票，含代理报关费 150 元/票、代理报检费 100 元/票、国内短途运输费用和仓储费用，其他费用凭发票实报实销。

4. 正式签订代理协议

目前，基于班轮运输代理业务的特性，在实际工作中的一般做法是：货代公司以海运委托书（见表3-5）（简称托书）作为与客户签约的证明，但客户必须在托书上加盖公章。

表3-5　海运委托书　　　　托运单号：
委托日期：　　年　　月　　日

<table>
<tr><td colspan="2">委托单位名称</td><td colspan="8"></td></tr>
<tr><td rowspan="3">提单B/L
项目要求</td><td colspan="9">发货人：
Shipper：</td></tr>
<tr><td colspan="9">收货人：
Consignee：</td></tr>
<tr><td colspan="9">通知人：
Notify Party：</td></tr>
<tr><td colspan="4">海洋运费（√）预付　或　到付
Ocean freight：Prepaid　or　Collect</td><td>提单份数</td><td></td><td>放单方式</td><td colspan="3">电放____正本____</td></tr>
<tr><td>启运港</td><td colspan="2"></td><td>目的港</td><td colspan="2"></td><td>可否
转船</td><td></td><td>可否
分批</td><td></td></tr>
<tr><td>集装箱预配数</td><td colspan="5">20′GP×　　40′GP×　　40′HQ×</td><td>装运
期限</td><td></td><td>预订
船期</td><td></td></tr>
<tr><td colspan="2">标记唛头</td><td>件数及
包装式样</td><td colspan="2">中英文货号
Description of goods
(In Chinese&English)</td><td>毛重
（千克）</td><td colspan="2">尺码
（立方米）</td><td colspan="2">成交条件
（总价）</td></tr>
<tr><td colspan="2" rowspan="5"></td><td rowspan="5"></td><td colspan="2" rowspan="5"></td><td></td><td colspan="2"></td><td colspan="2"></td></tr>
<tr><td rowspan="4">特种货物
☐ 冷藏品
☐ 危险品</td><td colspan="4">重件：每件重量</td></tr>
<tr><td colspan="4"></td></tr>
<tr><td colspan="4">大件：长×宽×高</td></tr>
<tr><td colspan="4"></td></tr>
<tr><td colspan="2">内装箱（CFS）地址</td><td colspan="4"></td><td colspan="4">是否委托我司报关：
是____否____</td></tr>
<tr><td rowspan="2">门对门
装箱点</td><td>地址</td><td colspan="4"></td><td colspan="4">是否委托我司安排拖车：
是____否____</td></tr>
<tr><td>电话</td><td colspan="2"></td><td>联系人</td><td></td><td colspan="4">是否需要转关：
是____否____</td></tr>
<tr><td rowspan="7">随附单证份数</td><td>出口货物报关单</td><td></td><td>商业发票</td><td></td><td rowspan="8">委托方</td><td>委托人</td><td colspan="3"></td></tr>
<tr><td>出口收汇核销单</td><td></td><td>装箱清单</td><td></td><td>电话</td><td colspan="3"></td></tr>
<tr><td>进/来料加工手册</td><td></td><td>出口许可证</td><td></td><td>传真</td><td colspan="3"></td></tr>
<tr><td>原产地说明书</td><td></td><td>出口配额证</td><td></td><td>地址</td><td colspan="3"></td></tr>
<tr><td>危险货物说明书</td><td></td><td>商检证</td><td></td><td rowspan="4">委托
单位
盖章</td><td colspan="3" rowspan="4"></td></tr>
<tr><td>危险货物包装证</td><td></td><td>动植物检疫证</td><td></td></tr>
<tr><td>危险货物装箱申明书</td><td></td><td></td><td></td></tr>
<tr><td colspan="5">备注：</td></tr>
</table>

货运代理人接到客户的托书后，应及时加以审核，根据要求及时联系有关船公司或其代理人并办理订舱。如果货运代理人无法接受某些要求或船货衔接存在问题，应及时联系并征求客户意见，以免耽误船期，承担不必要的法律责任。

对于本票业务而言，至此，市场部销售员的主要工作告一段落。后续工作将转由操作部的操作员跟进，操作员应及时向船公司或其代理人办妥订舱事宜。随着业务的进展，高琪来到了公司的操作部，将见习订舱相关业务。

无论是销售员还是操作员，在收到托书后，需要做到以下三点：

（1）必须以托书向船公司进行运价的最终申请，因为许多船公司的运价申请都是以托书作为依据的；

（2）订舱时，将运价注明在订舱单上作为一项条款，一并传真给船公司；

（3）如遇有重大更改（如变更卸货港等），必须要求客户提供书面凭据。

◎ 知识链接

一、集装箱的产生

视频：

集装箱的产生

二、集装箱货物的分类

视频：

集装箱货物的分类

流程二　订舱（操作员岗位工作）

货代公司一旦接受客户委托，应根据货主提供的有关贸易合同或信用证条款的规定，在货物出运之前的一定时间内，由操作员根据客户传来的托书内容填制订舱单，经审核无误后，以书面形式正式向船公司或其代理人申请订舱。

步骤一　从客户手中接单

操作员从客户手中接到的货物原始单据主要有：合同、商业发票、装箱单、代理报关委托书、代理报检委托书、商检证明、原产地证明等。操作员收到全套单据后，要注意审核单据填写是否正确、单据是否齐全、单据是否有背书、单单是否相符等。

步骤二　为客户选择船公司

货代公司可通过各种途径查询合适的船公司及其船期表、运价表等并做出合适的选择。WH 货代公司操作员最终选定承揽本票货物运输的船公司是中远海运集装箱运输有限公司（以下简称中远海运集运）。

步骤三　向船公司办理订舱并确定装船日期

当 A 公司对中远海运集运船期和运价均认可后，WH 货代公司即向中远海运集运办理正式订舱。订舱时，操作员需填制场站收据（亦称集装箱货物托运单）一式十联，作为向船公司正式订舱的书面凭据。船公司或其代理人接到场站收据时，会考虑其航线、船舶、运输条款、港口条件、运输时间等各方面能否满足客户货物运输的要求，并对托运单进行审核，审核托运单内是否填有以下内容：预配船期、箱型、箱量、货名或货类、重量、体积（拼箱必须提供大约数），启运港/卸货港/目的港（必须清晰、明确）、付费条款（需提供并列明是“Freight Prepaid”或者“Freight Collect”）、运输条款，以及特别注意事项等。船公司或其代理人审核无误后，在场站收据十联单的装货单（场站收据副本）联上签章，确定装船日期，并填入船名、航次、提单号，以表明对承运货物的“承诺”，然后留下船代留底和运费通知（1）、（2）共三联，其余各联退还给操作员，作为后续向海关办理货物出口报关手续的依据。

◎ 知识链接

集装箱运输出口业务三大单证之一：场站收据

微课：

场站收据

流程三　提取空箱（运输调度员岗位工作）

在集装箱货物运输情况下，货运代理人在向船公司或其代理人订妥舱位取得装货单后，即可凭其向管箱人（受箱主委托的集装箱箱务管理方）领取集装箱设备交接单（简称设备交接单），据以到空箱堆场提取集装箱。通常而言，在一定期限内，集装箱是由船公司无偿借给货主或集装箱货运站使用的。在订舱得到确认后，货运代理人一般会向箱主（船公司或其代理人）提出集装箱的用箱申请，箱主将指示管箱人给予安排并发放设备交接单。

◎ 知识链接

集装箱运输出口业务三大单证之二：集装箱设备交接单

微课：

集装箱
设备交接单

流程四　货物装箱　（运输调度员岗位工作）

整箱货的装箱工作大多由货运代理人安排，并可以在货主的工厂、仓库装箱或者由货主将货物交由货运代理人的集装箱货运站装箱。有时，货主也可以自己安排货物的装箱工作。

在本次任务中，装箱工作由 WH 货代公司的运输调度员负责完成。装箱人应根据订舱清单的资料，并核对场站收据和货物装箱的实际情况，填制集装箱装箱单。

◎ 知识链接

一、集装箱运输出口业务三大单证之三：装箱单

微课：

装箱单

二、集装箱装箱量的计算

（一）计算方法

1. 精确计算装箱量的方法

（1）对一批相同尺寸的纸箱计算装箱量。

纸箱的数量 Q_1×纸箱的长 L×纸箱的高 H×纸箱的宽 W≤集装箱的内容积 V

纸箱的数量 Q_2≤集装箱的最大载重÷每箱毛重

集装箱装箱量为 Q_1、Q_2 两者中较小者。

（2）对一批不同尺寸的纸箱计算装箱量。

（A 型纸箱数量×纸箱的长×纸箱的高×纸箱的宽）+（B 型纸箱数量×纸箱的长×纸箱的高×纸箱的宽）+（C 型纸箱数量×纸箱的长×纸箱的高×纸箱的宽）+（D 型…）+…≤集装箱内容积 V

2. 快速估算装箱量的方法

先分别按体积和重量计算装箱量。

（1）按体积估算。

可装纸箱数量=集装箱内容积×0.9（误差系数）÷（纸箱的长×纸箱的宽×纸箱的高）

（2）按重量估算。

可装纸箱数量≤集装箱的最大载重÷每箱毛重

然后比较两种数量，取其中数值较小者。

（二）计算实例

一批 T 恤产品出口，用纸箱包装，纸箱尺寸为长 580mm、宽 380mm、高 420mm，每箱毛重为 20kgs。出口运输中采用 40 英尺钢质集装箱，箱内尺寸为长 12 050mm、宽 2 343mm、高 2 386mm，内容积为 67.4m^3，最大载重为 27 380kgs。试计算该集装箱最多可装多少个 T 恤产品纸箱货。

下面介绍两种常用的集装箱装箱量的计算方法。

1. 方法一：精确计算装箱量

考虑到纸箱在集装箱内有多种不同的放置方法，放置方法不同，则装载纸箱的数量会有差异，所以，要计算出集装箱的最大装箱量，必须先选择最佳的装箱方案。

（1）纸箱放置方法一：纸箱的长、宽、高对应集装箱的长、宽、高。

集装箱箱内尺寸：长 12 050mm×宽 2 343mm×高 2 386mm。

纸箱对应的位置：长 580mm×宽 380mm×高 420mm。

集装箱长、宽、高共可装箱量：长 20.7 箱×宽 6.1 箱×高 5.6 箱。

去掉纸箱误差，可装纸箱数：长 20 箱×宽 6 箱×高 5 箱=600 箱。

体积为 55.54m^3，小于集装箱内容积 67.4m^3。

（2）纸箱放置方法二：纸箱的宽、长、高对应集装箱的长、宽、高。

集装箱箱内尺寸：长 12 050mm×宽 2 343mm×高 2 386mm。

纸箱对应的位置：宽 380mm×长 580mm×高 420mm。

集装箱长、宽、高共可装箱量：长 31.7 箱×宽 4.0 箱×高 5.6 箱。

去掉纸箱误差，可装纸箱数：长 31 箱×宽 4 箱×高 5 箱=620 箱。

体积为 57.39m^3，小于集装箱内容积 67.4m^3。

（3）纸箱放置方法三：纸箱的高、长、宽对应集装箱的长、宽、高。

集装箱箱内尺寸：长 12 050mm×宽 2 343mm×高 2 386mm。

纸箱对应的位置：高 420mm×长 580mm×宽 380mm。

集装箱长、宽、高共可装箱量：长 28.6 箱×宽 4.0 箱×高 6.2 箱。

去掉纸箱误差，可装纸箱数：长 28 箱×宽 4 箱×高 6 箱=672 箱。

体积为 62.2m^3，小于集装箱内容积 67.4m^3。

还有其他几种装箱方法，计算出来的装箱量与以上三种相同，在此不再重复计算。通过比较，显然方法三是最佳的装箱方案。

装箱时除了考虑体积外，还要考虑重量。

按重量计算：

纸箱数量=集装箱最大载重÷每箱毛重=27 380÷20=1 369 箱>672 箱

所以这个集装箱最多可装 672 箱。

2. 方法二：快速估算装箱量

按体积估算：

可装纸箱数量 Q_1=67.4×0.9÷（0.58×0.38×0.42）=655（箱）

按重量估算：

可装纸箱数量 Q_2=27 380÷20=1 369（箱）> Q_1

所以，通过快速估算可知装箱量为 655 箱。

以上两种方法各有特点和适用范围，方法一一般适用于货物实际装箱时，用以确定货物在集装箱内具体如何放置，能够比较精确地计算集装箱内货物的实际装箱量。方法二一般适用于交易会等场所，它是一种快速估算装箱量的方法，也是估算运费的方法之一。

【练一练】

（1）一批出口商品，产品所用包装纸箱尺寸为长 485 毫米×宽 366 毫米×高 275 毫米，每箱毛重为 25 千克，用 40 英尺钢质集装箱，箱内尺寸为长 12 050 毫米×宽 2 343 毫米×高 2 386 毫米，内容积为 67.4 立方米，最大载重为 27 380 千克。试精确计算该集装箱最多可装多少个纸箱。

（2）一批钢制五金配件出口，产品所用包装纸箱尺寸为长 360 毫米×宽 250 毫米×高 200 毫米，每箱毛重为 26 千克，用 20 英尺钢质集装箱，箱内尺寸为长 5 917 毫米×宽 2 336 毫米×高2 249毫米，内容积为 31 立方米，最大载重为 22 140 千克。请迅速计算该集装箱最多可装多少个纸箱。

（3）本项目任务情境中的童装采用纸箱包装，共装有 4 000 个纸箱，纸箱包装尺寸为长 58 厘米×宽 38 厘米×高 42 厘米。出口运输中采用 40 英尺钢质集装箱，箱内尺寸为长 12 050 毫米×宽 2 343 毫米×高 2 386 毫米，内容积为 67.4 立方米，最大载重为 27 380 千克。试计算该批童装共需要多少个 40 英尺钢质集装箱。

流程五　出口报关（报检报关员岗位工作）

在本次业务中，由于客户是全权委托，因此，WH 货代公司中的报检报关员在揽货员、操作员、运输调度员办理完前期相关业务后，其主要职责是代客户安排出口货物的报检报关工作。WH 货代公司的报检报关员依据国家有关法规并结合商品特征，在规定的期限内持出口货物报关单、场站收据的第五联至第七联（装货单、大副联和场站收据正本）、商业发票、装箱单等相关的货物出口单证向海关办理申报手续，经海关审核无误后，在场站收据副本（1）——装货单上加盖放行章，对货物给予放行，并将场站收据第五至第七共三联退还报关员。

流程六　重箱交接签证（运输调度员岗位工作）

对于由货运代理人自行负责装箱并加封志的整箱货，货代公司的运输调度员要提前到船公司申报装船计划，提请船公司安排货物的集港装船，之后要随时了解船舶动态，及时掌握货物的装船信息，以便能较早从船公司处取得海运提单。同时，运输调度员要联系、安排集装箱卡车司机，将重箱通过内陆运输方式送到海运承运人指定的集装箱码头堆场。码头堆场根据订舱清单，核对场站收据和装箱单后办理接收重箱的手续，经验货无误后，码头堆场工作人员在场站收据上签字，并将签署的场站收据交还给送箱人。这时，货运代理人则可凭集装箱码头堆场已签署的场站收据要求承运人签发提单。

流程七　装船换单结汇（操作员岗位工作）

集装箱码头堆场或集装箱装卸区根据待装货箱情况制订装船计划，等船靠泊后即开始装船。

装船完毕后，货运代理人凭集装箱码头堆场已签署的场站收据，在支付了预付运费后（在预付运费的情况下），就可以向负责集装箱运输的船公司或其代理人换签提单。发货人取得提单后，就可以到银行办理结汇。

由于集装箱运输方式下承运人的责任早于非集装箱运输方式下承运人的责任，因此理论上在装船前就应签发提单，这种提单是收货待运提单，而收货待运提单在使用传统贸易术语的贸易合同下是不符合要求的。因此，为了满足贸易需求并减少操作程序上的麻烦，实践中的做法是在装船后才签发提单，即采取已装船提单才符合使用传统贸易术语的贸易合同需求。

船公司或其代理人应于船舶开航前 24 小时向船方提供提单副本、舱单、装箱单、积载图、特种集装箱的清单、危险货物集装箱清单、危险货物说明书、冷藏集装箱清单等全部随船资料，并应于起航后（近洋航线在起航后 24 小时内，远洋航线在起航后 48 小时内）向卸货港或中转港发出卸船的必要单证资料。目前，上述单证已实现通过电子传输的方式（EDI）在船公司内部进行数据交换。

视频：

集装箱交接地点与交接方式

◎ 知识链接

开展集装箱运输的最终目的是通过多种运输方式实行门到门运输。目前，由于诸多原因，真正实现门到门运输的集装箱货物的比例并不大。集装箱运输下承运人的责任期限（责任范围）完全是根据集装箱货物的交接方式或运输条款来决定的。

归纳总结

以上，我们与高琪共同学习了办理出口货物集装箱班轮运输代理业务的流程、主要单证，初步认识了国际货运代理企业的销售员、操作员、报检报关员、运输调度员等核心业务岗位的具体工作内容、岗位职责，以及出口货物集装箱运输中的三大单证（场站收据、设备交接单、装箱单）的含义、用途、各联流转业务等。

任务二 进口货物班轮运输代理业务

任务情境

2024 年 8 月 19 日，上海 ABC 公司与美国 DEF 公司成交袋装 HDPE（高密度聚乙烯）一批共 75 吨。该批货物采用 L/C 方式支付货款，装于 3 个 20′GP 集装箱，在西雅图港装船。ABC 公司委托 WH 货代公司代为办理这批 75 吨 HDPE 的全部进口货运业务。

该票货物贸易合同的主要条款如下：

卖方：美国 DEF 公司

买方：上海 ABC 公司

商品名称：高密度聚乙烯（High Density Polyethylene，HDPE）

商品编码：3901.1000

数量：3 000 袋，每袋 25 千克

体积：每袋 80cm×40cm×20cm

支付方式：L/C

价格条款：每吨 USD8 000 CIF SHANGHAI

包装：塑料袋装

装运港：西雅图港

目的港：上海港

任务分析

高琪在师父的指导下，结合自己入职第一阶段跟岗实践所得，针对上述业务，通过整理和分析有关资料，厘清了以下工作思路：

（1）WH 货代公司接受 ABC 公司委托后，应及时与其签订进口货物运输代理协议，以书面方式明确具体的代理项目和相应的收费标准；

（2）WH 货代公司从客户 ABC 公司取得全套单据并进行审核，依照单据信息等跟踪进口船舶的动态以及时掌握货物到港信息；

（3）货物到港后，货代公司及时到船代处办理押箱换单手续，并申领集装箱设备交接单；

（4）WH 货代公司在规定的时间到海关为货物办理进口报检报关手续；

（5）当海关放行后，WH 货代公司需到港区大厅缴纳港杂费，并办理提箱手续；

（6）掏箱完毕后，WH 货代公司需在规定的时间内返还空箱，之后到船代处取回押箱费。

任务实施

根据本单业务的具体情况，WH 货代公司办理该批货物（整箱货）进口的运输代理业务流程见图 3－4。

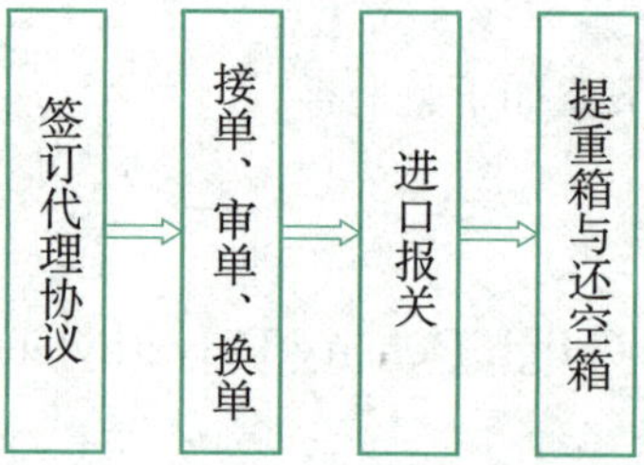

图 3-4 WH 货代公司集装箱班轮整箱货进口运输代理业务流程

本票业务中，CIF 价格条款下由卖方即美国 DEF 公司负责投保，WH 货代公司下列岗位业务人员协同完成本次任务。

WH 货代公司海运进口部的主要岗位见图 3-5。

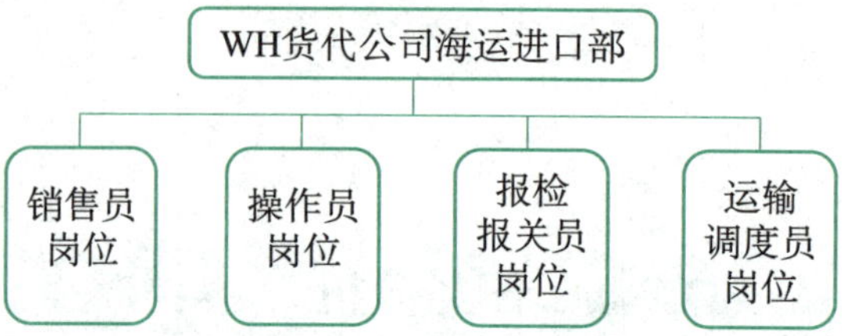

图 3-5 WH 货代公司海运进口部的主要岗位

按照公司安排，高琪需全程参与上述进口运输代理业务工作。根据公司进口运输代理业务的流程指引，高琪先后要在海运进口部的销售员岗位、操作员岗位、报检报关员岗位以及运输调度员岗位现场依次进行跟岗实践，以熟悉公司进口运输代理业务的具体运作。

流程一 签订代理协议（销售员岗位工作）

WH 货代公司市场部进口业务项目组的主要职责是对外签订进口货物运输代理协议，其工作包括：从客户那里取得有关货物的明细资料→与客户洽商、明确进口货物运输代理事项→与客户洽谈相关费用标准→双方正式签订运输代理协议。

图 3-6 为签订代理协议的步骤。

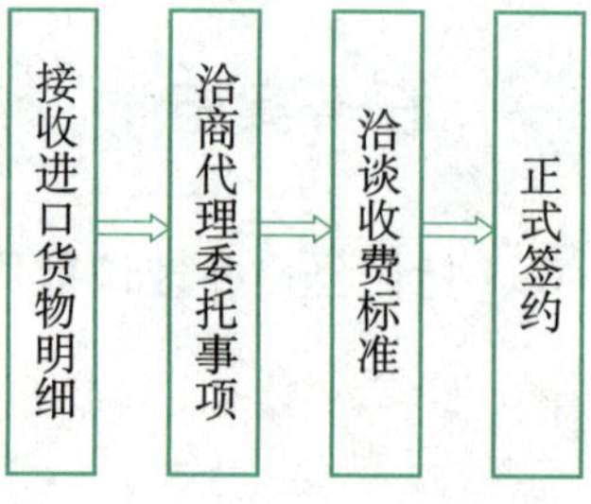

图 3-6 签订代理协议的步骤

步骤一 接收进口货物明细

本票业务中的货物明细主要包括：

商品名称：高密度聚乙烯（High Density Polyethylene，HDPE）

商品编码：3901.1000

商品数量：3 000 袋，每袋 25 千克

支付方式：L/C

价格条款：每吨 USD8 000 CIF SHANGHAI

包装：塑料袋装

预计到港时间：2024 年 10 月 21 日

装运港：西雅图港

目的港：上海港

步骤二 洽商代理委托事项

本票业务为全套进口货物运输业务代理，主要事项包括押箱换单、报检报关业务、提货并交港杂费、空箱回运等。

步骤三 洽谈收费标准

在集装箱运输中，货物交接方式与传统运输不同，这使得承运人负责的区间从海上延伸到内陆。这样，在全套进口货物运输业务代理中，所发生的费用不仅有海上运费，而且包括内陆运输费用、港口相关作业费用、报检报关环节发生的相关费用，与集装箱的装拆箱、周转使用有关的各项费用等。对于以上所发生的各项费用，客户通常都是委托货代公司代为结清的。因此，对于上述各项费用以及货运代理人代理费用的标准，货代公司需与客户通过洽谈予以确定。

其中，集装箱货物的港杂费除包括港务费、港建费外，货代公司还要支付集装箱从码头堆场直至装船或从卸船到码头堆场实际发生的各项作业费用，如堆存费、搬运费、装卸费等。港杂费一般以包干形式计收，其他服务费需额外支付的，由货代公司垫付后向客户实报实销。

在本单业务中，根据上海港对进口集装箱运输的收费管理规定，WH 货代公司与上海 ABC 公司经洽谈决定按包干费 3 000 元/票收费，其中含代理报关费 100 元/票、代理报检费 100 元/票、港杂费、仓储费等，其他费用则凭发票实报实销。

◎ 知识链接

我国上海口岸对进口集装箱运输的收费（杂费）规定见表 3 - 6。

表 3-6 上海口岸杂费

费用名称	费用金额（备注说明）
订舱费	RMB270.00/20′，RMB380.00/40′
报关费	RMB100.00/票
商检换证凭单	RMB100.00/票
仓库内箱费	RMB500.00/20′，RMB800.00/40′（洋山港 RMB900.00/20′，1 500.00/40′）
单证费	RMB150/票
THC：RMB475.00/20′，RMB760.00/40′，各船公司收费不同，请具体和口岸操作确认	
备注：电放费、改单费等费用根据船公司不同有所不同，需现场确认。	

步骤四 正式签约

进口货物运输代理协议（样本）见表 3-7。

表 3-7 进口货物运输代理协议（样本）

甲方：________________ 乙方：________________

法定地址：________________ 法定地址：________________

统一社会信用代码：____________ 统一社会信用代码：____________

按照《中华人民共和国民法典》的有关规定，甲乙双方本着互惠互利的原则和相互合作与支持的宗旨，就甲方委托乙方为进口货物运输代理等事宜，经友好协商达成如下协议。

第一条 甲方责任和义务

1. 甲方最少在货物抵达前（船到港前 3 天、航班到港前 24 小时）通知乙方货物到达情况和提供有关文件，包括：海运提单、空运提单、货物资料、报检报关文件等，以便乙方安排换单和提前审核有关文件。

2. 甲方委托乙方代理申报的进口货物，必须按照中华人民共和国海关以及相关部门对进口货物的有关规定，如实申报。

3. 由于甲方或下列原因导致货物申报时间的延迟，而造成未能及时清关或货物疏港等，由甲方承担所产生的风险、责任及费用，而乙方不予承担：

（1）因买卖双方原因导致提单不能在船公司正常换取（如未电放、海运费用未结清等）；

（2）由于甲方未能及时提供进口报关所需的全部资料；

（3）因甲方所提供的报关资料失实而导致的延迟；

（4）在清关过程中由于海关等相关部门要求，需要补充或修改有关单证及相关说明资料，而甲方未能及时提供；

（5）遇到法定节假日或有关部门不能正常办公；

（6）因港口要求和规定而必须疏港的货物；

（7）其他甲方及不可抗力原因。

4. 由于非乙方原因造成滞箱费、污箱费、修箱费等费用和责任，由甲方承担，乙方应尽量协助甲方协商解决。

第二条 乙方责任和义务

1. 乙方应及时、合理安排甲方所委托进口货物的换单、申报、运输等事宜。

2. 乙方应及时通知甲方有关报关进度、预计送货时间，以便甲方合理安排仓库装卸。

3. 乙方应积极协助甲方解决在报关过程中出现的各种问题和状况，包括文件的提供、解释、说明等工作。

续表

4. 乙方应以最快的速度完成清关工作，并按甲方的指示将货物送到指定地点。

第三条　费用结算

1. 按照海关的有关规定，甲方应自行向海关缴付货物进口关税及增值税，特殊情况下可以委托乙方代缴，但乙方不予以垫付。

2. 甲方应自行缴付到付运费（海运费和 THC、空运费），特殊情况下可以委托乙方代付，但乙方不予以垫付。

3. 非乙方原因产生的特殊费用和责任，乙方不予以承担。

4. 乙方在货物完成清关、运输后 7 天内传单票应收费用明细给甲方，甲方应及时确认并回传。

5. 结算方式：经甲乙双方协定，甲方应在送货后________天内将所有费用支付给乙方，有关税单、报关单等文件按以下________方式办理：A. 先付款，后退单；B. 后付款，先退单。

6. 如因各种原因乙方无法收到甲方应付之费用，则乙方有权暂扣甲方委托乙方所管理的货物或属于甲方的业务文件，所造成的风险、责任及费用，乙方不予承担。

7. 附《进口货物运输费用报价》。

第四条　其他

1. 本协议项下所产生的任何纠纷或争议，双方应本着友好协商、互惠互利的原则协商解决，如协商不成，双方同意提交管辖地海事法院审理。

2. 甲乙双方银行账户、所在地址、电话及电子邮箱发生变更，应及时以书面形式通知对方；否则，由未通知方承担由此而引起的相关责任。

3. 本合同一式两份，双方各执一份，自双方签字盖章之日起生效，有效期一年。期满前一个月内双方不提出异议，视为合同自动顺延。即使本协议终止后，双方均不能免除在本协议有效期内的经营活动中所产生的经济与法律责任。

甲方（盖章）：__________	乙方（盖章）：__________
代表人（签字）：________	代表人（签字）：________
________年_____月_____日	________年_____月_____日
签订地点：____________	签订地点：____________

◎ 知识链接

表 3-8 是全球主要航线海运费构成表。

表 3-8　全球主要航线海运费构成表

航线名称	海运费构成
欧洲线	O/F+ORC+BAF+CAF+DOC
北美线	O/F+ORC+AMS+DOC（+DDC+BAF）
中南美线	O/F+ORC（THC）+DOC
东南亚线	O/F+THC+DOC（+T/R）
印巴线	O/F+THC+DOC
大洋洲线	O/F+THC+DOC
红海线	O/F+THC+DOC
非洲线	O/F+THC+DOC

续表

各符号含义： O/F（Ocean Freight）：基本海运费用。 ORC（Origin Receiving Charge）：启运港码头附加费，USD141/20′GP，USD269/40′GP&40′HQ。 THC（Terminal Handling Charge）：码头操作费，收费视情况而不同。 DOC：文件费，收费视情况而不同。 T/R：电放费，收费视情况而不同。 AMS（America Manifest System）：美国舱单系统，出口北美货物预申报费用，USD25/SET。 （注：2003年起美国出于反恐需要，规定凡是运往美国的货物，船公司必须将货物资料通过AMS系统报美国海关。同样的，货代必须将货物资料如实报给船公司。货代因此向货主收取AMS附加费，通常约25美元/单。） DDC（Destination Delivery Charge）：目的港提货费，收费视情况而不同。 BAF（Bunker Adjustment Factor）：燃油附加费，收费视情况而不同。 CAF（Currency Adjustment Factor）：货币贬值附加费，收费视情况而不同。

流程二　接单、审单、换单（操作员岗位工作）

WH货代公司的操作员在本次流程中所担负的工作，主要是先从客户处接单，并对所接单据进行审核，然后根据客户提交的提单信息等资料查询进口船舶的动态，进而为客户代办该批货物的报关、报检及提货手续。

步骤一　审单

操作员接到客户的全套单据后，首先要审单，核实该进口货物是否由提单上列明的船舶承运，其船舶代理人是哪家，在哪里可以换到供通关用的提货单。具体办理程序包括以下几个步骤：

（1）操作员审核货主提交的全套单据，查看单单是否相符、单据是否齐全。货主提交的全套单据应包含正确背书的正本提单或电放副本、装箱单、发票、合同。

（2）操作员根据提单上的相关信息，查证该进口货物确属提单上列明的中远海运发展股份有限公司（以下简称中远海运）的船舶承运，换单地点在上海中海船务代理有限公司（上海市杨树浦路18号15楼）。于是，操作员提前与上海中海船务代理有限公司取得了联系，确定船舶于2024年10月21日15:00到港并停靠上海港SCT军工路集装箱码头。

（3）操作员提前与上海中海船务代理有限公司确认换单费、押箱费和换单的时间。按照中远海运的规定，如果集装箱由船方提供，20′GP每个箱子的押箱费为1万元、40′GP每个箱子的压箱费为2万元。根据提单信息，本单货物由3个20′GP载运，则操作员在办理换单的同时要向船代公司缴纳3万元的押箱费；同时，货代在办理换单时要向船代公司缴纳200元的换单费，由于船舶于2024年10月21日到港，因此操作员可于2024年10月18日办理换单手续。

（4）需提前联系好相关场站并确认好提箱费、掏箱费、装车费、回空费。

步骤二　换单

换单，即操作员凭背书的正本提单（如果是电报放货，可带电放的传真件与保函）去船代公司办理押箱换单（提货单）手续，并申领集装箱设备交接单。

换单时的注意事项：

（1）背书有两种形式。如果提单上收货人栏显示“TO ORDER”，则由“SHIPPER”背书；如果收货人栏显示其真正的收货人，则需由收货人背书。

（2）保函是由进口方出具给船公司的一份请求放货的书面证明。保函内容包括进口港、目的港、船名、航次、提单号及进口方签章等。电放保函见表 3－9。

表 3－9　电放保函（L/G）

致：中远海运发展股份有限公司

对于以下所述货物：

船名航次：________________

提 单 号：________________

唛　　头：________________

货　　名：________________

件　　数：________________

重　　量：________________

尺　　码：________________

发货人________________已安排上述货物由上述船舶自________________（装货港）至________________（卸货港），全套正本提单已由发货人交给承运人________________，我司________________（收货人）现申请贵司无正本提单放货给我司，我司将承担因无正本提单放货而产生的一切风险、责任和损失。

凡因此无正本提单放货产生的任何争议，均应提交中国有管辖权的海事法院通过诉讼解决。

收货人签字（公司盖章）：________________

日期（DATE）：________年________月________日

（3）换单时，应仔细核对提单或电放副本与提货单上的集装箱箱号及封号是否一致，并需向船公司缴纳一定金额的换单费。

（4）集装箱进口货运中常用的交货记录五联单包括到货通知书、提货单、费用账单两联和交货记录，具体内容请扫描二维码进一步学习和了解。

微课：

交货记录

（5）集装箱进口货运中的设备交接单相较于其在出口货运中的作用，主要体现在办理提重箱和还空箱业务方面。

流程三　进口报关（报检报关员岗位工作）

当 WH 货代公司的操作员到船公司办完换单压箱手续后，报检报关员需在规定的时间内持操作员递交过来的装箱单、正本发票、合同等货物原始单据，以及提货单和正本报关委托协议书、进口报关单等到海关办理进境申报手续，同时按规定缴纳相关费用。进境申报手续办妥后，提货单上需加盖海关放行章。

◎ 知识链接

本环节需要注意的事项：

（1）接到客户全套单据后，货代公司应确认货物的商品编码（3901.1000），然后查阅海关税则，确认进口税率以及货物需要的监管条件，如需做各种检验，则应按相关规定办理并取得检验检疫合格证书。

（2）换单时应督促船舶代理部门及时给海关传舱单，如遇问题应与海关取得联系，确认舱单是否递交或传输到海关。

（3）当海关要求开箱查验货物时，货代公司应提前与场站取得联系，以便调配机械、工人将所需查验的集装箱调运至海关指定的场所，且事先应与场站确认好调箱费、掏箱费等。

流程四　提重箱与还空箱（运输调度员岗位工作）

步骤一　提重箱

本环节包括缴纳港杂费、申报提箱计划和安排国内段送货运输等工作。具体而言，就是在办理好报检、报关手续后，WH 货代公司的运输调度员需及时到港区大厅缴纳相关港杂费，需到船公司办理提箱前的相关手续，并要在规定的时间内将提取到的 3 个集装箱送到客户指定的地点。

在本环节中，运输调度员需要注意的事项包括以下几个方面：

（1）应与港区调度室取得联系，提前做好相关计划的准备工作。

（2）根据提箱的多少与堆场联系并协调足够的车辆，尽可能按港方要求的时间将集装箱提清，以免产生转栈堆存费用。

（3）提箱过程中应与堆场有关人员共同检查箱体是否有残破，如有残破，要求港方在设备交接单上签字，以分清责任。

（4）重箱由堆场提到掏箱场地后，应在免费期内及时掏箱以免产生滞箱费。

步骤二　还空箱

将货物掏箱完毕后，运输调度员应负责将集装箱安排在规定的时间内还回指定堆场，同时从场站取回设备交接单以证明箱体无残损，之后即可去船代处取回押箱费。

无论是提重箱还是还空箱，仍要严格执行设备交接单制度，在具体业务办理中，有关设备交接单的使用，前已述及，这里不再赘述。

归纳总结

以上，我们与高琪共同学习了办理进口货物集装箱班轮运输代理业务的流程、主要单证，初步认识了货代公司进口货物运输代理的销售员、操作员、报检报关员、运输调度员等业务岗位的具体工作程序和内容，以及交货记录的意义、用途、各联流转业务等。在后续相关实训环节中，我们将通过配套软件的模拟实操加以巩固与提升。

学德增信

集装箱在天上“飘”，这是个什么操作？

集装箱进港后不用卡车运，而是在天上“飘”（见图 3－7），这是个什么操作？

图 3－7　山东港口全球首创智能空中轨道集疏运系统

2021 年 6 月 29 日，山东港口全球首创智能空中轨道集疏运系统（示范段）竣工仪式在青岛港举行。该系统由“时代楷模”山东港口“连钢创新团队”和中车长江集团研发团队合作研发，实现了空轨技术与港口业务的有机融合，打通了集装箱运输中港、船、站、场间的“最后一公里”，构建起了更加安全、高效、环保、经济的立体有轨集疏运生态系统，实现了港区交通由单一平面向立体互联的革命性突破升级。

山东港口智能空中轨道集疏运系统由轨道、动车、运控、供电通信、转接和信息调度六大系统组成，充分体现了港口生产高端化、融合化、绿色化、智能化的发展趋势。该系统以立体交通的思维构建未来物流体系的关键节点，开辟空中通道，连接重要枢纽，实现不同码头的多平台“握手”“互联”，打通海铁联运“最后一公里”，实现港口、陆路、铁路联运“零换乘”，催化港口集疏运微循环，进一步提升了集装箱集疏运能力和效率，对提升货物转运效率、更好地服务“一带一路”具有重大意义。

资料来源：佚名．集装箱在天上“飘”，这是个什么操作［EB/OL］．（2021－06－29）［2025－04－21］．港口圈．

讨论准备：

1. 透过山东港口智能空中轨道集疏运系统，大家看到了我国智慧港口发展中的一个缩影。请同学们进一步查阅我国智慧港航建设方面的政策文件、智慧港口建设的“中国方案”。

2. 请同学们调研我国各大港口集装箱码头从机械化到自动化的“智”变升级都有哪些方面的具体表现。

3. 行业企业发展的关键在于人。请同学们上网了解“人民工匠”许振超、“时代楷模”连钢创新团队、“最美港航人”和“感动交通年度人物”汤国峰等水运人。

讨论题目：

1. 请结合实际，具体谈谈你对我国港口数智化建设方面的认知。

2. 试通过比较分析，说一说我国已建成的自动化集装箱码头的各自特色。

3. 身为准职业人，结合你所知晓的业内典型人物，如何具象化理解工匠精神？

学思践行

码头装卸工作给人的印象多为“简单、低端、体力活儿”，常易被人忽略。但是，青岛港“金牌工人”许振超却将这项工作做到了登峰造极，通过练就的一身绝活儿征服了全世界的同行，极好地诠释了工匠精神。薪火相传，生生不息，同是青岛港人的“连钢创新团队”让“振超精神”在新时代绽放出了新的光芒。作为我国全自动化码头建设创新团队，他们攻克了多项世界性技术难题，建成了亚洲首个自主知识产权的全自动化集装箱码头，自动化码头建设标准被国际港口协会采纳，为全球智慧港口建设提供了“中国方案”，被称为中国智慧港口的“拓荒人”。

请同学们在对上一段落内容进一步深入了解的基础上，围绕下列三个方面自拟标题撰写一篇交流分享文章。

1. 高效率的码头装卸系统是提升码头国际竞争力的重要手段。

2. 集装箱无人码头研发者的精神对同学们职业价值观的引领。

3. 通过学习世界上最先进港口装卸设备制造企业——振华重工、对比国内外自动化集装箱码头发展水平，同学们增强了对中国式现代化的认同感。

同步实训

实训任务

集装箱班轮出口货物运输代理业务是货代企业最常见的业务，作为货代企业业务核心岗位的业务员、操作员、报检报关员、运输调度员以及客服员，熟悉本项目各项业务操作至关重要。请根据下列集装箱班轮整箱货出口货代业务操作步骤，绘制其所涉及的各个关系方业务信息流程图，要求能体现出集装箱运输出口业务三大单证（场站收据、设备交接单、装箱单）的综合运用。

（1）出口订舱托运；（2）用箱申请；（3）提取空箱；（4）委托空箱托运；（5）空箱出CY交接；（6）出口报关；（7）整箱货装箱；（8）委托重箱托运；（9）重箱进CY交接签证；（10）重箱装船；（11）装船理箱；（12）凭场站收据换签提单；（13）出口保险；（14）出口结汇；（15）出口方单证转进口方单证。

实训目的

（1）培养国际货运代理人职业理念；

（2）熟悉国际海运出口货代业务运作与业务管理模式；

（3）能够对国际集装箱出口货运代理业务程序及主要单证流转进行整体设计。

实训准备

（1）相关企业实地调研；

（2）以小组为单位组建货代公司（主营海运代理业务）；

（3）研习相关案例，从中并结合其他渠道（如上网）取得所需数据及单证资料等。

实训步骤

实训步骤见表3-10。

表3-10　实训步骤

步骤名称	相关内容
1. 划分实训小组（组建货代公司）	组长（总经理）： 组员（部门负责人）：
2. 企业调研	在集装箱班轮整箱货出口货运代理业务中涉及哪些关系方（业务角色），请列明于此：
3. 讨论分工	组内讨论，将上述各个业务角色分配落实到每位同学。随后，每位同学按照各自所扮演角色进行相关单证的准备，同时要求列明各自岗位名称、职责范围、业务内容及上下游关系方间的业务连接点等。
4. 团队协作	将本次实训所需的货运单证在各角色间通过填单、传单、接单、处理单证等环节的多次演练，不断提升小组成员对业务流程和单证流转的熟悉程度。
5. 流程图绘制	通过绘图、提交、交流、沟通、反馈，使得从一稿图到二稿图一直不断完善直到最终定稿，小组完成集装箱班轮整箱货出口货代业务流程图的绘制。
6. 实训小结	由实训教师针对本次实训进行归纳总结，强调本项任务中重要的思想、方法、知识点与技能点，并为学生课外继续学习提供建议和帮助，补充最新的学习资源及行业企业前沿动态等。

实训结果

（1）每位参加实训的同学需提交一份关于本次实训的报告。

（2）每组需在全班展示、讲解本组定稿的“集装箱班轮整箱货出口货代各关系方业务信息流程图”，由师生按评分标准现场打分，共同评定本次的小组实训成绩。

同步测试

一、单项选择题

1. 在海洋货物运输的7S管理中，强调对员工进行行为规范和职业素养教育，以形成良好的工作习惯和企业文化的是哪一项？（　　）

A. 整理　B. 清扫　C. 清洁　D. 素养

2. 无论是租船运输还是班轮运输，托运人根据运输合同将货物交付承运人之前所发生的一切货损、货差均由（　　）负责。

A. 第三方　B. 托运人　C. 收货人　D. 承运人

3. 在远洋运输中，作为划分船、货双方责任重要依据的单证是（　　）。

A. 装货单　B. 载货清单　C. 收货单　D. 提货单

4. 在海洋运输货物保险的基本险中，保险费率最低的是（　　）。

A. 平安险　B. 锈损险　C. 水渍险　D. 一切险

5. 集装箱运输的货运单证与传统货运单证相比，不同之处在于（　　）。

A. 以装箱单代替装货单　B. 以运费清单代替装货单

C. 以设备交接单代替装货单　D. 以场站收据代替装货单

6. 集装箱运输中签发的提单通常是（　　）。

A. 预借提单　B. 收货待运提单

C. 已装船提单　D. 倒签提单

7. 传统班轮货物运输中的收货单的签署人是（　　）。

A. 托运人　B. 收货人　C. 船长　D. 大副

8. 收货人有权提货的单证是（　　）。

A. 托运单　B. 装箱单　C. 大副收据　D. 提货单

9. 下列与收货人、承运人、托运人有关的单证是（　　）。

A. 托运单　B. 装箱单　C. 大副收据　D. 提货单

10. 下列属于一个发货人、多个收货人的运输条款的是（　　）。

A. CY/CFS　B. CFS/CFS　C. CFS/CY　D. CY/CY

11. 由不同运输方式组成完成货物运输的是（　　）。

A. 联运　B. 转运　C. 直达运输　D. 多式联运

12. 根据船期表营运的船舶是（ ）。

A. COA　B. 航次期租　C. 定期船　D. 不定期船

13. 班轮运输主要的装船方式为（ ）。

A. 集中收货，集中装船　B. 集中卸货，仓库交付

C. 仓库收货，集中装船　D. 仓库收货，船边交货

14. 采用班轮运输小汽车时，运价计算应按照（ ）。

A. 货物件数计收　B. 货物毛重计收

C. 货物价格计收　D. 货物体积计收

15. 集装箱的交接方式有：①场到门；②场到站；③门到站；④门到门。在整箱接、拆箱交情况下，应选择是（ ）。

A. ①②　B. ②③　C. ③④　D. ①④

二、多项选择题

1. 职业道德的特点有（ ）。

A. 继承性　B. 随意性　C. 职业性　D. 实践性

2. 水路运输包括的运输形式有（ ）。

A. 沿海运输　B. 干线运输　C. 远洋运输　D. 内河运输

3. 在 FCL/FCL 交接方式下，所对应的运输条款包括（ ）。

A. CY/CY　B. CFS/DR　C. DR/CY　D. CFS/CY

4. 下列属于整箱货的交接方式有（ ）。

A. DR/CFS　B. DR/CY　C. CY/CY　D. DR/DR

5. 国际航运船舶的营运方式有（ ）。

A. 邮轮运输　B. 散货运输　C. 班轮运输　D. 租船运输

6. 国际班轮运输根据承运货物分为（ ）。

A. 干散货班轮　B. 危险品班轮　C. 件杂货班轮　D. 集装箱班轮

7. 集装箱船通常分（ ）。

A. 集装箱两用船　B. 半集装箱船　C. 全集装箱船　D. 干散货船

8. 世界上主要的三条集装箱航线为（ ）。

A. 东亚—北美　B. 东亚—欧洲

C. 北美—欧洲、地中海　D. 北美—亚洲

9. 设备交接单制度严格要求做到（ ）。

A. 一箱一单　B. 箱单相符　C. 单货同行　D. 箱单同行

10. 运输过程透明管理可能运用到的技术包括（ ）。

A. 卫星定位技术　B. GIS 技术　C. RFID 技术　D. 移动通信技术

三、简答题

1. 集装箱运输系统的组成要素包括哪些方面？

2. 与传统件杂货运输相比，集装箱运输有哪些优越性？

3. 集装箱货运站的主要功能是什么？

4. 国际货运代理的主要作用表现在哪些方面？

5. 国际货运代理人作为整个国际货物运输的设计师和组织者，应具备哪些方面的知识和能力？

四、业务分析题

1. 某托运人通过中远集团运送一批玩具（2×20ft FCL），采用包箱费率（见表 3-11），从福州港经厦门转船出口至汉堡港（基本港）。另有货币贬值附加费 10%、燃油附加费 5%。托运人应支付多少海运运费？

表 3-11 包箱费率表

等级	黄埔（直达）		厦门、湛江（经香港转船）		温州、宁波（经香港转船）	
	LCL W/M	CY/CY 20ft 40ft	LCL W/M	CY/CY 20ft 40ft	LCL W/M	CY/CY 20ft 40ft
1～20	105	1 550 3 000	125	1 950 3 700	140	2 200 4 200

注：
1. 黄埔经香港转船出口欧洲的货物费率在直达费率基础上加 USD150/20ft、USD300/40ft。
2. 福州经香港转船出口欧洲的货物费率在厦门、湛江费率基础上加 USD50/20ft、USD100/40ft。

2. 出口货物一批，计 400 箱，每箱重 50 千克，体积为 60 厘米×40 厘米×30 厘米，由天津装船至伦敦/鹿特丹/汉堡港口。查该货为 8 级，计费标准为 W/M，基本费率为 60 美元/运费吨，另有燃油附加费 20%，选港附加费为每运费吨 2 美元、港口附加费为 10%。求该批货物的运费。

项目四
铁路货物运输实务

- 项目四 铁路货物运输实务
  - 任务一 铁路货物运输的委托代理
    - 一、受理货物运输
    - 二、签订运输委托书
    - 三、签订货物运输代理合同
  - 任务二 铁路货物运输的承运
    - 一、受理货运业务
    - 二、报请车计划
    - 三、核算运费
    - 四、填写及评审运单
    - 五、装车作业
  - 任务三 货物的到达作业
    - 一、货物到达查询
    - 二、货物到达领取
    - 三、货物交接

学习目标

素养目标

1. 培养对国家战略、前途与命运的认知度、关注度及参与度；
2. 培养和平合作精神、开放包容的理念、互学互鉴的态度；
3. 培养互利共赢的共同体意识。

知识目标

1. 认识铁路货运的设施设备，了解铁路线路、车辆及场站等的构造与功能；
2. 认识铁路货物运输种类，熟悉铁路货运组织形式；
3. 熟悉铁路货物运输的作业流程。

技能目标

1. 能够选择铁路货物运输种类，制定铁路货运方案，拟订铁路货运合同；
2. 能够填制铁路货运单证，核算铁路货运的运费和杂费；
3. 能够组织铁路货物装卸车作业。

内容提要

铁路货物运输简称铁路货运，是指铁路运输部门、单位及其工作人员利用铁路运输工具、设备，通过一定的方式，将所承运的货物运送到预先与托运人签订的铁路货运合同所约定的地点，交付收货单位或收货人。本项目要求学生了解铁路货运系统的组成及各部分的功能；在掌握铁路整车及零担货运流程的基础上，能以不同角色履行岗位职责，组织铁路运输作业，填写各种货运单证，并能计算铁路货运运杂费。

任务一

铁路货物运输的委托代理

任务情境

武汉中力物流有限公司是武汉铁路局从事国际、国内物流服务的直属公司，旗下有多家分公司，主要承揽国际和国内公路及铁路货物运输代理业务。

动画：

铁路货物运输的组织过程

蓝宁毕业于武汉交通职业学院物流管理专业，现在武汉中力物流有限公司工作，负责办理铁路货物运输相关业务。

武汉统一企业食品有限公司（以下简称统一公司）地处国家级经济技术开发区——武汉市临空港经济技术开发区，主要从事方便面、饮料及其他相关食品的开发、生产和销售。统一公司设有6条方便面生产线，月产能310万箱；8条饮料生产线，月产能570万箱。目前，统一公司市场占有率遥遥领先于竞争品牌。

最近，统一公司销售部根据市场需求，准备向广州运输115吨成品包装茶饮料，欲与武汉中力物流有限公司洽谈这笔业务。蓝宁接到客服部打来的电话之后就着手准备与统一公司洽谈这批茶饮料的运输业务。

任务分析

铁路货物运输业务办理是从铁路货物运输的委托代理开始的，委托代理业务流程见图4-1。

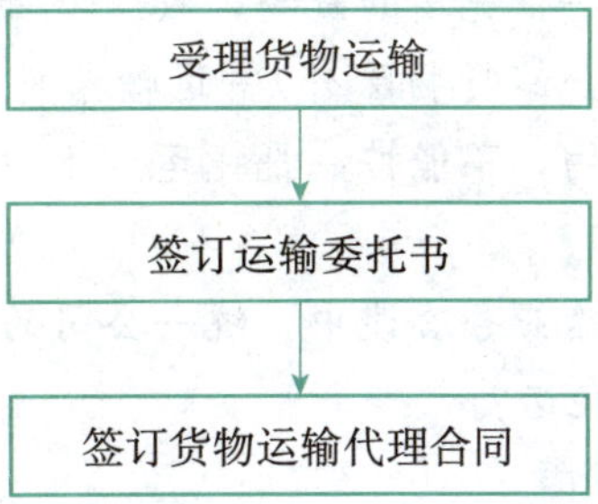

图4-1　铁路货物运输的委托代理业务流程

该任务主要从以下几个方面进行：

（1）正确分析货物有关性质，帮助客户确定合适的托运方式，确定运输车辆。

（2）正确签订运输委托书。

（3）正确签订货物运输代理合同。

任务实施

本任务的教学地点既可以设在从事铁路运输（Railway Transportation）代理的第三方物流公司的服务前台，也可以设在学校的教学实训室。教学场所（实训室）要求存放各种常见的委托合同及相关数据。在教学过程中，教师将铁路货物运输委托工作分配给不同的小组，学生以工作小组的形式独立完成工作任务。

流程一　受理货物运输

统一公司的工作人员杨凯来到武汉中力物流有限公司，蓝宁热情地接待了他，向他提供了业务办理手册，并细心地指导他完成托运前的各项准备工作。

步骤一　铁路货物托运方式的选择

托运铁路运输货物时，工作人员首先要明确货物托运方式，从每一批货物的重量、体积、性质、形状等方面考虑。铁路货物托运可以分为整车运输、零担运输、集装箱运输和快速运输四种类别。

◎ 知识链接

一、铁路货运办理的条件

动画：

铁路货运

业务受理

铁路货运业务是按“一批”来办理的。一批是铁路办理货物承运业务的基本计算单位。一批货物就代表一份运输合同（使用一张货物运单和一份货票），是承运、交付货物和计算运输费用所用的单位。

对于按一批托运的货物，收、发货人，发、到站和装卸地点必须相同（整车分卸货物除外）。运输条件不同或性质相抵触或不能在一起运输的货物，不能按一批托运。

【想一想】

上述运输业务洽谈中，统一公司的这批成品包装茶饮料和一箱衣物为什么不能按一批货物办理托运？

二、整车运输

一批货物的重量、体积、性质或形状需要一辆或一辆以上铁路货车装运的（用集装箱装运除外），即属于整车运输（Full Truck Load，FTL），简称整车。

（一）整车运输办理的条件

（1）一批货物的重量、体积、性质或状态需要一辆以上货车运送的，应按整车办理；

（2）需要冷藏、保温或加温运输的货物；

（3）规定限按整车办理的危险货物；

（4）易于污染其他货物的污秽品（如未经过消毒处理或未使用密封不漏包装的牲骨、湿毛皮、炭黑等）；

（5）蜜蜂；

（6）不易计算件数的货物；

（7）未装容器的活动物；

（8）到站无起重能力，而一件货物重量超过 2 吨，体积超过 3 立方米或长度超过 9 米的货物，都必须按整车办理。

（二）特殊的整车运输

（1）整车分卸。托运人托运同一个到站的货物数量不足 1 车而又不能按零担运输办理时，要求将同一线路上 2 个或最多不超过 3 个到站的货物共装一车时，按整车分卸办理。

（2）准、米轨直通运输。铁路轨距是指线路轨道上两股钢轨头部内侧间的距离。由于历史原因，世界各地铁路轨距并不统一（见表 4－1）。由于轨距的不同，列车在不同轨道交接的地方必须进行换装或更换轮对。

表 4－1 铁路轨距

轨距名称	轨距（mm）	采用的国家和地区
标准轨	1 435	我国大部分地区、朝鲜
宽轨	1 520	俄罗斯、哈萨克斯坦
宽轨	1 524	蒙古
窄轨	1 067	我国海南和台湾地区
米轨	1 000	越南、我国云南地区

俄罗斯、哈萨克斯坦及蒙古采用的是宽轨，在中俄、中蒙、中哈国际联运口岸满洲里、二连浩特和阿拉山口，要采取换轮的方式，将车厢吊装至各自轨距的车轮上转换，整列车换轮要耗费数小时。

三、零担运输

一批货物的重量、体积、性质或形状不需要一辆铁路货车装运的（用集装箱装运除外），即属于零担运输（Less than Truck Load，LTL），简称零担。

零担货物又可以分为普通零担货物、危险零担货物、笨重零担货物、鲜活零担货物。

零担运输办理的条件：按零担运输的货物，一件货物的体积不得小于0.02立方米（一件重量在10千克以上的除外），每批不得超过300件。

四、集装箱运输

使用集装箱装运货物或运输空集装箱，称为集装箱运输（Container Transportation），适用于运输精密、贵重、易损的货物。

（一）集装箱“一批”的规定

（1）使用集装箱装运的货物，至少一批，每批不得超过铁路每辆货车所能装运的箱数。

（2）每批必须是同一箱型的集装箱。

（3）1吨箱和普零配装。

（4）铁路集装箱和企业自备箱不能按一批办理（回空除外）。

（二）铁路集装箱的分类

（1）按箱型分：1吨箱、5吨箱、6吨箱、10吨箱、20英尺箱、40英尺箱。20英尺以上的称为大型集装箱。

（2）按箱主分：铁路集装箱、自备集装箱。

（3）按类型分：通用集装箱、专用集装箱。

五、快速运输

凡是货物运输期间每天以不低于500运价千米的速度来运送货物的运输组织方式，均称为快速运输。除煤炭、焦炭、矿石等品类外，其他货物都可按快运货物办理运输。快运班列包括特快班列和快速班列。

近年来，随着市场需求的不断变化，我国铁路运输部门在快速运输门类中开展了新的“五定班列”服务。“五定班列”是以“定点、定线、定车次、定时、定价”为特征的快运货物列车。“五定班列”的开行周期实行周历制，按每周×列开行。“五定班列”的主要特点是：

（1）运达迅速：班列运行速度双线区间为800千米/天以上，单线区间为500千米/天以上，运达速度快。

（2）手续简便：托运人可在车站一个窗口一次办理好手续。

（3）运输费用由国家铁路局统一组织测算并公布，除此之外不得收取或代收任何其他费用，透明度高。

（4）班列在运输组织上实行“五优先、五不准”：优先配车、优先装车、优先挂运、优先放行、优先卸车，除特殊状况报国家铁路局批准外，不准停限装、不准分界口拒接、不准保留、不准途中解体、不准变更到站。

【想一想】

上述运输业务洽谈中，为什么统一公司的这批成品包装茶饮料要选择整车运输，而一箱衣物却选择零担运输？

步骤二　运输车辆的选择

确定了铁路货物托运方式，下一步就要选择运输车辆。

铁路运输的设备主要是铁路机车与铁路车辆，其分类见图 4－2。

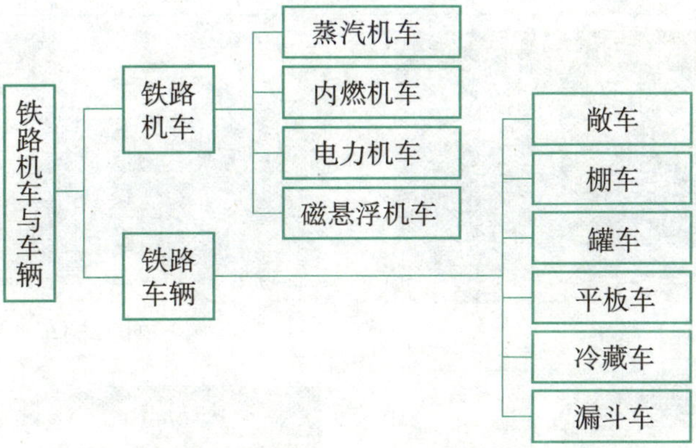

图 4－2　铁路机车与铁路车辆分类

◎ 知识链接

一、铁路机车

铁路机车，即俗称的火车头，其自身不装货，只提供牵引动力。铁路机车按照原动力可分为 4 种（见图 4－3）。

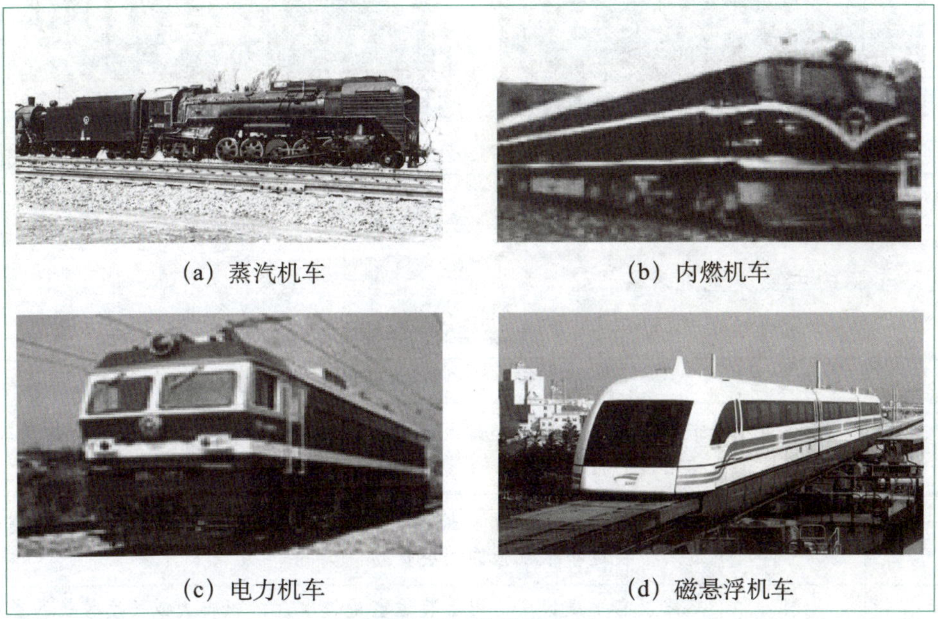

(a) 蒸汽机车　(b) 内燃机车　(c) 电力机车　(d) 磁悬浮机车

图 4－3　铁路机车

二、铁路车辆

铁路车辆（见图4-4）是装运货物、载运旅客的运载工具。它没有动力装置，需要将车辆连挂在一起由机车牵引才能运行。

(a) 敞车

(b) 棚车

(c) 罐车

(d) 平板车

(e) 冷藏车

(f) 漏斗车

图4-4 铁路车辆

铁路车辆的主要类型见表4-2。

表4-2 铁路车辆的主要类型

车辆类型	基本型号	主要设备和用途
棚车	P	车体有端墙、侧墙、棚顶、地板、门窗，便于管理，适用于装运较贵重和怕湿的货物
敞车	C	车体仅有端墙、侧墙和地板，车墙高度一般在0.8米以上，两侧有门，适用于装运不怕湿损的散装货物
平板车	N	车体仅有平底板，适用于装运重量较重、体积较大或长度较长的货物

续表

车辆类型	基本型号	主要设备和用途
保温车	B	车体与棚车相似，墙板间充填隔热材料，车内有制冷和冰箱等设施，适用于装运需保持一定温度的货物
罐车	G	车体为圆筒形，适用于装运汽油、柴油、酒精、水、酸性液体等
家畜车	J	车体似通风车，有给水和饲料储存，有押运人员乘坐设施，适用于装运家禽、牲畜
煤车	M	装运煤炭
矿石车	K	装运矿石
砂石车	A	装运砂石
长大货物车	D	装运重量在90吨以上、长度在19米以上的货物
活鱼车	H	装运活鱼
特种车	T	事故救援车
散装水泥车	U60、K15	装运散装水泥
守车	S	供货运列车长或有关人员办公使用

【想一想】

根据上述几种铁路运输方式的运输要求和准备运输物资的特性，统一公司的这批成品包装茶饮料应该选用哪种铁路车辆运输？

流程二　签订运输委托书

托运人、收货人在与铁路运输部门办理运输手续，履行其权利、义务时，可指定法定代表人（或称法定代理人）办理。法定代表人应凭托运人、收货人出具的委托书（见表4－3），与承运人办理相应的运输手续。在这项业务中，统一公司是托运人，广州方面是收货人，而武汉中力物流有限公司在签完委托书之后就是这次运输业务的法定代表人。

表4－3　委托书

委托书

兹委托____________________为____________________之法定代表人，在你站办理有关货物托运、领取____________一切权利和义务。

此致

委托权利和义务有效期：

车站：

托运人或收货人：（签章）

住址：

年　月　日

签订了委托书后，武汉中力物流有限公司就可以以法定代表人的身份到铁路运输部门为这批货物办理相关业务，如报请车计划。接下来，武汉中力物流有限公司与统一公司还需要签订货物运输代理合同。

流程三　签订货物运输代理合同

货物运输代理合同是承运人、托运人、法定代表人三方之间的合法协定的结果，它详细地规定了三方的权利与义务。在后续的运输过程中，都要以它为蓝本处理各项事务。

统一公司将委托书与货物运输代理合同（见表4-4）同武汉中力物流有限公司签好之后，武汉中力物流有限公司将代为办理请车、缴费、集货、送货进站等相关运输作业前的准备工作。

表4-4　货物运输代理合同

甲方：　　　　　　　　　　　地址： 法定代表人：　　　　　　　　电话： 乙方：　　　　　　　　　　　地址： 法定代表人：　　　　　　　　电话： 根据《中华人民共和国民法典》的有关规定，____________________（以下简称“甲方”）委托____________________（以下简称“乙方”），代理托运____________________货物，乙方同意代理承运，特签订本合同，共同遵守，互相制约。具体条款经双方协商如下： 一、运输内容 乙方应当在收到货物后，于____年__月__日之前，将货物从__________站运至__________站，交与收货人。 二、运输方式 乙方在收到货物后，应由铁路完成运输，如要转委托第三方完成该次运输，应当取得甲方的书面同意。 三、仓储责任 甲方应当在签订合同之后____日内，将货物交与乙方，或运至乙方指定仓库。乙方在收到甲方货物之后，应当向甲方开具货物收据和仓库证明，并在货物仓储期间尽其职责，根据货物的特性和包装，选择不同的储存方式。 四、通知责任 1. 乙方将该次运输交与第三方承运的，应当在开车之前通知甲方。 2. 甲方得知乙方将运输任务交与第三方承运的，应当在接到乙方通知后三天内给予答复。 五、费用及结算方式 本合同经双方签字后____日内，甲方应支付给乙方相关费用预付款________元（双方协调确定），待货到之后，双方进行一次性结算。 六、甲方违约责任 1. 甲方未于规定期限将货物交与乙方，或运至乙方指定仓库，造成乙方不能按时装货、按时起航的，每延误一天，应向乙方支付违约金________元。 2. 甲方未于规定期限内支付乙方相关费用的，每逾期一天，应向乙方支付所拖欠费用____%的违约金。

续表

3. 甲方如不履行合同或者擅自改变合同，应当向乙方支付违约金________元。

七、乙方违约责任

1. 乙方未在规定期限内将货物安全运至目的地的，每逾期一天，应当向甲方支付违约金________元。

2. 乙方在开车后未通知甲方或收货人准备卸货的，所造成的一切损失由乙方承担。

3. 乙方自接到甲方货物后，到将货物交与甲方指定收货人期间，应当妥善保管货物，如因乙方保管不善，造成的货物损坏、灭失的一切损失由乙方承担。

4. 乙方委托第三方承运的，应当向甲方提供真实的情况、资料，如有任何隐瞒或提供的资料不实造成的损失，甲方有权向乙方追踪并撤销代理合同，造成的损失应当全部由乙方承担。

5. 乙方在代理业务期间，对甲方的商业资料负有保密义务。乙方若将资料泄露给第三人，对甲方造成的损失由乙方承担。

6. 乙方若在未经甲方同意的情况下，擅自将代理权转让给第三人，甲方有权解除合同，要求乙方退还所有的费用，并要求其支付违约金________元。

7. 乙方不履行合同或者擅自变更合同，甲方可以要求其退还所有费用，并要求其支付违约金________元。

八、不可抗力

1. 由于不可抗力导致合同不能履行的，双方都不承担违约责任。

2. 如能证明货物的灭失或损害是一方过失或疏忽所致，则该损失都由过错方承担。

九、争议解决

1. 经双方协商一致，可以就该合同签订补充协议，补充协议与原合同具有同等效力。

2. 本合同执行中发生争议，先由双方协商解决，协商不能解决的，双方可按下列第____项解决：

(1) 申请____________仲裁委员会裁决；

(2) 向甲方所在地人民法院起诉。

十、附则

本合同一式两份，盖章生效，甲乙双方各执一份。

甲方：	乙方：
法定代表人：	法定代表人：
年　月　日	年　月　日

归纳总结

铁路运输是指利用铁路机车、铁路车辆等技术设备，沿铺设的轨道，用铁路列车运送货物的运输方式，是我国目前货物运输的主要方式之一。

从某一批货物的重量、体积、性质、形状等方面考虑，铁路运输可以划分为整车运输、零担运输、集装箱运输和快速运输四种类别。

铁路货物运输业务办理是从托运人委托法定代表人办理货运开始，委托代理业务流程为：受理货物运输→签订运输委托书→签订货物运输代理合同。

受理货物运输是物流公司作为铁路运输代理人承揽货物。铁路运输代理人要根据铁路运输方式的运输要求和准备运输物资的性质确定运输线路、运输方式，选择运输车辆。

托运人、收货人在与铁路运输部门办理运输手续，履行其权利、义务时，可指定法定代表人办理。法定代表人应凭托运人、收货人出具的委托书与承运人办理相应的运输手续。

托运人将委托书与货物运输代理合同与法定代表人签好之后，法定代表人将代为办理请车、缴费、集货、送货进站等相关运输作业前的准备工作。

任务二 铁路货物运输的承运

任务情境

2023 年 5 月 22 日，统一公司与武汉中力物流有限公司签订了一份货物运输代理合同，运输货物为成品包装茶饮料，预计装车 2 整车，收货单位为统一集团广州销售分公司，到站为广州东站。武汉中力物流有限公司作为统一公司的法定代表人办理本次运输业务，业务经理为蓝宁，承运单位为武汉铁路局。

任务分析

铁路运输的承运流程见图 4－5。

本任务主要完成如下工作：

（1）做好铁路货物运输服务订单的填写工作。

（2）做好及时请车工作，并及时反馈给客户。

（3）准确计算运输里程和运费。

（4）正确填写运单。

（5）做好装车前的准备工作。

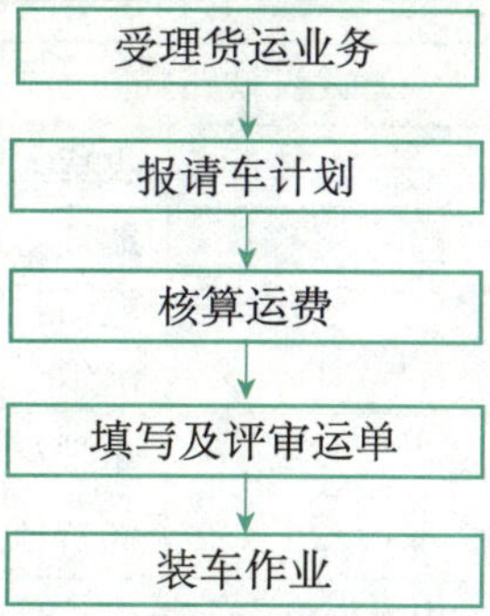

图 4-5　铁路运输的承运流程

任务实施

本任务的数学地点既可以设在铁路的货运大厅，也可以设在学校的教学实训室。教学场所（实训室）要求有铁路运输过程中常见的运单、货票等相关单据。在教学过程中，教师将教学任务分配给不同的小组，学生以工作小组的形式独立完成工作任务。

流程一　受理货运业务

向铁路运输部门提出办理货运业务，可以通过以下几种方式：（1）拨打营业站电话办理；（2）拨打 12306 电话办理；（3）登录 12306 网站办理；（4）到货运营业场所办理；（5）上门服务办理。

步骤一　填写铁路货物运输服务订单

动画：

铁路货运业务受理方式

铁路货运部门受理货物运输时，需要由托运人提交铁路货物运输服务订单。

一、铁路整车货物运输服务订单

铁路整车货物运输服务订单（以下简称订单，见表 4-5）是承运人、托运人双方关于铁路货物运输的要约和承诺，主要包括货物运输的时限、发站、到站、托运人、收货人、品名、车种、车数、吨数以及相关的服务内容。订单一式两份，由托运人正确填写，且应做到内容完整、字迹清楚、不得涂改。铁路货运计划人员受理订单，并经审定合格后加盖人名章，返还托运人一份，留存一份。与铁路联网的托运人可通过网络直接向铁路提报订单。

表 4-5　铁路整车货物运输服务订单

<table>
<tr><td colspan="12">武汉铁路局　　　　　　　　编号：</td></tr>
<tr><td colspan="6">托运人：</td><td colspan="6">收货人：</td></tr>
<tr><td colspan="6">地址：
电话：
邮编：</td><td colspan="6">地址：
电话：
邮编：</td></tr>
<tr><td colspan="6">发站　　　　　　到站（局）</td><td colspan="6">车种/车数　　　　箱型/箱数</td></tr>
<tr><td colspan="6">装货地点</td><td colspan="6">卸货地点</td></tr>
<tr><td colspan="2">货物品名</td><td colspan="2">品名代码</td><td colspan="2">货物价值</td><td colspan="2">件数</td><td colspan="2">货物重量</td><td colspan="2">体积</td></tr>
<tr><td colspan="2"></td><td colspan="2"></td><td colspan="2"></td><td colspan="2"></td><td colspan="2"></td><td colspan="2"></td></tr>
<tr><td colspan="9">要求发站装车期限　　月　　日前或班列车次　　日期：　　月　　日</td><td colspan="3">付款方式：</td></tr>
<tr><td colspan="12">供用户自己选择的服务项目（由用户填写，需要的项目打“√”）</td></tr>
<tr><td colspan="6">1. 发送综合服务
2. 到达综合服务
3. 仓储保管
4. 篷布服务</td><td colspan="6">5. 清运垃圾
6. 代购、代加工装载加固材料
7. 代对货物包装
8. 代办检验检疫手续</td></tr>
<tr><td colspan="12">说明或其他要求事项：</td></tr>
<tr><td colspan="12">承运人报价（包括运费、杂费、服务费）　　　　元，具体项目、金额列后：</td></tr>
<tr><td>序号</td><td>项目名称</td><td>单位</td><td>数量</td><td>收费标准</td><td>金额（元）</td><td>序号</td><td>项目名称</td><td>单位</td><td>数量</td><td>收费标准</td><td>金额（元）</td></tr>
<tr><td></td><td></td><td></td><td></td><td></td><td></td><td></td><td></td><td></td><td></td><td></td><td></td></tr>
<tr><td></td><td></td><td></td><td></td><td></td><td></td><td></td><td></td><td></td><td></td><td></td><td></td></tr>
<tr><td></td><td></td><td></td><td></td><td></td><td></td><td></td><td></td><td></td><td></td><td></td><td></td></tr>
<tr><td></td><td></td><td></td><td></td><td></td><td></td><td></td><td></td><td></td><td></td><td></td><td></td></tr>
<tr><td></td><td></td><td></td><td></td><td></td><td></td><td></td><td></td><td></td><td></td><td></td><td></td></tr>
<tr><td></td><td></td><td></td><td></td><td></td><td></td><td></td><td></td><td></td><td></td><td></td><td></td></tr>
<tr><td colspan="4">申请人签章
年　月　日</td><td colspan="4">承运人签章
年　月　日</td><td colspan="4">车站指定装车日期及货位</td></tr>
<tr><td colspan="12">说明：
1. 涉及承运人与托运人、收货人的责任和权利，按《铁路货物运输规程》办理。
2. 实施货物运输时，托运人还应递交货物运单，承运人应按报价核收费用。装卸等需发生后确定的费用，应先列出费用明细，金额按实际发生核收。
3. 用户如发现收费行为不符合规定，或有强行收费行为，有权举报。
举报电话：物价部门 027-12358　　铁路部门 027-12306</td></tr>
</table>

二、零担、集装箱、班列货物运输服务订单

托运人在办理零担、集装箱、班列货物运输时，应将填写好的一式两份的订单提报

给装车站，装车站应随时受理并根据货场能力、运力安排班列开行，并在订单上加盖车站日期戳，交与托运人一份，留存一份。铁路运输部门据此订单安排运输，并通知托运人将货物搬入仓库集装箱内。班列专用铁路货物运输服务订单见表 4 - 6。

表 4 - 6　班列专用铁路货物运输服务订单

<table>
<tr><td colspan="4">托运人
地址
电话　　　　　　邮编</td><td colspan="4">收货人
地址
电话　　　　　　邮编</td></tr>
<tr><td>发站</td><td></td><td>到站</td><td></td><td>车种</td><td></td><td>车数</td><td></td></tr>
<tr><td>装货地点</td><td colspan="3"></td><td>箱型</td><td></td><td>箱数</td><td></td></tr>
<tr><td>货物名称</td><td colspan="2">品名代码</td><td>件数</td><td colspan="2">单件尺寸</td><td colspan="2">货物重量</td></tr>
<tr><td></td><td colspan="2"></td><td></td><td colspan="2"></td><td colspan="2"></td></tr>
<tr><td colspan="4">要求班列车次</td><td colspan="4">付款方式</td></tr>
<tr><td colspan="8">要求服务项目
1. 发送综合服务　　　5. 海关监管货物服务
2. 到达综合服务　　　6. 速递到货通知上门
3. 仓储保管　　　　　7. 货物包装、集装
4. 篷布服务　　　　　8. 接取送达、门到门运输</td></tr>
<tr><td colspan="8">其他要求事项</td></tr>
<tr><td colspan="3">申请人盖章或签字
年　月　日</td><td colspan="2">违约金额</td><td colspan="3">铁路签注
年　月　日</td></tr>
</table>

步骤二　向铁路运输部门递交订单

托运人可随时向装车站提报订单。铁路运输部门随时受理，随时审定。

对于大宗的、未定的、能够提前确定的物资，托运人可以在每月的 19 日前将订单提报给装车站，铁路运输部门将其纳入次月计划，进行集中审定，以便统一安排、重点保证。

对于抢险救灾和紧急运输物资的订单，则应随时受理，立即审定，在运输上优先保证。对运力宽松方向的订单敞开受理，由计算机系统自动审定。

托运人根据自己的实际情况可任意选择订单的提报时间和方式，铁路运输部门应尽力满足托运人的不同需要。审定后的订单当月有效，不办理运输变更。

铁路装车站要及时将订单的审定结果通知托运人或者托运人的代理人（如物流公司）。托运人根据订单审定的车数、到站等内容按实际需要向车站提出装车请求，并同时做好装车准备，将货物搬入车站或自己选择专用线。

流程二　报请车计划

步骤一　申报请车计划

托运人填写完订单之后，铁路工作人员要受理订单。工作人员核对到发站、货物数量、重量等指标后并将相关信息输入铁路局数据库，将受理号码（计划号）和其中的一联返还给托运人。托运人凭计划号请车。

在零担运输的情况下，很多时候托运人需要运送的货物可能不足一车，铁路运输部门会将不同托运人的货物按同一到站凑整一车后再发运。在零担运输情况下，托运人需要等待凑整车，因而速度慢，“五定班列”则可以克服这一缺点。在现有的条件下，托运人一般是不需要向铁路运输部门请车的。

步骤二　用计划号请车

托运人能否及时地请车，要根据各铁路局的运力情况而定。

一、请车审批的制度

为了加强请车计划的审批管理，对运力紧张和去向受限的请车计划，铁路运输部门实行由运输处长（副处长）、调度所主任、货工科长、货调主任集体审批制度。

二、请车审批的原则

（1）对同一发货站的同品类、同去向请车，原则上按日历安排顺序审批。

（2）对重点物资优先批准。

（3）遇特殊情况由铁路局主管局长批准。

（4）逐步实现运用技术手段管理请车计划的审批，增强请车计划审批的透明度。

（5）亟须运输的重点物资，确须无计划安排装车时，局管内（同一铁路局管辖范围内）的装车必须经铁路局主管局长批准后才能发布调度命令。

（6）跨铁路局的装车必须由国家铁路局调度和批准。

请车成功之后，武汉中力物流有限公司需要在装车之前到铁路运输部门办理相关缴费手续。根据合同约定，运输费用包括全部的铁路运费及物流公司的服务费、代理费等。

流程三　核算运费

步骤一　运价的核算

一、确定运价里程

我国铁路运输部门的运价里程是根据交通运输部《货物运价里程表》，按照发站和到站间国家正式营业线路最短路径计算的。查阅全国主要货运车站之间的里程后得知，武汉距广州 1 064 千米。

二、确定运价

（一）确定适用的运价号

查找铁路货物运输品名分类与代码表（见表 4－7）和铁路货物运输品名检查表，确定适用的运价号。

表 4－7　铁路货物运输品名分类与代码表（部分）

货物品类	整车运价号	零担运价号	货物品类	整车运价号	零担运价号
煤	—	—	饮食品及烟草制品	—	—
原煤	4	21	食糖	5	22
洗精煤	5	21	食品	5	22
块煤	4	21	饮料	5	22
洗选煤	4	21	烟草制品	5	22
水煤浆	4	21	其他烟草制品	5	22
其他煤	4	21			

（二）确定发到基价和运行基价

根据各类铁路运输基准运价率表（见表 4－8），确定运价号对应的基价 1 和基价 2。

表 4－8　各类铁路运输基准运价率表（部分）

办理类别	运价号	基价 1		基价 2	
		单位	标准	单位	标准
整车	1	—	—	元/轴公里	0.525
	2	元/吨	9.50	元/吨公里	0.086
	3	元/吨	12.80	元/吨公里	0.091
	4	元/吨	16.30	元/吨公里	0.098

续表

办理类别	运价号	基价 1		基价 2	
		单位	标准	单位	标准
整车	5	元/吨	18.60	元/吨公里	0.103
	6	元/吨	26.00	元/吨公里	0.138
	机械冷藏车	元/吨	20.00	元/吨公里	0.140
零担	21	元/10 千克	0.220	元/10 千克公里	0.001 11
	22	元/10 千克	0.280	元/10 千克公里	0.001 55
集装箱	20 英尺箱	元/箱	500.00	元/箱公里	2.025
	40 英尺箱	元/箱	680.00	元/箱公里	2.754

三、确定计费重量

（一）整车货物计费重量的规定

（1）使用矿石车、平车、砂石车装运货物，根据铁路货物运输品名分类与代码表，“01”“0310”“04”“06”“081”“14”类货物按 40 吨计费，超过时按货物重量计费。

（2）所列货车装运货物时，计费重量按货车货物规定计费重量表（见表 4－9）中的规定计算，货物重量超过规定计费重量的按货物重量计费。

表 4－9 货车货物规定计费重量表

车种车型	计费重量（吨）
B6、B6N、B6A、B7（加冰冷藏车）	38
BSY（冷板冷藏车）	40
B18（机械冷藏车）	32
B19（机械冷藏车）	38
B20、B21（机械冷藏车）	42
B10、B10A、B22、B23（机械冷藏车）	48
SQ1（小汽车专用平车）	85
QD3（凹底平车）	70
GH95/22、GY95/22（石油液化气罐车）	65
GH40、GY40（石油液化气罐车）	65

（3）使用自备冷板冷藏车装运货物时按 50 吨计费，使用自备机械冷藏车装运货物时按 60 吨计费。

（4）使用标重不足 30 吨的家畜车时，按 30 吨计费；使用标重低于 50 吨、车辆换长（1 换长＝11 米）小于 1.5 的自备罐车装运货物时按 50 吨计费。

（5）始发、中途均不加冰运输的加冰冷藏车和代替其他货车装运非易腐货物的铁路冷藏车，均按冷藏车标重计费。

（6）车辆换长超过1.5的货车（D型长大货车除外）而未标明计费重量的，按其超过部分以每米（不足1米的部分不计）折合5吨与60吨相加之和计费。准、米轨间换装运输的货物，均按发站的原计费重量计费。

（二）零担货物计费重量的规定

零担货物计费重量以10千克为单位，不足10千克进为10千克；零担货物按货物重量或货物体积折合重量择大计费，即每立方米重量不足500千克的轻浮货物，按每立方米折合重量500千克计费，但下列货物除外：

（1）规定计费重量的货物按规定计费重量计费。

（2）铁路货物运输品名分类与代码表中的“童车”“室内健身车”“209其他鲜活货物”“9914搬家货物、行李”“9960特定集装化运输工具”等按货物重量计费。

零担货物规定计费重量见表4-10。

表4-10　零担货物规定计费重量表

序号	货物名称	计费单位	规定计费重量（千克）
1	组成的摩托车 双轮 三轮（包括正、侧带斗的，不包括三轮汽车）	辆 辆	750 750 1 500
2	组成的机动车辆、拖斗车（单轴的拖斗车除外） 车身长度不满3米 车身长度3米以上，不满4米 车身长度4米以上，不满5米 车身长度5米以上	每辆 每辆 每辆 每辆	4 500 15 000 20 000 25 000
3	组成的自行车	每辆	100
4	轮椅、折叠式疗养车	每辆（件）	60
5	牛、马、骡、驴、骆驼	每斗	500
6	未装容器的猪、羊、狗	每头	100
7	灵柩、尸体	每具（个）	1 000
8	每立方米重量不足500千克的轻浮货物	立方米	500
9	“童车”“室内健身车”“209其他鲜活货物”“9914搬家货物、行李”“9960特定集装化运输工具”	实重	

四、计算运价

运价的计算公式为：

整车货物运价＝(基价1＋基价2×运价里程)×计费重量（单位：吨）

零担货物运价＝(基价1＋基价2×运价里程)×计费重量（单位：10千克）

集装箱货物运价＝(基价1＋基价2×运价里程)×计费重量（单位：箱）

动画：

模拟铁路运费计算的过程

步骤二　铁路货运杂费的核算

铁路货运杂费是指在铁路运输的货物自承运至交付的全过程中，铁路运输部门向托运人、收货人提供的辅助作业、劳务，以及托运人或收货人额外占用铁路设备、使用用具、备品所发生的费用，简称货运杂费。货运杂费分为货运营运杂费，延期使用运输设备、违约及委托服务杂费，租、占用运输设备杂费三大类，每类都有各自的项目和费率。铁路运输部门将从杂费费率表中查出的费率与规定的计算单位相乘来计算杂费。各项杂费凡不满一个计算单位，均按一个计算单位计算（另有规定者除外）。

步骤三　其他费用的核算

一批货物除运费、杂费外，还可能发生铁路建设基金、铁路电气化附加费、新路新价均摊运费、加价运费（在统一运价的基础上再加收一部分运价）和其他代收款（如印花税）等费用。这些费用在计算时，发生几项计算几项。

【练一练】

1. 北京广安门站办理一批到满洲里站的装饰材料 26 000 千克，与另一货主拼装一辆 40 吨棚车装运，请计算北京广安门站应该核收的运费。

2. 广安门站发包头站灯管 4 件，重 46 千克，货物每件长 1 米、宽 0.35 米、高 0.16 米，请计算运费。

3. 托运人宋某与济南铁路局于 2023 年 8 月 31 日签订运输合同一份。货物是 1 500 箱苹果，纸箱包装，承运人运输期限为 6 天，到达站为南京西站，收货人为宋某本人。济南铁路局配给宋某棚车一辆，货车标记载重量 45 吨。宋某自行装车，装苹果 2 700 箱，货物标明“鲜活易腐”，9 月 1 日 18 时挂有该棚车的 111 次列车从济南站出发。请计算这批货物的运费。

流程四　填写及评审运单

步骤一　运单的填写

运费核算完毕之后，就进入了运单填写环节。在铁路货物运输过程中，铁路货物运单（Railway Consignment Note）是一种承运合同，是托运人与承运人之间为运输货物而签订的一种货运合同或货运合同的组成部分。

一、铁路货物运单的主要项目

铁路货物运单如表 4－11 所示。

表 4－11　铁路货物运单

××铁路局

承运人/托运人装车	货物指定于　月　日搬入　**货物运单**
承运人/托运人施封	货位：

计划号码或运输号码：　　　　托运人→发站→到站→收货人

运到期限：　日　　　　货票第　　号

托运人填写						承运人填写			
发站		到站（局）				车种车号		货车标重	
到站所属省（区、市）						施封号码			
托运人	名称	邮政编码				经由		铁路货车棚车号码	
	地址	电话							
收货人	名称	邮政编码				运价里程		集装箱号码	
	地址	电话							
货物名称	件数	包装	价格	托运人确定重量（千克）	承运人确定重量（千克）	计费重量	运价号	运价率	运费
合计									
托运人记载事项					承运人记载事项				
注：本单不作为收款凭证，托运人签约须知见背面	托运人盖章或签字　年　月　日				到站交付日期		发站承运日期		

货物运单（背面）

托运人须知：

(1) 托运人持本货物运单向铁路申请托运货物，证明并确认和愿意遵守铁路货物运输的有关规定。

(2) 货物运单所记载的货物名称、重量与货物的实际情况相符，托运人对其真实性负责。

(3) 货物的内容、品质和价值是托运人提供的，承运人在接收和承运货物时并未全部核对。

(4) 托运人应及时将领货凭证寄交收货人，凭以联系到站领取货物。

领货凭证

领货凭证		
车种及车号 货票第　号 运到期限　日		
发站		
到站		
托运人		
收货人		
货物名称	件数	重量
托运人盖章或签字		
发站承运日期		
注：收货人领货须知见背面		

领货凭证（背面）

收货人领货须知：

(1) 收货人接到托运人寄交的领货凭证后，应及时与到站联系，领取货物。

(2) 收货人领取货物的时间已超过免费暂存期限时，应按规定支付货物暂存费。

(3) 收货人在到站领取货物，遇货物未到时，应要求到站在本证背面加盖车站戳证明货物未到。

（1）铁路货物运单由两部分组成，左侧为货物运单，右侧为领货凭证。

（2）货物运单和领货凭证背面分别印有“托运人须知”和“收货人领货须知”。

（3）每批货物对应一张铁路货物运单，根据栏目要求分别由托运人和承运人填写。

二、铁路货物运单托运人填写部分

（一）发站栏和到站（局）栏的填写

发站栏应分别按铁路货物运价里程表规定的站名完整填写，不得填写简称，如“杭州北站”不得填写成“杭北”。到站（局）栏填写到达站主管铁路局名称的第一个字，如“哈”“上”“广”等，但到达北京铁路局的填写“京”字。到达所属省（区、市）栏，填写到站所在地的省（区、市）名称。托运人填写的到站（局）和到站所属省（区、市）名称必须相符。例如：东海站在林密线上，而东海县在陇海线上，属于江苏省。

表 4-12 是全国铁路局全称、简称一览表。

表 4-12　全国铁路局全称、简称一览表

铁路局全称	铁路局简称	铁路局全称	铁路局简称
中国铁路哈尔滨局集团有限公司	哈局	中国铁路南昌局集团有限公司	南铁
中国铁路沈阳局集团有限公司	沈局	中国铁路广州局集团有限公司	广铁
中国铁路北京局集团有限公司	京局	中国铁路南宁局集团有限公司	宁局
中国铁路呼和浩特局集团有限公司	呼局	中国铁路成都局集团有限公司	成局
中国铁路郑州局集团有限公司	郑局	中国铁路兰州局集团有限公司	兰局
中国铁路济南局集团有限公司	济局	中国铁路乌鲁木齐局集团有限公司	乌局
中国铁路上海局集团有限公司	上局	中国铁路昆明局集团有限公司	昆局
中国铁路西安局集团有限公司	西局	中国铁路武汉局集团有限公司	武局
中国铁路太原局集团有限公司	太局	中国铁路青藏集团有限公司	青藏集团

（二）托运人、收货人名称、地址及电话栏的填写

此两栏应详细填写托运人和收货人所在省（区、市）城镇街道和门牌号码或乡、村名称。如托运人要求到站应在货物到达后，打电话通知收货人，必须将收货人电话号码填写清楚。

（三）货物名称栏的填写

本栏要按铁路货物运输品名检查表所列载的品名填写。按一批托运的货物，无法逐一在运单内填写品名时，须另填物品清单（见表 4-13）。物品清单一式三份，一份由发站存查，一份随同运输票据递交到站，一份退还托运人。

表 4-13　物品清单

货件编号	包装	详细内容			件数/尺寸	重量	价格
		物品名称	材质	新旧程度			

（四）件数栏的填写

本栏按货物名称与包装种类分别填写。

（五）包装栏的填写

本栏填写有关的包装种类，如木箱、麻袋、铁桶等。按件承运的无包装货物填写“无”。

（六）价格栏的填写

（1）本栏应填写货物的实际价格，全批货物的实际价格为确定货物保价运输保价金额或货物保险运输保险金额的依据。

（2）铁路运输部门受保险公司委托，代办铁路货物运输保险，托运人对投保货物运输险的货物，应在货物运单托运人记载事项栏内加盖“已投保运输险，保险凭证×××××号”戳记，并在本栏内准确填写该批货物总价格。

（3）铁路运输部门根据总价格确定保险金额，托运人在支付货物运费的同时缴纳保险金。

（七）托运人确定重量栏的填写

本栏应按货物名称及包装种类分别将货物实际重量（包括包装重量）用“千克”记明，在合计栏填写该批货物的总重量。

（八）托运人记载事项栏的填写

本栏填写需要由托运人声明的事项。例如：

（1）货物状态有缺陷，但不致影响货物运输安全时，应具体注明缺陷。

（2）需要凭证明文件运输的货物，应注明证明文件名称、号码及填发日期。

（3）托运易腐货物或放射性货物时，应注明允许运输期限；需要加冰运输的易腐货物，途中不需要加冰时，应注明“途中不需要加冰”。

（4）有关体积的注意事项。对于笨重货物或规格相同的零担货物，应注明货物的长、宽、高；对于规格不同的零担货物，应注明全批货物的体积。

（5）按规定其他需要由托运人在运单内注明的事项。

（九）托运人盖章或签字栏的填写

托运人应在运单填写完毕并确认无误后，在此栏盖章或签字。

（十）领货凭证各栏的填写

托运人填写领货凭证时（包括盖章与签字），应与运单相应各栏记载内容保持一致。

三、铁路货物运单承运人填写部分

发站对托运人提出的运单经检查填写正确、齐全，且到站营业范围符合规定后，应在“货物指定于××月××日搬入”栏填写指定搬运日期，并填写运输号码，由经办人签字或盖章，交还托运人凭以将货物搬入车站。

（一）运到期限栏的填写

本栏填写按规定计算的货物运到期限天数。运到期限是指铁路运输部门在现有技术设备和运输组织工作水平的条件下，将货物运送一定距离所需要的时间。货物运到期限按日计算，起码日数为 3 天，即计算出的运到期限不足 3 天时，按 3 天计算。运到期限由以下三部分组成：

1. 发送期间

货物发送期间（$T_{发}$）为 1 天。货物发送期间是指货物在始发站进行装车、承运及办理相关运输手续的时间。

2. 运输期间（运行期间）

货物运输期间（$T_{运}$）是指货物在途中的运输天数。每 250 运价千米或其未满为 1 天，按快运办理的整车货物每 500 运价千米或其未满为 1 天。

3. 特殊作业时间

特殊作业时间（$T_{特}$）是为某些货物在运输途中进行作业所规定的时间，具体规定如下：

（1）需要中途加冰的货物，每加冰 1 次，另加 1 天。

（2）运价里程超过 250 千米的零担货物和 1 吨、5 吨集装箱另加 2 天，超过 1 000 千米另加 3 天。

（3）单件重量超过 2 吨、体积超过 3 立方米或长度超过 9 米的零担货物另加 2 天。

（4）整车分卸货物，每增加一个分卸站，另加 1 天。

（5）准、米轨间直通运输的货物另加 1 天。

对于上述 5 项特殊作业时间应分别计算，当一批货物同时具备几项时，累计相加计算。

若货物运到期限用 T 表示，则：

$$T=T_{发}+T_{运}+T_{特}$$

【例 4-1】

广安门站承运到石家庄站零担货物一件，重 2 300 千克，货到由收货人卸车，计算运到期限。已知运价里程为 274 千米。

解：计算过程如下：

$T_{发}=1$（天）

$T_{运}=274\div 250=1.096\approx 2$（天）

运价里程超过 250 千米的零担货物另加 2 天，一件货物重量超过 2 吨的零担货物另加 2 天，则：

$T_{特}=2+2=4$（天）

所以，这批货物的运到期限为：

$T=T_{发}+T_{运}+T_{特}=1+2+4=7$（天）

（二）经由栏的填写

本栏按货物运价里程最短路径计算时，可不填；按绕路运输时，应填写绕路经由的接站名或线路名。

（三）运价里程栏的填写

本栏填写发站至到站间最短路径的里程，但绕路计算运费时，应填写绕路经由的里程。

（四）计费重量栏的填写

本栏零担货物填写按规定处理尾数后的重量或起码重量。如果承运人与托运人填写的有出入，此栏应按承运人最后核实后确定的结果填写。统一公司的 115 吨成品茶饮料应该使用 2 辆 60 吨的棚车运输，按照铁路运输规则，计费重量为 2 整车，也就是 120 吨。

（五）运价号栏的填写

本栏按铁路货物运输品名分类与代码表规定的货物运价号填写。在填写时，铁路货物运输品名分类与代码表是用来判定货物的类别代码和确定运价号的工具，根据货物所属的类型，便可确定货物的运价号。代码由 4 位阿拉伯数字组成，其中前 2 位表示货物品类，第 3 位表示中类，第 4 位表示小类。我国铁路运输采用 26 个大类、115 个中类、277 个小类的四级分层编码体系。

（六）运价率栏的填写

本栏按该批货物确定的运价号和运价里程，从铁路运输基准运价率表中找出该批（项）货物适用的运价率填写。铁路运输基准运价率表用来查找不同运价号货物的发到基价和运行基价。

动画：

铁路货运单制作

（七）承运人记载事项栏的填写

本栏填写需要由承运人声明的事项。

运单填写完毕之后，铁路运输部门要对运单进行评审，评审的地点一般都在货运营业大厅，在评审运单的同时，托运人或托运人代理人还应备齐准备运输的货物。

步骤二　运单的评审

一、运单评审的要求

（1）审核营业办理限制（包括临时停限装）、起重能力。

（2）核查运单填写是否清晰，托运人更改的地方是否有更改图章。

（3）逐项核查运单的填写是否完整。

（4）核查运单的填写是否详细，有无省略的内容。

（5）核查是否有相关证明文件，证明文件是否齐备、有效。

二、验货要求

（1）托运人在车站将发运货物清单核对无误后，凭运单向货运员进行实物交接。

（2）铁路货运员按规定检查货物名称、件数是否与运单记载相符。

（3）根据货物的性质、质量、运输种类、运输距离以及货车装载等条件，检查货物包装是否符合运输要求，是否便于装卸作业。

（4）货物有缺陷，但铁路货运员检查后认为不影响运输安全（货物自身安全和其他货物安全）的，可在铁路货物运单托运人记载事项栏注明货物状况的具体情况。

（5）核查货物标识的注意事项：

1）检查每件货物是否都有货物标识，即通常所说的货签（见表 4－14）。

表 4－14　武汉站货签

运输号码________________
到站收货人________________
总件________________

2）检查运单和货物标识内容是否完全一致。

3）不一致的内容以运单为主。

4）对照运单检查确认无误后，签章承运。

三、过磅要求

（1）以杠杆式台秤、地秤过磅的，使用前应对下列项目进行检查：

1）摆放平稳，四角扎实，台板保持灵活。

2）将游砣移至零点时，横梁保持平稳。

3）标尺与增砣的比率必须一致。

4）地秤的台板应保持稳定。

5）往衡器上放置或取下货件时，须关闭制动器。过磅时不准触动秤砣、砣盘，禁止以其他物品代替增砣。

6）定期检查衡器。按台建立衡器履历簿，及时、正确地填写。若衡器发生损坏、检查证明丢失、空称不能调整平衡、零件缺损变形或称量误差超过国家规定标准的，均不得使用。

（2）过磅完毕的货物放入指定货位，并注意以下事项：

1）货物应根据箭头向上等包装指示性标志堆垛码放，要做到轻拿轻放、大不压小、重不压轻、稳固整齐、标签向外、按批分清；纸箱包装的货物要箱口向上，液体货物封口向上；怕湿货物露天堆码时，地面要铺垫防湿垫木，上部要起脊并苫盖严密。

2）货物码放形状要便于清点保管和下一道工序的装卸、搬运，并有利于保证人身、货物、行车安全。

3）堆码时货物标签向外，留有检查通道，装车的货物需距钢轨 2 米以上，货垛距站台边沿距离不得少于 1 米。货垛与货垛之间应留出机械或人行通道，货垛与电源开关、消火栓等设备的距离不得少于 2 米。

4）凡存放在装卸场所内的货物，应距离钢轨外侧 1.5 米以上，并应堆放整齐、稳固。

蓝宁与货运员进行评审运单、交接货物后，拿着运单的托运人留底联返回公司，等待 5 月 25 日装车。

流程五　装车作业

5 月 25 日早晨，蓝宁和杨凯早早地来到车站，等候装车。他们来到昨天评审结束后安排好的货位进行装车前最后的检查与核对。

步骤一　装车前的检查

一、清理货场

货场内禁止闲杂人员进入，限制各种车辆进入货物仓库、站台和货棚，禁止托运人、收货人在货场内直接或变相买卖货物。

二、了解货物

根据运单所填写的内容核对待装货物的品名、件数和包装，目的是掌握待装货物的特征、单件的重量、外形尺寸以及这些货物在搬运中应注意的问题。作业前，专业人员应做到对作业地点、货物品种、作业方式及安全注意事项等熟记于心。

三、安排装卸

货场应安排好相应的运输设备和装卸设备以及搬运工人。装卸工具要轻便紧固，符合安全生产要求。装卸工组和机械包车组要配备必要的生产工具、安全用具和专用索具。

四、清点货物

认真核对待装货物的品名、件数，认真查看货物的标志、标签和包装，看有无受潮、沾污、受损等情况。

五、检查车辆状态

装车前认真检查货车的车体（包括透光检查）、车门、钩链、槽轮、车窗、车底板、盖阀是否安装良好，有无扣修通知、色票、货车洗刷回送标签或通行限制，车内是否干净，是否被毒物污染。装载粮食、医药品、食盐、鲜活货物、饮食品、烟草制品以及有押运人押运的货物时，还应检查车内有无恶臭异味。

六、检查机具、防护用品和防护信号安装情况

装卸作业前必须安装带有脱轨器的红色信号器（昼间为红色方牌，夜间为红色灯光）。

（1）在作业车两端各距 20 米外的来车方向左侧钢轨上设置防护信号。如在同一线路上车辆分解作业后作业，应在该线路的前部与最后部车辆外端防护。分解间隔大于 40 米时，可在 20 米外设置。尽头线路只在道岔方向一端防护。

（2）作业车停留位置距警冲标不足 20 米时，防护信号应设在与警冲标相齐处。

（3）在办理列车作业时，根据车站值班员通知的起止时间进行防护，安置在作业车前进方向的左侧。

（4）车站应将装卸防护信号使用办法列入车站行车工作细则，除装卸作业工组外，其他人员无权撤除装卸防护信号。

步骤二　货物装车

一、装车时的要求

装车时由货运员核对车号和货物后，装卸工人才能作业，并要核对件数，做到不错

装、不漏装、巧装满载，防止偏重、超重；必要时对易磨损货件采取防磨措施，对怕污染的货物采取有效隔离措施；棚车装载货物不要挤在车门边，长大货物不堵车门，包装不合标准或破损货物不准装车。

二、在货场内移动货物的要求

各车站应根据场地和机械性能限定机械在货场内的行驶速度（一般情况下，货场内不超过 15km/h、站台上不超过 10km/h）。各种机械横过铁路道口时应有专人看守，要一慢二看三通过。禁止在车底下钻过或从车钩上翻越，严禁在钢轨上坐卧休息。

三、装载货物的要求

（一）货物装载与加固的基本要求

货物装载与加固必须保证能够经受正常的调车作业以及列车运行中所产生的各种力的作用，以保证货物在运输全过程中不致发生移动、滚动、倾覆、倒塌或坠落等情况。

（二）货物装载宽度与高度的要求

除另有规定外，货物装载的宽度与高度不得超过机车车辆限界或特定区域装载限制。

（三）转载货物重量的要求

重量不得超过货车标记载重量，货物的重量应合理分布在车底板上，不得偏重。

（四）使用平车、砂石车的装载要求

使用有端、侧板的平车、砂石车装载长度或宽度超出车底板的货物，可将端、侧板放下，需用铁线与车体捆绑牢固，不得影响钩提杆的正常使用和压住车钩。

（五）货车装载宽度的要求

一件货物宽度等于或小于车底板宽度时，允许突出端梁 300mm；当货物的宽度大于车底板的宽度时 ，允许突出端梁 200mm。超过此限时，必须使用游车。

（六）装载成件包装货物的要求

成件包装货物应排列紧密、整齐。当货物的高度或宽度超出侧板时，应层层压缝，四周货物倾向中间，并予加固（不得以篷布代替加固材料），两侧超出侧板的宽度应该一致。装载货物时，捆扎袋口应朝向内侧。装载轻浮货物时，除用绳索交叉捆绑外，对超出侧板的货物四周或四角的货件，应用绳索串联一起捆绑牢固或在货车两端用挡板

(壁)、支柱等加固。

(七) 货物重心的要求

货物重心的投影应位于车底板的纵、横中心线的交叉点上，特殊情况下必须位移时，横方向位移不得超过 100mm，超过时采取配重措施。纵方向位移时，每辆车转向架所承受的货物重量不得超过货车标记载重量的 1/2，并且两转向架承受重量之差不得大于 10t（另有规定者除外）。

(八) 作业中的要求

作业中应随时注意货物堆码稳定状态，并查看货物包装，禁止撕下标签。作业中要注意应答，发现货物有异状、异味时要及时通知货运员并编制记录。

(九) 发现货物包装破损时的要求

在作业过程中发现货物包装破损无法继续作业时，应当做好记录，通知货运员，征求处理意见。

步骤三　装车后的检查

装车完毕后，托运人或托运人的代理人还要对车辆各个部位进行检查：

(1) 认真检查并确保车门、车窗、盖、阀等处于关闭状态。检查装载加固情况，货物装载加固的基本要求是使货物均衡、稳定、合理地分布在车底板上，不超载、偏载，不集重、偏重；能够经受正常调车作业以及列车运行中所产生各种力的作用，在运输全过程中不发生移动、滚动、倾覆、倒塌或坠落等情况。

(2) 按规定填制货车装载清单。

(3) 需要施封的货车，按规定施封，并用直径 3.2mm（10 号）铁线将车门门鼻拧紧。需要插放货车标示牌的货车，应按规定插放。

(4) 对装载货物的敞车，要检查车门插销、底开门搭扣和篷布苫盖、捆绑情况。篷布不得遮盖车号和货车标识牌，篷布绳索捆绑不得妨碍车辆手闸和钩提杆，两篷布间的搭头应不小于 500mm，绳索、加固铁线的余尾长度应不超过 300mm。装载超限、超长、集重货物时，应按批准的装载方案检查装载加固情况。

步骤四　施封

为了保证货物运输安全和完整，便于交接和责任的划分，在棚车、保温车、罐车和集装箱装完货物后，应用施封锁、施封环或铅质封饼等施封专用物品，对车(门)或罐车的注、排油口进行封缄。施封具有法律约束力和一定的技术要求，必须按规定办理。

◎ 知识链接

一、常用的施封工具

（一）施封锁

施封锁（见图4－6）分为FS型施封锁和FSP型施封锁，用于棚车、冷藏车等的施封。

图4－6　施封锁

（二）施封环

施封环（见图4－7）由环盒和环带两部分组成。

图4－7　施封环

（三）铅质封饼

铅质封饼（见图4－8）为杏核形，在圆周的一侧有两个圆孔。

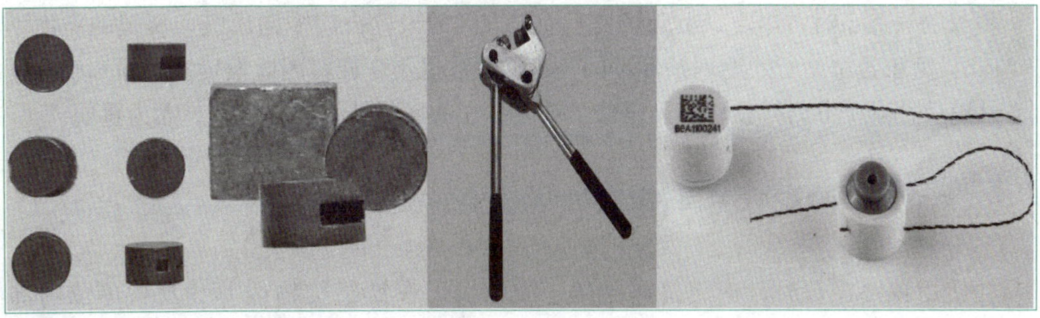
图4－8　铅质封饼

二、施封作业

发运货物在使用棚车、冷藏车、罐车和集装箱运输时，要按规定施封。施封的原则是谁负责装车谁施封。由发货人施封或委托车站代施封时，发货人应在货物运单上注明。

施封是在货车装载完毕，经确认装车状态完好后，关闭车门，先用粗铁线将两侧车门下部的门扣和门鼻拧紧，并在每一车门的下部门扣处各置施封锁一枚。罐车在注油口和排油口处施封。同一车门只准施封一个，串封无效。

环形施封锁锁闭后，钢丝绳应外露约125mm，锁闭状态应确认有效，车门不能拉开。如果钢丝绳的任何一端可以自由拔出锁头，锁头可以从锁套中拔出，钢丝绳断开后重新接上使用，锁套上无站名、号码，或锁套上的站名、号码不清或遭到破坏，这些情况均无效。

步骤五　敞车苫盖篷布

一、苫盖前的检查

作业人员应检查篷布质量是否完好，有无破洞、霉烂，是否具有防水性能，腰绳、边绳是否齐全，自备篷布是否有标记。

二、苫盖作业的要求

首先，作业人员应将折叠好的篷布放到货物顶部中心的货物上面，然后向四周铺开，覆盖严密，整个上部不能积水，顶部要中高边低，呈屋脊形，并打好两端包角。装载不足时需使用篷布支架。货车的车号、车牌、标示牌、拉手、踏脚、手闸都要露在篷布外。

篷布苫妥后，作业人员要将篷布线索捆绑牢固，拉紧腰绳，正确地扣在扣铁上，绳头不大于200mm，做扣的地方要扣紧，间距以1mm左右为宜，两端打“井”字包头，在篷布下垂处横拉一道绳子，以防止松动。

覆盖两块篷布时，作业人员应按列车前进方向的最远方向顺向压缝，压缝的宽度不小于70cm。由于各车站所处地理条件不同，车辆编挂也不一样，因此发货站必须知晓车辆挂到车站以后往哪个方向行驶，特别是位于铁路枢纽的发货站，掌握这一点尤为重要。

三、苫盖完毕，登记有关内容

在使用铁路篷布时，应将篷布号码、块数填记在铁路货物运单和发货单位内部的有关单账上；在使用自备篷布时，应在铁路货物运单托运人记载事项栏标明“自备篷布”字样，在铁路货车篷布号码栏划“8”记号，在内部单账上填记篷布的号码和块数。

步骤六　收费与制票

（1）装车完毕，托运人结算运输费用。

（2）托运人填写领货凭证，领货凭证各栏（包括盖章或签字）应与货物运单相应各栏记载内容保持一致。

（3）车站货运室根据装车后送来的货物运单填制货票。

货票是铁路运输货物的凭证，是一种具有财务性质的票据，是清算运输费用、统计铁路所完成的工作量和计算货运工作指标的依据。

货票各联应根据货物运单记载的内容填写，金额不得涂改，如果填写错误要按作废处理。货票印有固定号码，分甲、乙、丙、丁4联。

1）甲联留在发站以备存查，作为本站统计和管理的依据。

2）乙联上报分局供审核、记账用。分局定期将票据送铁路局，进行货物发送量统计、局间货票资料交换和区段货物流量统计等精密统计，最后返回分局保存。

3）丙联交给托运人作为承运和报销凭证。

4）丁联（见表4-15）在车站根据货物到站编入货物列车，形成货物列车编组顺序表，作为出发货物列车确报。对于零担货票还要进行中转货票交换，作为中转零担车的配装依据。

表4-15　××铁路局货票

计划号码或运输号码　　　　　　　　　　　　　　　　　　　　　　丁联

货物运到期限　　日　　　　承运凭证：发站→到站存查　　　　　　A00001

<table>
<tr><td>发站</td><td></td><td>到站（局）</td><td></td><td>车种车号</td><td></td><td>货车标重</td><td></td><td colspan="2">承运人/托运人装车</td></tr>
<tr><td rowspan="2">托运人</td><td>名称</td><td colspan="2"></td><td>施封号码</td><td colspan="3"></td><td colspan="2">承运人/托运人施封</td></tr>
<tr><td>住址</td><td></td><td>电话</td><td></td><td colspan="3">铁路货车篷布号码</td><td colspan="2"></td></tr>
<tr><td rowspan="2">收货人</td><td>名称</td><td colspan="4"></td><td colspan="2">集装箱号码</td><td colspan="2"></td></tr>
<tr><td>住址</td><td></td><td>电话</td><td></td><td colspan="2">经由</td><td></td><td>运价里程</td><td></td></tr>
<tr><td rowspan="2">货物名称</td><td rowspan="2">件数</td><td rowspan="2">包装</td><td colspan="2">货物重量（kg）</td><td rowspan="2">计费重量</td><td rowspan="2">运价号</td><td rowspan="2">运费费率</td><td colspan="2">现付</td></tr>
<tr><td>托运人确定</td><td>承运人确定</td><td>费别</td><td>金额</td></tr>
<tr><td></td><td></td><td></td><td></td><td></td><td></td><td></td><td></td><td>运费</td><td></td></tr>
<tr><td></td><td></td><td></td><td></td><td></td><td></td><td></td><td></td><td>装车费</td><td></td></tr>
<tr><td></td><td></td><td></td><td></td><td></td><td></td><td></td><td></td><td>取送车费</td><td></td></tr>
<tr><td></td><td></td><td></td><td></td><td></td><td></td><td></td><td></td><td>过磅费</td><td></td></tr>
<tr><td>合计</td><td></td><td></td><td></td><td></td><td></td><td></td><td></td><td></td><td></td></tr>
<tr><td>记事</td><td colspan="7"></td><td>合计</td><td></td></tr>
</table>

发站承运日期戳

经办人盖章

(4) 制好货票后，货运室在领货凭证、货票和货物运单上加盖发站承运日期戳。

(5) 将领货凭证、货票丙联（报销用）连同货物运单（其中一份）一起交给托运人。托运人将领货凭证和货物运单寄交收货人。

动画：

铁路货运货票的制作

归纳总结

铁路货物运输业务流程为：受理货运业务→报请车计划→核算运费→填写及评审运单→装车作业。

铁路货运部门受理货物运输时，需要由托运人提交铁路货物运输服务订单，它是承、托运人双方关于铁路货物运输的要约和承诺，主要包括货物运输的时限、发站、到站、托运人、收货人、品名、车种、车数、吨数以及相关的服务内容。订单一式两份，由托运人正确填写，且应做到内容完整、字迹清楚、不得涂改。铁路货运计划人员受理订单，并经审定合格后加盖人名章，返还托运人一份，留存一份。与铁路联网的托运人可通过网络直接向铁路提报订单。

托运人填写完订单之后，铁路工作人员要受理订单。工作人员核对到发站、货物数量、重量等指标后并将相关信息输入铁路局数据库，将受理号码（计划号）和其中的一联返还给托运人。托运人凭计划号请车。

铁路货物运价有整车货物运价、零担货物运价、集装箱货物运价。铁路货物运价核收依据是《铁路货物运价规则》。

计算铁路货物运价的程序：一是确定运价里程；二是确定对应货物适用的运价号；三是根据运价号查出适用的基价 1 和基价 2；四是确定计费重量；五是按计费公式计算运价。

铁路货物运输营运中的杂费按实际发生的项目和铁路货运营运杂费费率表的规定核收。

一批货物除运费、杂费外，还可能发生铁路建设基金、电气化附加费、新路新价均摊运费、加价运费（在统一运价的基础上再加收一部分运价）和其他代收款（如印花税）等费用。这些费用在计算时，发生几项计算几项。

在铁路货物运输过程中，铁路货物运单（Railway Consignment Note）是一种承运合同，是托运人与承运人之间为运输货物而签订的一种货运合同或货运合同的组成部分。

货票是铁路运输货物的凭证，是一种具有财务性质的票据，是清算运输费用、统计铁路所完成的工作量和计算货运工作指标的依据。货票一式四联：甲联为发站存查联；乙联为报告联，由发站每日按顺序钉好，定期上报分局；丙联为承运证，交托运人凭以报销；丁联为运输凭证，随货物递交到站存查。

货物装车作业前一定要做好装车前的检查工作。装车时由货运员核对车号和货物后，装卸工人才能作业，并要核对件数，做到不错装、不漏装、巧装满载，防止偏重、超重；必要时对易磨损货件采取防磨措施，对怕污染的货物采取有效隔离措施；棚车装载货件不要挤在车门边，长大货物不堵车门，包装不合标准或破损的货物不准装车。装车完毕后，托运人或托运人的代理人还要对车辆各个部位进行检查，按规定填制货车装载清单，施封，苫盖篷布并结清运费。

任务三
货物的到达作业

任务情境

统一公司成品包装茶饮料装车完全结束后，蓝宁给广州公司打去电话，告知对方货物将要发出，他已将领货凭证在装车当天用特快专递寄往广州，请广州公司注意接收货物并及时反馈。

广州公司按期收到了115吨成品包装茶饮料，及时到车站提取货物并打来电话向市场部反馈。

任务分析

货物到达作业流程见图4-9。

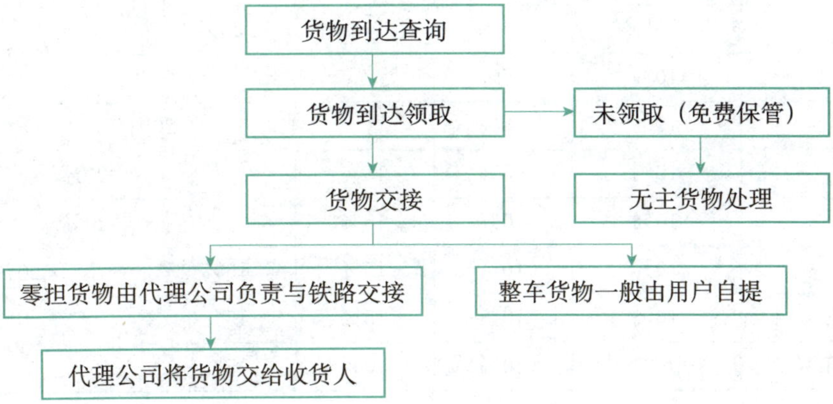

图4-9　货物到达作业流程

本任务主要完成以下工作：

(1) 准确完成到站货物的接收，不延迟。

(2) 对货物到站后所发生的各种相关业务进行处理。

任务实施

本任务的教学地点可以设置在铁路货运车站或学校的教学实训室。学校的教学实训室要求备有与铁路运输相关的各种单证、模拟货场等。在教学过程中，教师可将到达作业设置成承运、接受任务，分配给不同的小组，学生以工作小组的形式独立完成工作任务。

流程一 货物到达查询

托运人在将货物托运后，将领货凭证寄交收货人。收货人接到领货凭证后，及时向到站联系货物到达情况。

承运人组织卸车的货物，到站应不迟于卸车结束的次日内，用电话或书信向收货人发出催领通知，并在货票内注明通知的方法和时间。收货人也可以与到站商定其他通知方法，车站应按实际支出向收货人收取催领通知费用。

收货人在到站查询所领取的货物未到时，到站应在领货凭证背面加盖车站日期戳，证明货物未到。

承运人所运货物应在规定的运到期限内运至到站。货物实际运到日数超过规定的运到期限时，承运人应按所收运费的百分比，向收货人按照表 4－16 的比例支付违约金。

表 4－16 延期交货支付违约金比例

<table>
<tr><th rowspan="2">运到期限</th><th colspan="6">延期日数</th></tr>
<tr><th>1 日</th><th>2 日</th><th>3 日</th><th>4 日</th><th>5 日</th><th>6 日以上</th></tr>
<tr><td>3 日</td><td>15%</td><td colspan="5">20%</td></tr>
<tr><td>4 日</td><td>10%</td><td>15%</td><td colspan="4">20%</td></tr>
<tr><td>5 日</td><td>10%</td><td>15%</td><td colspan="4">20%</td></tr>
<tr><td>6 日</td><td>10%</td><td>15%</td><td>15%</td><td colspan="3">20%</td></tr>
<tr><td>7 日</td><td>10%</td><td>10%</td><td>15%</td><td colspan="3">20%</td></tr>
<tr><td>8 日</td><td>10%</td><td>10%</td><td>15%</td><td>15%</td><td colspan="2">20%</td></tr>
<tr><td>9 日</td><td>10%</td><td>10%</td><td>15%</td><td>15%</td><td colspan="2">20%</td></tr>
<tr><td>10 日</td><td>5%</td><td>10%</td><td>10%</td><td>15%</td><td>15%</td><td>20%</td></tr>
</table>

货物运到期限在 11 日以上，发生运到逾期时，按表 4－17 的比例计算违约金。

表 4－17 货物运到期限在 11 日以上发生运到逾期时支付违约金比例

逾期总日数占运到期限天数	违约金
不超过 1/10 时	运费的 5%
超过 1/10，但不超过 3/10 时	运费的 10%

续表

逾期总日数占运到期限天数	违约金
超过 3/10，但不超过 5/10 时	运费的 15%
超过 5/10 时	运费的 20%

快运货物运到逾期，除依照《快运货物运输办法》的规定退还快运费外，在运输期间，按每 250 运价千米或其未满为 1 日，计算运到期限仍超过时，应根据规定向收货人支付违约金（见表 4-18）。

表 4-18　快运货物违约金计算表

运价里程（km）	逾期天数	违约金
1 801 及以上	1	退还快运费的 30%
	2	退还快运费的 60%
	3	退还快运费的 100%
1 201～1 800	1	退还快运费的 50%
	2	退还快运费的 100%
1 200 及以下	1	退还快运费的 100%

超限货物、限速运行的货物、免费运输的货物以及货物全部灭失的，承运人不支付违约金。从承运人发出催领通知的次日起（不能实行催领通知或会同收货人卸车的货物为卸车的次日起），如收货人于 2 日内未将货物领取，即失去要求承运人支付违约金的权利。

货物在运输过程中，由于下列原因之一造成的滞留时间，应从实际运到日数中扣除：

（1）不可抗力引起的；

（2）托运人的责任致使货物在途中发生换装、整理所发生的；

（3）托运人或收货人要求运输变更所发生的；

（4）运输活动物，由于途中加水所发生的；

（5）其他非承运人责任发生的。

由于上述原因致使货物发生滞留时，发生货物滞留的车站应在货物运单承运人记载事项栏记明滞留时间和原因。到站应将各种情况所发生的滞留时间加总，加总后不足 1 日的尾数进整为 1 日。

【知识拓展】

货物的实际运到天数（用 $T_{实}$ 表示）超过规定的运到期限时，即运到逾期。

$$T_{逾}=T_{实}-T$$

货物的实际运输天数是指从起算时间到终止时间的这段时间。

起算时间：从承运人承运货物的次日（指定装车日期的，为指定装车日的次日）起算。

终止时间：到站由承运人组织卸车的货物，到卸车完了时止；由收货人组织卸车的货物，货车调到卸车地点或货车交接地点时止。

若货物运到逾期，不论收货人是否因此受到损害，承运人均应向收货人支付违约金。违约金是根据逾期天数和运到期限，按承运人所收运费的百分比支付的。

货物在运输过程中，由于不可抗力（如风灾、水灾、雹灾等），托运人的责任致使货物在途中发生换装、整理，托运人或收货人要求运输变更，运输的活动物在途中加水以及其他非承运人的责任之一造成的滞留时间，应从实际运到日数中扣除。

【练一练】

A 站在 5 月 28 日承运发往 F 站整车普通货物和危险零担货物各一批，运价里程为 2 478km。问：

（1）两批货物运到期限各为多少天？

（2）如果整车货物和危险零担货物分别于 6 月 10 日和 6 月 12 日到站卸完，是否逾期？

流程二　货物到达领取

一、货物到达正常领取

收货人领取货物时，必须凭领货凭证和相关证件到货运室办理货物领取手续。收货人为个人的，应提供本人证件（户口簿或身份证）；收货人为单位的，应提供由单位出具的所领货物和领货人姓名的证明文件及领货人本人身份证。

对不宜长期保管的货物，承运人根据具体情况可缩短通知和处理期限。

如果收货人不能提交领货凭证，收货人必须持收货人所在单位开具的提货证明和收货人的证件领取货物。提货证明必须详细说明发站、票号、托运人、品名、件数、重量并附有营业执照副本复印件。当委托他人代领时，代理人必须携带领货凭证、证明委托的介绍信及代理人本人身份证。

二、到达货物的免费保管期

到达铁路车站的货物，可以在铁路车站免费存放 24 小时。免费存放期限自铁路车站发出到货催领通知的次日（或卸车的次日）零点起计算。当收货人领取货物超过免费暂存期限时，应按规定支付货物暂存费。

三、无主货的处理

无主货是指从承运人发出到货催领通知次日起（不能实行催领通知时，从卸车完的次日起)，经过查找满30日(搬家货物满60日)仍无人领取或者收货人拒绝，托运人又未按规定期限提出处理意见的货物，可按《关于港口、车站无法交付货物的处理方法》的有关规定处理。

(1) 应及时收集和整理，集中专库保管，不准以货车或集装箱作为临时仓库。

(2) 应指定专人负责，做到账物相符、妥善保管。

流程三　货物交接

步骤一　卸车前的检查

一、铅质封饼施封的检查

(1) 铅质封饼施封后有下列情况之一的，即按失效处理。

1) 麻绳、棉绳、铁绳任何一端都可以从铅质封饼中脱出。

2) 麻绳、棉绳、铁绳折断。

3) 铅质封饼上的站名、号码无法辨认。

(2) 对于施封的货车，到站在接收和拆封时，应进行核对检查。当发生货运事故时，相关人员应将铅质封饼与有关的货运单据一并保存，供划分责任参考。

二、施封环的检查与拆封

卸车单位在拆封前，应核对货物运单、货车装载清单或货票封套记载的施封号码是否与施封环号码一致，并检查施封是否有效。

拆封时，操作人员应从环带空白处剪断，不得损坏环带和环盒上的印文，并保持原来长度。使用施封环剪断钳剪断的环带长度两截相加，可较原来短少1mm。相关单位应将从每一辆货车上拆下的施封环拴在一起，妥善保管，并建立登记、备查和销毁制度，保管期需满一年。

三、施封锁的检查与拆封

(1) 发现施封锁有下列情况之一的，即按失效处理。

1) 钢丝绳的任何一端可以自由拔出，锁芯可以从锁套中拔出。

2) 钢丝绳断开后再接，重新使用。

3) 锁套上无站名、号码，站名或号码不清、被破坏。

(2) 卸车单位在拆封前，应核对货物运单、货车装载清单或货票封套上记载的施封号码是否与施封锁号码一致，并检查施封是否有效。拆封时，操作人员应从钢丝绳处剪断，不得损坏站名、号码。对于拆下的施封锁，若有记录或涉及货运事故的，自卸车之日起，相关单位须保留180天备查。

步骤二　到站交接货物

一、整车货物的收货人到站交接货物

（1）施封的货车，凭封印交接。

（2）不施封的货车、棚车和冷藏车，凭车门窗关闭状态交接。敞车、平车、砂石车不苫盖篷布的，凭货物装载状态或规定标记交接；苫盖篷布的凭篷布现状交接。如承运人发出会同卸车通知时间超过2小时而收货人未到场，到站应制作铁路部门普通记录表证明封印状态或货车现状后，拆封、卸车（责任由收货人承担）。

二、零担货物收货人的收货

（1）由物流公司到车站与铁路部门进行货物的检查与交接。

（2）代理人按照托运人提供的收货人的收货地址及联系电话联系收货人，送货上门。

归纳总结

货物到达作业流程为：货物到达查询→货物到达领取→货物交接。

托运人在将货物托运后，将领货凭证寄交收货人。收货人接到领货凭证后，及时向到站联系货物到达情况。

承运人所运货物应在规定的运到期限内运至到站。货物实际运到日数超过规定的运到期限时，承运人应按所收运费的百分比向收货人支付违约金。

收货人领取货物时，必须凭领货凭证和相关证件到货运室办理货物领取手续。收货人为个人的，应提供本人证件（居民户口簿或身份证）；收货人为单位的，应提供由单位出具的所领货物和领货人姓名的证明文件及领货人本人身份证。

货物交接时，应先做好卸车前的检查，确认施封是否有效。当发生货运事故时，应将铅质封饼、施封环、施封锁与有关的货运单据一并保存，供划分责任参考。

整车货物的收货人到站交接货物，零担货物由物流公司到车站与铁路部门进行货物的检查与交接。

学德增信

前 4 个月中欧班列开行量和货物发送量同比分别增长 10%、11%

2024 年 1 月至 4 月，中欧班列累计开行 6 184 列，发送货物 67.5 万标准箱，同比分别增长 10%、11%。截至 2024 年 4 月底，中欧班列已累计开行超 8.9 万列，通达欧洲 25 个国家 223 个城市。

2024 年以来，中国国家铁路集团有限公司（以下简称国铁集团）认真贯彻中央经济工作会议精神，落实高质量共建“一带一路”八项行动关于中欧班列的部署，坚持共商共建共享原则，发挥国内和国际合作机制作用，持续推动中欧班列高质量发展。

一是通道能力持续扩充。持续开展中欧班列西安、重庆、义乌至格鲁吉亚波季、土耳其伊斯坦布尔南通道运输测试，成功开行乌鲁木齐至意大利萨莱诺跨里海、黑海中欧班列，中欧班列南通道运输组织日益成熟，1 月至 4 月经南通道累计开行中欧班列 12 列、同比增长 71%。

二是运输效能不断增强。与周边国家铁路部门加强合作，优化中欧班列跨境运输组织，合理匹配境内外列车编组方式，提升中欧班列运输效率，节约运输成本。积极开发欧洲回程高附加值货物，促进双向均衡运输。与海关、边检等部门加强沟通协调，积极推进铁路快速通关模式，协调境外铁路企业加大接车和换装力度，提升口岸运输效率和通关便利化水平，西通道、中通道、东通道口岸开行量同比分别增长 11%、14%、7%。

三是服务品质进一步提升。每周稳定开行 5 列西安与德国杜伊斯堡、成都与波兰罗兹间全程时刻表中欧班列；中欧班列客服中心敞开受理客户需求，面向境内外客户提供运单受理、货物追踪、信息咨询等服务；优化铁路箱境外还箱点布局，增加 16 个境外还箱点，较好地满足客户海外多样化用箱还箱需求。

中欧班列持续稳定高质量开行，保障了国际供应链稳定畅通，有力促进了中欧互联互通。国铁集团将聚焦服务高质量共建“一带一路”，不断提升中欧班列运行品质和效率，推动中欧班列朝着更高质量、更好效益、更加安全的方向发展，为促进我国外贸发展、服务高水平对外开放提供有力运输服务保障。

资料来源：中国国家铁路集团有限公司。

讨论准备：

1. 请同学们上网了解中欧班列开行的意义与影响。
2. 请同学们查阅湖北（武汉）地区中欧班列货运情况。

讨论题目：

1. 什么是中欧班列？
2. 中欧班列的线路通道有哪几条？
3. 中欧班列的发展现状、货物的品类、运输能力怎样？
4. 中欧班列（武汉）铁路口岸在哪里？

学思践行

“一带一路”倡议源于中国，机遇和成果属于世界。中欧班列作为“一带一路”建设的重要内容，始终遵循“共商、共建、共享”的原则，积极探索构建陆上贸易国际新规则，在优势互补中实现互利共赢。“一带一路”倡议所体现出的和平合作、开放包容、互学互鉴、互利共赢的丝路精神，是时代的发展需要，也是中国与世界共创和构建人类命运共同体的发展需要，对当代大学生具有重要的现实意义。

1. 请同学们上网了解有关“一带一路”的更多信息，结合学习内容谈谈你对“一带一路”建设意义的认识。

2. “一带一路”倡议能给作为大学生的我们带来哪些创业和发展机会？我们应做好哪些方面的准备？

同步实训

实训任务

有 5 000 箱纸箱装的洗涤液从武汉运输到北京，每箱重 15kg，每箱规格为 40cm×30cm×30cm，运输时间规定为 10 天内，请编制该任务的铁路运输方案并实施。

岗位：物流部铁路运输专员。

岗位职责：

（1）编制该任务的铁路运输方案；

（2）负责完成公司所有与铁路运输相关的业务；

（3）配合客户服务部完成客户服务工作；

（4）配合财务部完成运输费用的结算工作；

（5）了解铁路运输市场行情。

实训目的

通过本项目实施，分析铁路集装箱、棚车等主要运输工具的规格及装载要求，正确编制铁路运输方案。加深理解铁路货运业务办理流程，填写铁路运单，根据相关法则计算本次运输的运费。

实训准备

（1）分组：5 人一组。

（2）国内铁路货运单证一套。

（3）实训地点：物流实训室、实训基地。

实训步骤

（1）认识铁路运输：认识铁路运输的特点与种类、设施与设备，为进行铁路运输打好基础。

（2）铁路运输种类选择：根据本实训的运输任务，选择铁路运输种类，说明选择的过程与结果。

（3）铁路运输业务办理：办理本次铁路运输的请车、装车与卸车业务。

（4）铁路运单填写。

（5）运费核算：根据相关法则，计算本次运输的运费。

同步测试

一、单项选择题

1. 铁路机车的作用是（　　）。

A. 装运货物　　B. 装运旅客　　C. 机组人员休息　　D. 提供动力

2. 在铁路货物运输中核算制票时，使用的国家批准的专用发票是（　　）。

A. 运单　　B. 汇票　　C. 货票　　D. 支票

3. 以下是铁路通用货车的是（　　）。

A. 水泥车　　B. 保温车　　C. 漏斗车　　D. 家畜车

4. 以下是铁路专用货车的是（　　）。

A. 棚车　　B. 平板车　　C. 敞车　　D. 家畜车

5. 在铁路货物运输中，货物运输合同的责任终止时间是（　　）。

A. 票据交接完毕　　B. 货物卸车完毕

C. 运费缴交完毕　　D. 货物交付完毕

6. 铁路运输设备包括线路、车站、车辆、机车、（　　）五大部分。

A. 通信信号　　B. 岔道　　C. 铁轨　　D. 路标

7. 下列关于铁路整车运输的特点描述中，不正确的是（　　）。

A. 装载量大　　B. 运输费用高　　C. 运输速度快　　D. 承担运量大

8. 在铁路货物运输中，必须按整车托运的货物是（　　）。

A. 电视机　　B. 服装　　C. 汽车　　D. 煤炭

9. 铁路零担货物的一件体积最小不得小于（　　）立方米（一件重量在10千克以上除外）。

A. 0.01　　B. 0.02　　C. 0.03　　D. 0.05

10. 铁路货物运到逾期，铁路向收货人支付违约金，违约金的支付是根据________和________，按承运人所收运费的百分比进行支付的。（　　）

A. 预期天数；运到期限天数

B. 实际运到天数；逾期天数

C. 运到期限天数；实际运到天数

D. 逾期天数；逾期天数占运到期限天数的百分比

11. 零担货物和集装箱运输的货物，铁路车站从（　　）时即负保管责任。

A. 货物进站　　B. 收货完毕

C. 货物装车完毕　　D. 发站在运单上加盖日期戳

12. 下列属于铁路运输技术与装备的是（　　）。

A. 厢式货车　　B. 货运场站　　C. 信号设备　　D. 航道航线

13. 在国境站办理货物交接时，交付方必须编制（　　）。

A. 装货清单　　B. 货物交接单　　C. 货物装运单　　D. 货物变更单

14. 在国境站承办各种进出口物资的铁路发运、转运、联运、口岸交接、分拨、报检报关和大型集装箱的中转、拆箱和装箱等业务的机构是（　　）。

A. 国际联运交接所　　B. 海关

C. 边防检查站　　D. 中国外运分公司

二、多项选择题

1. 在大学阶段，培养优良的学风需要在（　　）上下功夫。

A. 创新　　B. 勤奋　　C. 严谨　　D. 求实

2. 铁路货票是（　　）。

A. 铁路运输货物的凭证　　B. 财务性质的票据

C. 承运货物的依据　　D. 交接运输的凭证

3. 铁路货运普通运价是（　　）。

A. 计算运费的统一运价

B. 计算运费的基本依据

C. 某些管内支线或地方铁路规定的运价

D. 国际联运货物的运费

4. 铁路货物装车前的检查包括（　　）。

A. 检查运单　　B. 检查货物　　C. 检查货车　　D. 检查货位

5. 铁路货物进站验收检查的内容主要有（　　）。

A. 货物的标记（货签）是否齐全、正确

B. 货物的名称、件数是否与货物运单的记载相符

C. 货物的状态是否良好

D. 货物的运输包装和标记是否符合规定

6. 在（　　）情况下，铁路承运人不受理货运合同的变更。

A. 违反国家法律、行政法规

B. 违反运输限制

C. 变更到站后的货物运到期限大于货物容许运输期限

D. 变更一批货物中的一部分

7. 铁路货物运输的主要特点包括（　　）。

A. 运输量大　　B. 受天气影响小

C. 运输成本低　　D. 适合于长距离运输

8. 铁路货物运输的组织方式有（　　）。

A. 整列运输　　B. 整车运输　　C. 零担运输　　D. 集装箱运输

9. 铁路货物运输的优点包括（　　），缺点包括（　　）。

A. 运输能力强，适合大宗货物运输

B. 运输成本低，经济性好

C. 灵活性较差，不适合短途运输

D. 受铁路线路限制，无法直接到达所有地点

10. 在铁路货物运输中，为确保货物安全，需要采取的措施包括（　　）。

A. 妥善包装　　B. 正确装载　　C. 加固货物　　D. 定期检查

三、简答题

1. 简述铁路货物运输的主要优势。

2. 什么是铁路货物运输的整车运输？

3. 什么是铁路货物运输的集装箱运输？

4. 在铁路货物运输中，什么是零担运输？它适用于哪些情况？

5. 铁路货物运输在绿色环保方面有哪些优势？

四、业务分析题

1. 某托运人从石家庄站托运一批易腐货物到南昌站，运价里程为 1 293 千米，途中不加冰，托运人在运单“托运人记载事项”栏目注明“容许运输期限 4 天”。石家庄站可否承运？为什么？运输期限为几天？货物运输费用是多少？

2. 某铁路货运站接收了一批货物，货物重量为 50 吨，需要从 A 站运输到 B 站，运价里程为 500 千米。假设这批货物属于铁路货物运输品名分类与代码表中的某一类别，对应的运价号为 4。通过查找铁路运输基准运价率表，找到运价号 4 对应的整车基价 1 和基价 2。假设基价 1 为 15 元/吨，基价 2 为 0.075 元/吨公里。请根据铁路货物运输费用的计算流程，计算这批货物的运费。

项目五
航空货物运输实务

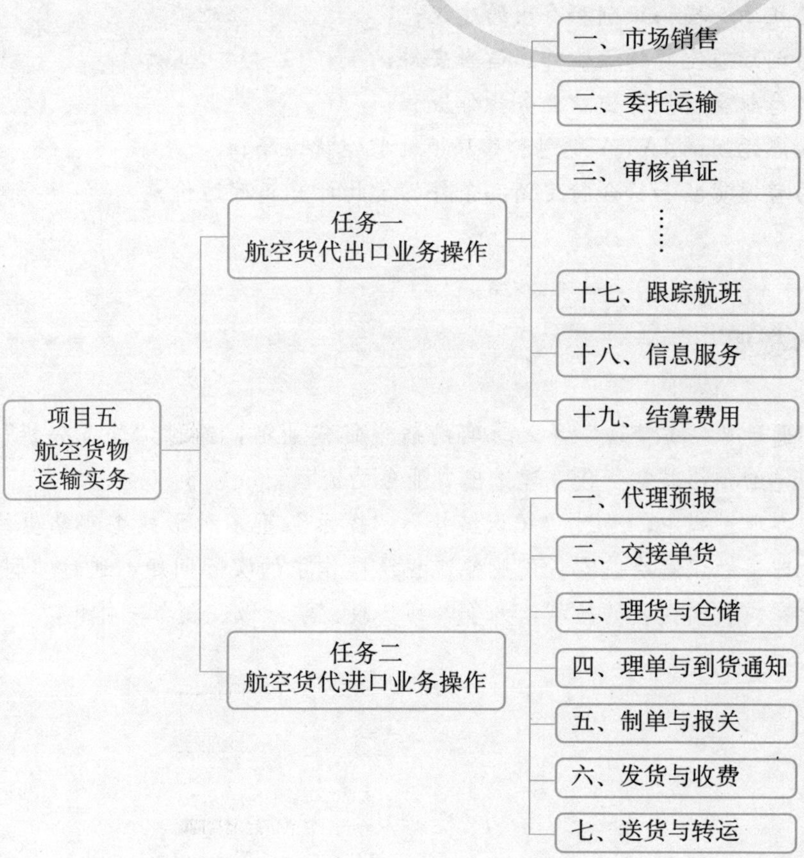

学习目标

素养目标

1. 了解我国倡导构建人类命运共同体，建立持久和平、普遍安全、共同繁荣、开放包容、清洁美丽的世界；
2. 培养包容互鉴、和而不同的价值观和国际化视野。

知识目标

1. 熟悉航空货代进出口业务操作流程；
2. 了解航空货代单证的填制；
3. 掌握航空货运运价确定和运费计算。

技能目标

1. 能够给托运人提供正确和有用的建议；
2. 能够为国际航空货物运输作出适当安排；
3. 能够熟悉航空货代进出口业务操作流程；
4. 能够按照适用的IATA规则和程序填开航空货运单；
5. 能够为普通货物和符合特定商品条件的货物计算正确运价。

内容提要

本项目通过“任务情境”导入真实的航空货代业务，通过“任务分析”提炼要点、理顺思路，详细介绍航空货代办理进出口业务的流程。

在业务办理过程中，通过“知识链接”“提示”等多种形式夯实学生的理论基础，通过必要的理论知识解决航空货代业务流程及操作中的实际问题，通过“同步测试”使学生能自主完成教学内容的检测，力争做到“教、学、做、测”一体化。

任务一
航空货代出口业务操作

任务情境

新希望物流公司总部位于深圳，在全国各中心城市（深圳、香港、广州、东莞、上海、北京、中山、佛山、宁波、天津、大连、青岛、厦门等）建立了自己的分公司和仓储基地。

● 主营范围：

（1）国际空运：设有深圳、广州、香港、上海、北京等往返航线。

1）门到机场服务＋目的港清关＋派送上门；

2）出口报关简易操作；

3）一级代理合作航空公司（包括固定舱位、包机）。

（2）国际快递：包括 DHL、UPS、TNT、EMS、FedEx、Aramex、香港小包、邮政包裹等，2～7 天通达世界各地。

1）不需要任何报关资料，仅凭装箱单和发票便可轻松出口；

2）能运输内置电池货物；

3）到中东 21 个国家，Aramex 比 DHL 更快、价格更低、清关更快。

（3）国际海运：深圳、广州、香港、上海、宁波、大连、青岛、厦门等地的分公司都是与船公司直接合作，性价比更高。

1）从深圳、广州、香港港口免单证包柜出货；

2）直接合作船公司有 COSCO（中远海运）、APL（美国总统轮船）、K-LINE（川崎汽船）、PIL（太平船务）、WHL（万海航运）等；

3）拥有 2 万平方米仓库和先进的电子仓储管理系统，新希望物流公司的仓库可完成装柜、封柜、验货等流程。

● 服务优势：

新希望物流公司专注于国际空运、国际海运、国际快递、目的地清关派送、报关、仓储、投保、拖车、物流配送等物流综合配套服务。

某日，新希望物流公司客服部员工张勇接到三家客户的业务咨询：

（1）深圳星灿外贸公司计划托运一批陶瓷样品到美国西雅图，这批陶瓷样品共 4 箱，每箱规格为 600mm×400mm×400mm，每箱重量为 30kg。

（2）深圳茶语有限公司计划托运一批茶叶到德国法兰克福，这批茶叶共 6 箱，每箱规格为 600mm×400mm×300mm，每箱重量为 15kg。

（3）深圳信科电子科技有限公司计划托运一批电子产品到新疆乌鲁木齐，这批电子产品共 5 箱，每箱规格为 530mm×230mm×290mm，每箱重量为 20kg。

任务分析

新希望物流公司在接到客户的业务咨询后，与客户达成货物委托代理协议，顺利地将这些货物交由合作的航空公司承运，完成货物的出口代理业务流程及操作。本任务的具体要求包括以下几个方面：

（1）熟悉公司航空货物的委托代理业务范围及委托代理流程；

（2）能够与客户洽谈；

（3）准确为客户选择航空货运方式；

（4）指导客户正确填写航空货物委托书；

（5）熟悉航空货代出口业务操作流程；

（6）掌握航空公司配舱配载业务知识；

（7）能够根据航空货运运价规则熟练地计算航空运费；

（8）能够及时与客户沟通信息、反馈意见。

航空货代出口业务流程见图 5-1。

图 5-1　航空货代出口业务流程

任务实施

本任务的教学实施既可以组织学生到航空货代企业进行现场观摩学习，也可以在学校的实训室进行业务流程的模拟。教师将学生分组，由每组成员进行角色分配，分别代表客户、航空货代企业客服部员工、操作部员工、仓管部员工、航空公司、海关等，要求提前准备好航空货运过程中的相关模拟单证。

流程一　市场销售

在航空货物运输业务的开展过程中，为什么会出现航空货运代理（简称空代）？它的出现会给各方带来什么好处？

（1）从航空公司的角度来看，空代的存在使航空公司能够更好地致力于自身主业，无须负责处理航运前和航运后繁杂的服务项目；

（2）从货主的角度来看，空代的存在可使货主不必花费大量的精力熟悉复杂的空运操作流程；

（3）空代在办理航空货运方面具有无可比拟的优势。

动画：

航空货代市场销售话务模拟

知识链接

一、航空货运代理的客户开发

由于积极承揽货物是航空货运代理业务的核心，因此航空货运代理公司会想方设法进行市场销售和客户开发。业务开展得较好的航空货运代理公司一般都有相当数量的销售人员从事销售工作。

从营销战略的角度来看，航空货运代理公司要对整个区域经济的发展有充分的了解，了解哪些行业的产品适合空运；从发展趋势进行潜在市场分析，了解城市的经济发展规划，该区域会增加哪些高科技企业，这些企业适合于航空运输的产品将在本公司货运量中占多少份额、本公司货运量在该区域的占比，充分分析市场的情况。

从市场营销人员的角度来说，市场营销人员不仅要熟悉本公司的业务流程，而且能够在变化的市场中迅速把握时机。

在具体操作时，市场营销人员需及时向出口单位介绍本公司的业务范围、服务项目、各项收费标准，特别是向出口单位介绍优惠运价和本公司的服务优势等。

（一）空运询价八要素

货主向航空货运代理公司询价时，航空货运代理公司必须了解以下几方面的情况：

（1）品名（是否为危险品）；

（2）重量（涉及收费）、体积（尺寸大小及是否为轻泡货）；

(3) 包装（是否为木箱，有无托盘）；
(4) 目的机场（是否为基本点）；
(5) 要求时间（直飞或转飞）；
(6) 要求航班（各航班服务及价格差异）；
(7) 提单类别（主运单及分运单）；
(8) 所需运输服务（报关方式、代办单证、是否清关派送等）。

(二) 航空货物收运限制

1. 价值限制

(1) 每次班机装载的货物总价值不得超过600万美元；
(2) 每次班机装载的贵重物品总价值不得超过300万美元；
(3) 每份运单上货物的声明总价值不得超过10万美元。

2. 重量和体积限制

(1) 窄体飞机承运的散装货物一般不超过150千克/件；
(2) 货物体积一般应不小于20厘米×15厘米×5厘米；
(3) 可装P1P板的飞机的舱门高度限制为164厘米，可装P6P板的飞机的舱门高度限制为294厘米。

3. 其他方面的限制

(1) 文件提供不齐全；
(2) 航空公司机型限制；
(3) 超出公司经营范围；
(4) 目的港无运输代理，无法操作；
(5) 成本太高，无利可图。

二、航空货运代理当事人

航空货运代理涉及的当事人主要有：发货人、收货人、航空公司和航空货运代理公司。航空货运代理当事人的责任划分见图5-2。

三、航空货运代理的业务范围

(1) 揽货、订舱（含租船、包机、包舱）、托运、仓储、包装；
(2) 货物的监装、监卸，集装箱的拆箱、分拨、中转及相关的短途运输服务；
(3) 报检报关、报验、投保；
(4) 缮制并签发有关单证，交付运费，结算及交付杂费；
(5) 国际展品、私人物品及过境货物运输代理；
(6) 国际多式联运、集运（含集装箱拼箱）；
(7) 国际快递（不含私人信函）；
(8) 咨询及其他相关国际货运代理业务。

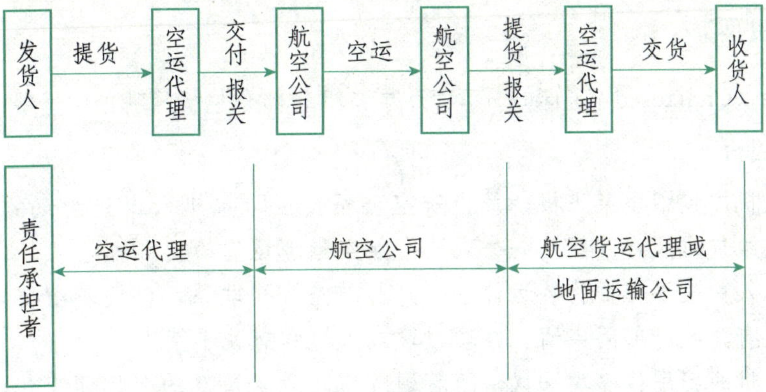

图 5-2　航空货运代理当事人的责任划分

但是，这些并不是每家航空货运代理公司都具有的业务范围。由于各家航空货运代理公司的具体情况不同，因此经商务主管部门批准的航空货运代理的业务范围也有所不同。

流程二　委托运输

步骤一　现场接待客户

经过前一天的沟通，深圳星灿外贸公司运输部王亚平来到新希望物流公司，客服部张勇接待了他。王亚平就货物的承运方式和运输时间进行了详细咨询，并现场办理了相关事宜。

◎ 知识链接

航空货物承运方式主要有班机运输、包机运输、集中托运、航空快递等几种。以下介绍前三种方式。

一、班机运输

班机运输的特点包括以下几个方面：

(1) 由于班机固定航线、固定停靠港和定期开航，因此国际货物流通多使用班机运输方式，能够安全、迅速地到达世界各地通航城市和机场。

(2) 有利于收、发货人确切掌握货物启运和到达的时间，这对市场上急需的商品、鲜活易腐货物及贵重商品的运送是非常有利的。

(3) 由于班机运输一般是客货混载，舱位有限，因此不能使大批量的货物及时出运，往往需要分期分批运输。这是班机运输的不足之处。

为了弥补货运运力的不足，大型航空公司会在繁忙航线上开辟定期的货运航班，使用全货机（All Cargo Carrier）运输。

二、包机运输

包机运输（Chartered Carrier）可分为整包机和部分包机两种。

（一）整包机

（1）整包机即包租整架飞机，是指航空公司按照与包机人事先约定的条件及费用，将整架飞机租给包机人，以便从一个或几个航空港装运货物至目的地。

（2）包机人一般要在货物装运前一个月与航空公司联系，以便航空公司安排运载并向起降机场及有关政府部门申请、办理过境或入境的有关手续。

（3）整包机的费用：一次一议，随着国际市场供求情况的变化而变化。原则上，整包机是按每一飞行千米固定费率核收费用，并按每一飞行千米费用的80%收取空放费。因此，大批量货物使用整包机时，均要争取来回程都有货载，这样费用比较低；反之只使用单程运输，费用比较高。

（二）部分包机

（1）由几家航空货运代理公司或发货人联合包租一架飞机，或者由航空公司将一架飞机的舱位分别卖给几家航空货运代理公司装载货物的运输方式，即部分包机。部分包机适合运送货量在1吨以上，但不足装一整架飞机的货物。

（2）部分包机与整包机的比较：

1）部分包机的耗时比整包机的耗时长，尽管部分包机有固定时间表，但往往因其他原因不能按时起飞。

2）各国政府为了保护本国航空公司的利益，常对从事部分包机业务的外国航空公司实行各种限制。如部分包机的活动范围比较狭窄、降落地点受到限制。当包机需降落非指定地点外的其他地点时，航空公司一定要向当地政府有关部门申请，经有关部门同意后飞机才能降落。

动画：航空货运集中托运操作

三、集中托运

（一）集中托运的定义

集中托运是指航空货运代理公司（或拼箱公司）将若干批单独发运的货物组成一批向航空公司办理托运，填写一份主运单将货物发运到同一目的站，然后由航空货运代理公司（或拼箱公司）在目的站的代理人负责收货、报关，并将货物分拨交给各收货人的一种运输方式。航空集中托运服务过程见图5-3。

航空运输的运费按不同重量标准确定不同运费率，运量越多，费率越低。例如：有10批货物空运至美国芝加哥，每批为20千克，如单批发运，运价为每千克人民币19.34元，若将此10批货物集中托运，开列一张运单，按200千克级发运，运价仅为每千克人民币13.69元。因此，航空货运代理公司通过集中托运方式可争取较低的运价，在航空运输中

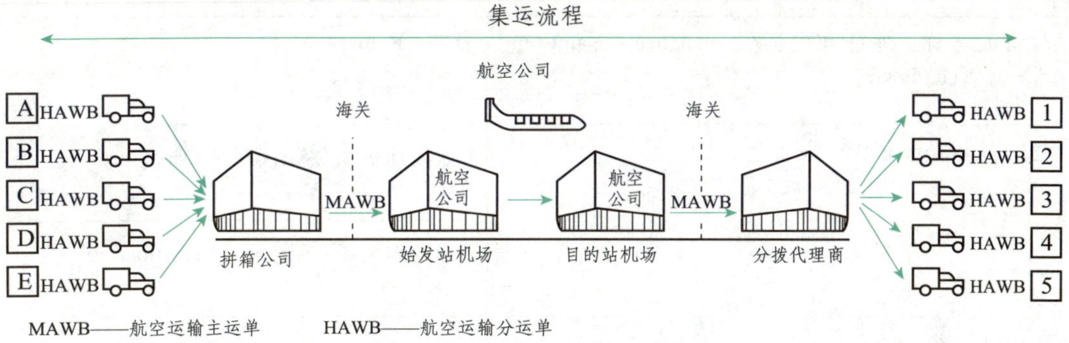

图 5-3　航空集中托运服务过程

使用较为普遍，是航空货运代理公司的主要运输方式之一。

（二）集中托运的具体做法

（1）将每一票货物分别制定航空运输分运单（House Air Waybill，HAWB），即出具货运代理公司的运单。

（2）将所有货物区分方向，按照目的地相同的同一国家、同一城市来集中，制定航空运输主运单（Master Air Waybill，MAWB）。主运单的发货人和收货人均为航空货运代理公司。

（3）打出该主运单项下的货运清单（Manifest），即此主运单有几份分运单，号码各是什么，其中件数、重量各多少等。

（4）将该主运单和货运清单作为一整票货物交给航空公司。一份主运单可视货物具体情况随附分运单（既可以是一份分运单，也可以是多份分运单），如一份主运单内有10份分运单，说明此主运单内有10票货，发给10个不同的收货人。

（5）货物到达目的站机场后，当地的货运代理公司作为主运单的收货人负责接货、分拨，按不同的分运单制定各自的报关单据并代为报关，为实际收货人办理有关接货事宜。

（6）实际收货人在分运单上签收以后，目的站货运代理公司以此向发货的货运代理公司反馈到货信息。

步骤二　填写委托书

深圳星灿外贸公司运输部王亚平决定将这票货物的航空运输代理交由新希望物流公司来做。于是，新希望物流公司客服部张勇拿出公司的一份国际货物托运书（见表 5-1），并现场指导王亚平填写。

表 5-1　国际货物托运书

* 托运人名称、地址和电话/ Shipper's Name and Address/Telephone	**新希望物流公司** 总公司地址：深圳市福田区福杨路凯乐广场A座27楼 电话（传真）：0755-86174868 热线：4000-5656-80

续表

<table>
<tr><td colspan="4">* 收货人名称、地址和电话/ Consignee's Name and Address/Telephone</td><td colspan="3">备注/ Remark</td></tr>
<tr><td colspan="4" rowspan="2">* 通知人/Notify Party</td><td colspan="3">* 始发地机场/ Airport of Departure</td></tr>
<tr><td colspan="3">* 目的地机场/ Airport of Destination</td></tr>
<tr><td>* 货物品名
Description of goods</td><td>* 件数
No. of packages</td><td>* 毛重
G. W.</td><td>* 体积
Measurement</td><td>* 运价种类
Types of freight</td><td>* 计费重量
Chargeable weight</td><td>唛头
Marks</td></tr>
<tr><td></td><td></td><td></td><td></td><td></td><td></td><td></td></tr>
<tr><td>* 收费明细
Charge list</td><td colspan="4">运费（含燃油/地勤/保险）：　报关费：
提单费：　短途运费：</td><td colspan="2">AAMS：　检验检疫费：
叉车费：　单证费：
其他：</td></tr>
<tr><td>* 付款方式
Payment</td><td colspan="2">预付/Prepaid
（请注明支付方式）</td><td colspan="2">到付/Collect
代收金额：
外币汇率：</td><td colspan="2">月结合同号：</td></tr>
<tr><td>* 操作要求
Other requirements</td><td colspan="6">□上门提货　□货送机场　□随机文件
时间：
提货地址：</td></tr>
<tr><td colspan="7">托运人声明：
1. 我公司/本人确认以上所填各项均正确、属实，货物符合国家海关及承运人的有关规定。我公司/本人愿对此负责。
2. 我公司/本人同意遵守国际货物运输公约的有关规定。
3. 如发生收货人拒提货物之事，我公司/本人愿承担所有由此产生的费用，包括运费、地面费用、清关费及仓租等。
4. 如收货人拒付运费（在运费到付时），我公司/本人愿在 5 日内付清全部运费及有关费用。

* 托运人公章 Shipper's chop　* 签字 Signature　* 日期 Date</td></tr>
<tr><td colspan="7">以下由代理公司填写：</td></tr>
<tr><td colspan="2">* 揽货员签字
Signature</td><td colspan="2">* 日期
Date</td><td colspan="2">* 操作员签字
Signature</td><td>* 日期
Date</td></tr>
</table>

注：带"*"为必填项目。

◎ 知识链接

国际货物托运书的填制规范：

（1）托运人名称、地址和电话：填写托运人的全称、街名、城市、国家名称、电话、传真号。

提示：1）集中托运时的托运人为货运代理人；直接托运时的托运人为货主。

2）有时承运人要求托运人提供账号，以便在收货人拒付运费时向托运人索赔。

3）在信用证结汇方式下，托运人一般按信用证的受益人内容填写。

4）托运危险货物时，托运人必须填写实际托运人，航空公司不接受货运代理人托运。

例如：对于危险货物或隐含危险性质货物，必须由发货人填报危险货物申报单，直接向航空公司申请托运，并在航空公司接受货物的情况下运输。

(2) 收货人名称、地址和电话：填写收货人的全称、街名、城市、国家名称、电话、传真号。

提示：1）本栏不得填写“TO ORDER”或“TO ORDER OF SHIPPER”等字样。

2）集中托运时的收货人为货运代理人海外代理；直接托运时的收货人为实际收货人。

3）承运人一般不接受一票货物有两个或两个以上收货人。如果实际上有两个或两个以上收货人，本栏填第一收货人，通知人栏填第二收货人。

(3) 始发地机场：填写始发站机场的名称，用英文全称或三字代码。

提示：1）在始发站机场全称不清楚的情况下，允许填写始发站所在城市名称。

2）与不同国家的其他城市同名的，还需要填写国家名称。

3）同一城市的不同机场，需要填写机场名称。

(4) 目的地机场：填最后目的地机场名称或三字代码。

提示：1）按国际航空运输协会（IATA）规定的机场代码填报。

2）机场名称不明确时，可填城市名称。

3）标签上的卸货港机场代码与托运单上目的地机场代码必须一致。

(5) 货物品名：填写货物的具体名称。

提示：1）不得填写表示货物类别的名称，应填货物品名、数量、体积、产地等细节。

2）危险品、鲜活易腐货，应分别填写其标准的学术名称。

(6) 件数：填写货物的件数。

提示：货物运价种类不同时，应分别填写，并将总件数相加，包装种类用PACKAGES。

(7) 毛重：填写货物的实际毛重，用代码“kg”表示千克。

提示：1）以千克为单位时，保留小数后一位，并按0.5进位。

2）多项货物时，在画线下方对应栏内打上毛重之和。

(8) 体积：以货物包装的最长、最宽、最高来计算，单位以立方厘米（cm^3）表示。

(9) 运价种类：填写所采用的运价种类的代号。

M——最低运价；

N——45千克以下普通货物运价；

Q——45千克及以上普通货物运价；

C——指定商品运价；

R——附加运价；

S——附减运价。

(10) 计费重量：填写据以计收航空运费的货物重量。

提示：1）当货物是重货时，计费重量可以是货物的实际毛重。

2）当货物是轻泡货时，计费重量可以是货物的体积重量。

3）当货物临近重量分界点时，可以是较高重量、较低运价的分界点重量。

（11）收费明细：按实际产生的费用据实填写。

（12）付款方式：从预付、到付、月结三种方式中选择一种。

（13）托运人公章、签字：由托运人或其他代理人盖章、签字。

流程三　审核单证

在王亚平填写完国际货物委托书后，客服部张勇审核托运书和深圳星灿外贸公司提供的其他单证。

◎ 知识链接

在接受托运人委托后，航空货运代理公司通常会指定专人对国际货物托运书进行审核，审核重点是价格和航班日期。同时，审核人员应认真核对其他单证，查看单证是否齐全，内容填写是否完整、规范。

需要审核的单证主要包括：

（1）发票、装箱单：发票上一定要加盖公司公章，标明价格术语和货价。

（2）国际货物托运书：一定要注明目的地机场名称或目的地机场所在城市名称，明确运费预付或运费到付、货物毛重、收发货人、电话/传真，托运人签名。

（3）报关单：注明经营单位注册号、贸易性质、收汇方式，并要求在申报单位处加盖公章。

（4）外汇核销单：在出口单位备注栏内，一定要加盖公司公章。

（5）许可证：合同号、出口口岸、贸易国别、有效期一定要符合要求，并与其他单据相符。

（6）商检证：商检放行单、盖有商检放行章的报关单均可。

（7）进料/来料加工核销手册：注意手册上的合同号是否与发票号相符。

（8）索赔/返修协议：要求提供正本、合同双方盖章，一方没章时可以签字。

（9）到付保函：凡到付运费的货物，发货人都应提供保函。

（10）关封。

审核后，审核人员必须在国际货物托运书上签名并注明日期以示确认。

流程四　预配舱

航空货运代理公司汇总所接受的委托和客户的预报，并输入电脑，计算出各航线的件数、重量、体积，按照客户的要求和货物重、泡情况，根据各航空公司的不同机型对不同板箱的重量和高度要求制定预配舱方案，并为每票货配上运单号。

国际航空运输协会规定，体积过大而重量过轻的货件应按照体积空间计算运费，也就是体积重量（Volume Weight）。在这种情况下，我们必须将货件的体积按照国际通用的公式转换成体积重量，然后将体积重量与货件的实际重量相比较，取较重者作为计费重量来计算运输费用。

体积重量的计算方式如下：

（1）不考虑货件的几何形状，分别测量出货件的长、宽、高，单位以厘米（cm）计算。

（2）将货件的长、宽、高相乘，得出货件的体积。

（3）将体积折合成千克，即根据所使用不同的度量单位分别用体积除以 6 000 立方厘米每千克（若为立方英寸则除以 166 或 366，得磅或千克）。其计算公式为：

以千克为单位的体积重量＝长（cm）×宽（cm）×高（cm）/6 000

所有航空货运代理公司都会对发出的每一票货件计算体积重量，然后将体积重量与货件的实际重量进行比较，取两者中较重的一个作为计费重量。

体积重量尾数的处理方法与毛重尾数的处理方法相同，以 0.5kg 为最小单位，重量尾数不足 0.5kg 的，按 0.5kg 计算；0.5kg 以上不足 1kg 的，按 1kg 计算。例如：体积重量计算值为 103.001kg，则取 103.5kg；体积重量计算值为 103.501kg，则取 104.0kg。

流程五　预订舱

航空货运代理公司根据所制定的预配舱方案，按照航班、日期打印主运单号、件数、重量、体积，向航空公司预订舱。在预订舱环节，因为货物可能还没有入仓库，预报与实际的件数、重量、体积等都可能会有差别，这些留待配舱时再进行调整。

流程六　接受单证

航空货运代理公司接受托运人或其代理人送交的已经审核确认的国际货物托运书及报送单证和收货凭证，将收货记录与收货凭证核对，制作操作交接单，填写所收到的各种报关单证份数，给每份交接单配一份主运单或分运单，将制作好的交接单、配好的主运单或分运单、报关单证移交给制单人员。

如果此时货物未到或未全到，可以按照国际货物托运书上的数据填入交接单并注明，待货物到齐后再修改。

流程七　填制航空货运单

填制航空货运单（见表 5－2）是航空货代出口业务中最重要的环节之一，航空货运单填写得准确与否直接关系到货物能否及时、准确地运达目的地。航空货运单是发货人收结汇的主要有价证券。

表 5-2 航空货运单

999		999 -
Shipper's Name and Address	Shipper's Account Number	Not Negotiable Air Waybill Issued by
		Copies 1, 2 and 3 of this Air Waybill are originals and have the same validity.
Consignee's Name and Address	Consignee's Account Number	It is agreed that the goods described herein are accepted for carriage in apparent good order and condition (except as noted) and subject to the conditions of contract on the reverse hereof. All goods may be carried by and other means including road or any other carrier unless specific contrary instructions are given hereon by the shipper. The shipper's attention is drawn to the notice concerning carrier's limitation of liability. The shipper may increase such limitation of liability by declaring a higher value for carriage and paying a supplemental charge if required.
Issuing Carrier's Agent Name and City		Accounting Information
Agent's IATA Code	Account No.	
Airport of Departure (Addr. of First Carrier) and Requested Routing		

To	By First Carrier	Routing and Destination	to	by	to	by	Currency	CHGS Code	WT/VAL PPD	WT/VAL COLL	Other PPD	Other COLL	Declared Value for Carriage	Declared Value for Customs

Airport of Destination	Flight/Date		Amount of Insurance	INSURANCE If Carrier offers insurance, and such insurance is requested in accordance with the conditions thereof, indicate amount to be insured in figures in box marked "Amount of Insurance".

Handling Information

No. of Pieces RCP	Gross Weight	Kg lb		Rate Class Commodity Item No.	Chargeable Weight	Rate Charge	Total		Nature and Quantity of Goods (incl. Dimensions or Volume)

Prepaid	Weight Charge	Collect	Other Charges
	Valuation Charge		
	Tax		
	Total other Charges Due Agent		Shipper certifies that the particulars on the face hereof are correct and that insofar as any part of the consignment contains dangerous goods, such part is properly described by name and is in proper condition for carriage by air according to the applicable Dangerous Goods Regulations.
	Total other Charges Due Carrier		Signature of Shipper or his Agent

Total Prepaid	Total Collect		
Currency Conversion Rates	CC Charges in Dest. Currency	Executed on (date) at (place) Signature of Issuing Carrier or its Agent	
For Carrier's Use only at Destination	Charges at Destination	Total Collect Charges	999 -

填制航空货运单的主要依据是发货人提供的国际货物托运书。航空货运单一般用英文填写，目的地为中国香港地区的货运单可以用中文填写，但货物的品名一定要用英文填写。国际货物托运书上的各项内容都应体现在航空货运单上，如发货人和收货人的全称、详细地址、电话、传真和账号，出口货物的名称、件数、重量、体积、包装方式，承运人和代理人的名称和城市名称，始发地机场和目的地机场等。

对于已事先订舱的货物和运费到付的货物，航空货运单上还要注明已订妥的航班号、航班日期。对于运输过程中需要特殊对待的货物（如需冷藏、保持干燥），应在航空货运单“Handling Information”栏中注明。

按体积重量计算运费的货物，在航空货运单上的货物品名栏中需注明体积、尺寸。对于托运人提供的货物合同号、信用证号码等，如有必要应在航空货运单上注明。因打字错误或其他原因需要修改航空货运单时，应在更改处加盖公司修改章。

货物的实际重量以航空公司的称重重量为准。重量单位一般以千克来表示。

所托运货物，如果是直接发给国外收货人的单票托运货物，填开航空公司货运单即可；如果属于以国外代理人为收货人的集中托运货物，必须先为每票货物填开航空货运代理公司的分运单，然后填开航空公司的主运单，以便国外代理人对主运单下的各票货物进行分拨。

相对应的几份分运单件数应与主运单件数相符合。主运单下有几份分运单时，需制作航空货物清单。

最后制作航空货代出口业务日报表，供制作标签用。

◎ 知识链接

一、航空主运单

凡由航空公司签发的航空货运单称为航空主运单。它既是航空公司据以办理货物运输和交付的依据，也是航空公司和托运人订立的运输合同。每一批航空运输的货物都有相对应的航空主运单。

二、航空分运单

集中托运人在办理集中托运业务时签发的航空货运单称为航空分运单。在集中托运的情况下，除了航空公司签发航空主运单外，集中托运人还要签发航空分运单。航空分运单作为集中托运人与托运人之间的货物运输合同，合同双方分别为货主和集中托运人；而航空主运单作为航空公司与集中托运人之间的货物运输合同，合同当事人为集中托运人和航空公司。货主与航空公司没有直接的契约关系。

由于在启运地由集中托运人将货物交付航空公司，在目的地由集中托运人或其代理从航空公司处提取货物，再转交给收货人，因此收货人与航空公司也没有直接的货物交接关系。

【练一练】

一票货物从北京首都国际机场运往香港国际机场，没有供运输用的声明价值，托运人也没有办理货物运输保险。本票货物运费预付，货物毛重为 285kg，计费重量为 350kg。请根据上述信息填制一份航空货运单。

流程八　接收货物

接收货物是指航空货运代理公司将即将发运的货物从托运人手中接过来并运送到自己的仓库。接收货物一般与接单同时进行。接货时，双方应办理货物的交接、验收手续，进行过磅称重和丈量，并根据发票、装箱单或送货单清点货物，核对货物的数量、品名、合同号或唛头等是否与航空货运单上所列一致，检查货物的外包装是否符合运输要求。

流程九　标记和标签

一、标记

标记是在货物外包装上由托运人书写的有关事项和记号，包括托运人、收货人的姓名、地址、联系电话、传真、合同号、操作（运输）注意事项等。

二、标签

（一）按标签的作用分类

按标签的作用，标签可分为识别标签、特种货物标签和操作标签。

1. 识别标签

识别标签（见图 5－4）是主要用于说明货物的货运单号码、件数、重量、始发站、目的站、中转站的一种运输标志，分为挂签和贴签两种。

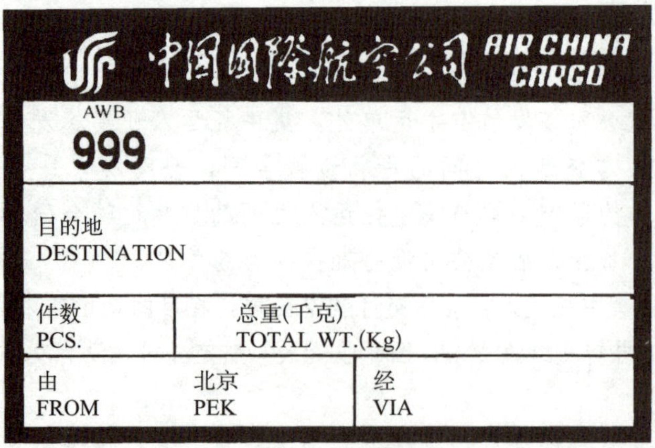

图 5－4　识别标签

使用要求：

（1）在使用标签之前，应清除所有与运输无关的标记与标签；

（2）体积较大的货物需对贴两张标签；

（3）袋装、捆装、不规则包装除使用两个挂签外，还应在包装上写清货运单号码和目的站。

【提示】

对于集中托运货物，要在每一件货物上贴上识别标签，在识别标签上要特别注明主运单号码和分运单号码。集中托运货物识别标签见图 5－5。

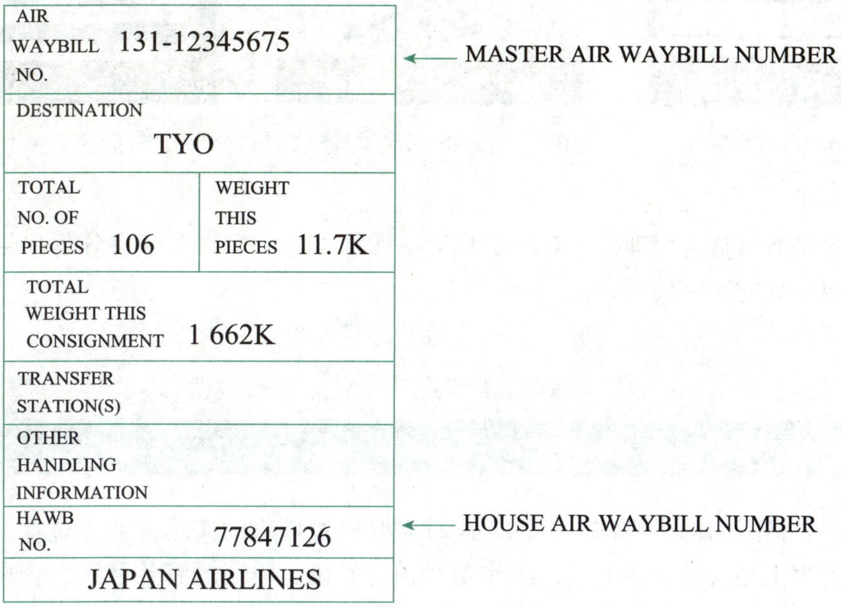

图 5－5　集中托运货物识别标签

2. 特种货物标签

特种货物标签是说明特种货物性质的各类识别标志，分为活动物标签（见图 5－6）、危险品标签和鲜活易腐货物标签（见图 5－7）。

3. 操作标签

操作标签是说明货物储运注意事项的各类标志（见图 5－8）。

（二）按标签的类别分类

按类别的不同，标签可分为航空公司标签和分标签两种。

1. 航空公司标签

航空公司标签上的前 3 位阿拉伯数字表示承运航空公司的代号，后 8 位数字是主运单号码。

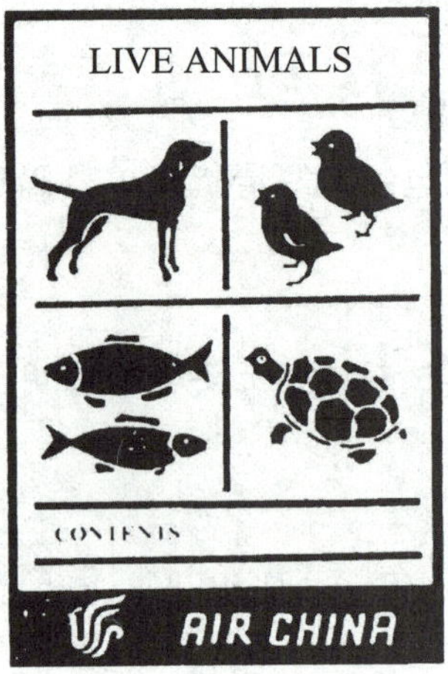

图 5-6 活动物标签

图 5-7 鲜活易腐货物标签

图 5-8 操作标签

2. 分标签

分标签是航空货运代理公司对所出具标签的标识，分标签上应有分运单号码和货物到达城市或机场的三字代码。

一件货物贴一张航空公司标签，有分运单的货物再贴一张分标签。

流程十 配舱

配舱时，需运出的货物都已入库。这时需要核对货物的实际件数、重量、体积与国际货物托运书上预报数量的差别；应注意对预订舱位、板箱的有效利用、合理搭配，按照各航班机型、板箱型号、高度、数量进行配载。

同时，对于晚到货物、未到货物及未能顺利通关放行的货物，应作出调整和处理，为制作配舱单作准备。实际上，这一过程一直延续到单、货交接给航空公司后才完毕。

流程十一 订舱

订舱是航空货运代理公司将所接收空运货物向航空公司正式提出申请并订妥舱位。航空货运代理公司订舱时需根据发货人的需求和货物特点而定。一般来说，对于大宗货物、紧急货物、鲜活易腐货物、危险品、贵重物品等，航空货运代理公司必须预订舱位；对于非紧急的零散货物，可以不预订舱位。

订舱的具体做法和基本步骤是：航空货运代理公司接到发货人的发货预报后，向航空公司吨控部门领取并填写订舱单，同时提供相应的信息，包括货物的名称、体积（必要时提供单件尺寸）、重量、件数、目的地、要求出运时间，其他运输要求（温度、装卸要求、货物到达目的地时限等）。航空公司应根据实际情况安排舱位和航班。航空货运代理公司订舱时，可依照发货人的要求选择航线和承运人，同时为发货人争取最低、最合理的运价。

航空货运代理公司为了争取最合理的运价，必须掌握每家航空公司、每条航线、每个航班甚至每个目的机场的运价和航班的日期信息。航空货运代理公司要优先选择本国、本地区的航空公司，优先选择全程均可承运的承运人。如果最后一程或两程航班为新的承运人，须先征得一程承运人的确认。

在订舱过程中，航空货运代理公司要与货主保持密切联系，订舱前就航班选择、运价情况要先征求货主同意，订舱后要及时向货主通知航班及相关信息，以便货主及时备单、备货。

订舱后，航空公司应签发舱位确认书（舱单）和装货集装器领取凭证，以表示舱位已订妥。

航空货运代理公司缮制的单据为国际货物订舱单（见表 5－3）。

表 5－3　国际货物订舱单

<table>
<tr><td colspan="4">Shipper（Full Name &Address）（订舱托运人）：

TEL：　　　　FAX：　　　　联系人：</td><td colspan="2" rowspan="2">新希望物流公司
Tel：0755-86174868
Fax：0755-86174868
操作：Tel：0755-
　　　Fax：0755-</td></tr>
<tr><td colspan="4">Consignee（收货人）：</td></tr>
<tr><td colspan="4">Notify Party（通知人）：</td><td colspan="2">Freight & Charges（运费与附加费）
□PREPAID　　□COLLECT
运费预付　　运费到付</td></tr>
<tr><td>Carrier（承运人）：</td><td colspan="3">From（Airport of departure）
始发地机场：</td><td colspan="2">Type of Service Required
□IATA（Direct）　□Consolidator
□Charter</td></tr>
<tr><td colspan="2">To（Airport of destination）：
目的地机场：</td><td colspan="2">Airline Counter-Signature：

□YES　　□NO</td><td>Export licence No.：
许可证号</td><td>C. O. No.：
原产地证号</td></tr>
<tr><td>Country of origin
来源地</td><td colspan="2">Shipper's C. O. D.
代收金额</td><td>Insurance amount
保险金额</td><td>Declared value for carriage 运输金额</td><td>Declared value of Customs 报关金额</td></tr>
<tr><td>Marks & Nos.
（唛头）</td><td colspan="3">Number and Kind of Packages & Description of Goods
（件数及包装种类与货名）</td><td>Gross Weight（Kg）
毛重（千克）</td><td>Measurement（CBM）
尺码（立方米）</td></tr>
<tr><td></td><td colspan="3"></td><td></td><td></td></tr>
</table>

续表

<table>
<tr><td colspan="3">订舱时请在委托书上写明美元、人民币、运价并盖章，多谢合作！</td></tr>
<tr><td colspan="3">Documents to accompany air waybill or house air waybill 随附单据文件
Packing List 装箱单□　Commercial Invoice 发票□　Certificate of Origin 原产地证书□
Others 其他□</td></tr>
<tr><td rowspan="2">附加条款及注意事项</td><td rowspan="2">1. 此单上所填货物品名和货物运输声明与实际交运货物品名和货物实际价值完全一致，并对所填订舱单和所提供的与运输有关文件的真实性和准确性负责。
2. 货物经订舱后，由于托运单填写错误、资料不全、或托运人的其他原因造成货物不能及时出运、运错目的地、运单错误不能提货等而产生一切责任、风险、费用，一概由托运人承担。
3. 如货物在运输途中被罚没或因其他原因而退运、放弃、拒收，托运人均保证支付运费（包括在目的地发生的费用）。
4. 托运人填报本单，即表示已接受以上附加条款。</td><td>订舱/付货人盖章/签字：

日期：</td></tr>
<tr><td>订舱审核：

签字：</td></tr>
</table>

流程十二　出口报关

出口报关是指发货人或其代理人在货物发运前，向出境地海关办理货物出口手续的过程。

出口报关的基本程序为：

（1）将发货人提供的出口货物报关单的各项内容输入电脑系统，即预录入；

（2）在通过电脑系统填制的报关单上加盖报关单位的报关专用章；

（3）将报关单与有关的发票、装箱单和运单放在一起，并根据需要随附有关的证明文件；

（4）以上报关单证齐全后，由持有报关证的报关员正式向海关申报；

（5）海关审核无误后，海关关员即在用于发运的运单正本上加盖放行章，同时在出口收汇核销单和出口报关单上加盖放行章，在发货人用于产品退税的单证上加盖验讫章，贴上防伪标志；

（6）完成出口报关手续。

流程十三　编制出舱单

配舱方案制定后就可着手编制出舱单，包括出舱单的日期、承运航班的日期、装载板箱形式及数量、货物进舱顺序编号、主运单号码、件数、重量、体积、目的地三字代码和备注。出舱单交给出口仓库，用于制订出库计划，出库时点数并进行装板箱交接。

出舱单交给装板箱环节，既是向出口仓库提货的依据，也是制作国际货物交接清单的依据。该清单用于向航空公司交接货物，同时可用于外拼箱。

航空货运代理公司缮制单据：填写出舱单，制作国际货物交接清单。

流程十四 提板箱、装板箱

除特殊情况外，航空货运代理公司均是以集装箱、集装板形式装运。航空货运代理公司应根据订舱计划向航空公司申领板箱并办理相应的手续。提板箱时，应领取相应的塑料薄膜和网。对使用的板箱要登记、销号。

货物装箱装板的注意事项包括以下几个方面：

（1）不要用错集装箱、集装板，不要用错板型、箱型。

（2）不要超装板箱尺寸。一定型号的板箱用于一定型号的飞机，板箱外具有尺寸规定，一旦超装板箱尺寸，就无法装上飞机。

（3）要垫衬，封盖好塑料纸，防潮、防雨淋。

（4）集装箱、集装板内货物应尽可能配装整齐、结构稳定，并拉紧网索，防止运输途中倒塌。

（5）对于大宗货物、集中托运货物，应尽可能将整票货物装入一个或几个板箱内运输。

流程十五 签单

货运单上盖好海关放行章后还需要由航空公司签单，主要是审核运价使用是否正确以及货物的性质是否适合空运，如危险品等是否已办理相应的证明和手续。航空公司的地面代理规定，只有签单确认后才允许将单、货交给航空公司。

流程十六 交接发运

交接是向航空公司交单交货，由航空公司安排航空运输。

交单是将随机单据和应由承运人留存的单据交给航空公司。随机单据包括第二联航空运单正本、发票、装箱单、原产地证书、品质鉴定书等。

交货是将与单据相符的货物交给航空公司。交货之前必须粘贴或拴挂货物标签。

大宗货物、集中托运货物，以整板、整箱称重交接；零散货物按票称重，计件交接。

航空公司审单验货后，将货物存入出口仓库，单据交吨控部门，以备配舱。

流程十七 跟踪航班

单、货交给航空公司后，航空公司会因为种种原因，如航班取消、延误、溢载、故障、改机型、错运、倒垛或装板不符合规定等，未能按预定时间运出货物，所以航空货运代理公司从单、货交给航空公司后就需对航班、货物进行跟踪。

对于需要联程中转的货物，在货物运出后，航空货运代理公司应要求航空公司提供二程、三程航班中转信息，有些货物事先已预订了二程、三程航班，航空货运代理公司还应确认中转情况。航空货运代理公司可直接发传真或打电话与航空公司的海外办事处联系货物中转情况，并及时将上述信息反馈给客户，以便遇到异常情况及时处理。

流程十八　信息服务

航空货运代理公司需在多个方面为客户提供信息服务：

1. 订舱信息

航空货运代理公司应将是否订妥舱位及时告诉货主或委托人以便其及时备单备货。

2. 审单及报关信息

航空货运代理公司应在审阅货主或委托人送来的各项单证后，及时向发货人通告。如有遗漏或失误，应及时补充或修正。在报关过程中，遇有任何报关、清关问题，航空货运代理公司应及时通知货主，协商解决。

3. 仓库收货信息

航空货运代理公司应将仓库收到的出口货物的到达时间、货量、体积、缺件、货损等情况及时通知货主。

4. 交运称重信息

航空货运代理公司应以航空公司称重、所量体积为运费计算标准。如果航空货运代理公司在交运航空公司称重过磅过程中，发现称重、体积与货主声明的重量、体积有差异，且超过一定比例，必须通告货主，以求确认。

5. 一程及二程航班信息

航空货运代理公司应及时将一程航班号、日期及以后跟踪了解到的二程航班信息及时通告货主。

6. 集中托运信息

对于集中托运货物，航空货运代理公司应将发运信息预报给收货人所在地的国外代理人，以便对方及时接货、查询，进行分拨处理。

7. 单证信息

航空货运代理公司在发运出口货物后，应将发货人留存的单据，包括盖有放行章和验讫章的出口货物报关单、第三联航空运单正本，以及用于出口产品退税的单据交付或寄送发货人。

流程十九　结算费用

费用结算主要涉及向发货人、承运人和国外代理人三方的结算。

1. 与发货人结算费用

航空货运代理公司应向发货人收取以下费用：(1) 航空运费（在运费预付的情况下）；(2) 地面运输费；(3) 各种服务费和手续费。

2. 与承运人结算费用

航空货运代理公司应向航空公司支付航空运费及代理费，同时收取代理佣金。

3. 与国外代理人结算费用

航空货运代理公司应与国外代理人结算到付运费和利润分成。

◎ 知识链接

一、航空货物运费计算基本概念

(1) 航空货物运价所使用的货币：运输始发地货币。航空货物运价是指货物运输起讫地点间的航空运价。航空货物运价一般以运输始发地的本国货币公布，有的国家以美元代替其本国货币公布运价，此时，美元即为运输始发地货币。

(2) 航空货物运价的有效期。航空货运单所使用的运价应为填制航空货运单之日的有效运价，即在航空货物运价有效期内适用的运价。

(3) 航空运费。航空运费是指运输始发地机场至目的地机场间的运输货物的航空费用，不包括其他费用。该费用根据每票货物所适用的运价和货物的计费重量计算而得。每票货物是指使用同一份航空货运单的货物。

(4) 其他费用。其他费用是指由承运人、代理人或其他部门收取的与航空货物运输有关的费用。在组织一票货物自始发地至目的地运输的全过程中，除了航空运输外，还包括地面运输、仓储、制单、国际货物的清关等环节，提供这些服务的部门所收取的费用即为其他费用。

(5) 计费重量。计费重量是指用以计算货物航空运费的重量。货物的实际毛重、体积重量，或者是较高重量分界点的重量都可能成为计费重量。

1) 实际毛重：包括货物包装在内的货物重量，称为货物的实际毛重。

2) 体积重量：按照国际航空运输协会的规定，将货物的体积按一定的比例折合成的重量，称为货物的体积重量。换算标准为每 6 000 立方厘米折合 1 千克。

3) 较高重量分界点的重量。一般而言，采用货物的实际毛重与货物的体积重量两者比较取高者；但当以货物按较高重量分界点的较低运价计算的航空运费较低时，则以此较高重量分界点的货物起始重量作为货物的计费重量。

国际航空运输协会规定，国际货物的计费重量以 0.5 千克为最小单位，重量尾数不足0.5千克的，按0.5千克计算；0.5千克以上不足1千克的，按1千克计算。

当使用同一份国际航空货运单，收运两件或两件以上可以采用同种运价计算运费的货物时，其计费重量规定为：计费重量为货物总的实际毛重与总的体积重量两者中较高者。综上所述，较高重量分界点的重量也可能成为货物的计费重量。

（6）最低运费。最低运费是指一票货物自始发地机场运至目的地机场航空运费的最低限额。货物按其适用的航空运价与计费重量计算所得的航空运费，应与货物最低运费相比，取高者。

二、航空货物运价的种类

（1）按运价的组成形式划分，航空货物运价包括协议运价、公布直达运价和非公布直达运价。

（2）按货物的性质划分，航空货物运价包括普通货物运价、指定商品运价、等级货物运价和集装货物运价。

三、航空货物运价使用的一般规定

（一）使用顺序

如果有协议运价，优先使用协议运价；如果没有协议运价，使用公布直达运价；如果没有协议运价和公布直达运价，使用比例运价；最后使用分段相加运价（最低组合）。

在相同运价种类、相同航程、相同承运人的条件下，公布直达运价应按以下顺序使用：

（1）优先使用指定商品运价。如果指定商品运价条件不完全满足，则可以使用等级货物运价和普通货物运价。

（2）其次使用等级货物运价，等级货物运价优先于普通货物运价使用。如果货物可以按指定商品运价计费，但因其重量未满足指定商品运价的最低重量要求，则可以用指定商品运价与普通货物运价的计费结果相比较，取低者。如果该指定商品同时又属于附加的等级货物，则只允许采用附加的等级货物运价和指定商品运价的计费结果相比较，取低者，不能与普通货物运价相比较。如果货物属于附减的等级货物，即书报杂志类货物、作为货物运输的行李，则可以与普通货物运价的计费结果相比较，取低者。

（3）如果始发地至目的地间无公布直达运价，则应使用非公布直达运价：优先使用比例运价组成全程直达运价；当始发地至目的地间无比例运价时，使用分段相加运价法组成全程最低运价。

（二）其他规定

（1）货物运价应为填开货运单当日承运人公布的有效货物运价。

（2）货物运价的使用必须严格遵守货物运输线路的方向性，不可反方向使用运价。

(3) 使用货物运价时，必须符合货物运价注释中的要求和规定条件。

四、公布直达运价的使用

公布直达运价是指承运人直接在运价资料中公布的从始发地至目的地的航空运价。公布直达运价有“N”“Q45”“B”“K”（欧洲特有的运价结构）等运价结构。N运价，即 Normal Rate，是指标准普通货物运价；Q运价则为 Quantity Rate，是指重量等级运价。

普通货物运价与指定商品运价同时公布在 TACT Rates Books（国际航空运输协会发布的运价手册）中。等级货物运价计算规则在 TACT Rules 中公布，需结合 TACT Rates Books 一起使用。

公布直达运价见表 5-4。

表 5-4 公布直达运价表

Date/Type	Note	Item	Min. Weight	Local Curr.
BEIJING Y. RENMINBI		CN CNY		BJS KGS
TOKYO		JP	M	230.00
			N	37.51
			45	28.13
		0008	300	18.80
		0300	500	20.61
		1093	100	18.43
		2195	500	18.80

注：

(1) 第一列（Date/Type）为公布直达运价的生效或失效日期以及集装器运价代号。本列中若无特殊标记，说明所公布的运价适用于在 TACT Rates Books 有效期内销售的航空货运单。

(2) 第二列（Note）为相对应运价的注释。填制航空货运单时，应严格按照注释所限定的内容执行。

(3) 第三列（Item）为指定商品运价的品名编号。

(4) 第四列（Min. Weight）为使用相对应运价的最低重量限额。

(5) 第五列（Local Curr.）为用运输始发地货币表示的运价或最低运费。

（一）普通货物运价

1. 普通货物运价的定义、代号及一般规则

普通货物运价（General Cargo Rate，GCR）是指除了指定商品运价和等级货物运价以外的适合于普通货物运输的运价。该运价公布在 TACT Rates Books Section 4 中。

一般而言，普通货物运价根据货物重量不同，分为若干个重量等级分界点运价。“N”表示标准普通货物运价，是指45千克以下的普通货物运价（如无45千克以下的普通货物运价时，“N”表示100千克以下的普通货物运价）。同时，普通货物运价还公布有“Q45”“Q100”“Q300”等不同重量等级分界点运价。其中，“Q45”表示45千克及

以上的普通货物运价，以此类推。对于45千克及以上的不同重量等级分界点的普通货物运价均用“Q”表示。

使用货物的计费重量和货物适用的普通货物运价计算而得的航空运费不得低于运价资料中公布的航空运费的最低收费标准（M）。

这里，代号“N”“Q”“M”在航空货运单的销售工作中，主要用于填制航空货运单运费计算栏中的“Rate Class”一栏。

2. 普通货物运价的运费计算

【例5-1】 北京运往新加坡一箱水龙头接管，实际毛重为35.6千克，计算其航空运费。

解： 普通货物运价见表5-5。

表5-5　普通货物运价表

Date/Type	Note	Item	Min. Weight	Local Curr.
BEIJING		CN		BJS
Y. RENMINBI		CNY		KGS
SINGAPORE		SG	M	230.00
			N	36.66
			45	27.50

（1）按实际重量计算。

由于水龙头接管是重货，实际毛重为35.6千克，因此其计费重量为36.0千克，其适用的运价为“GCR N 36.66CNY/KG”，则

航空运费=36.0×36.66=1 319.76（元）

（2）采用较高重量分界点的较低运价计算。

由于货物的计费重量为45.0千克，其适用的运价为“GCR Q 27.50CNY/KG”，则

航空运费=27.50×45.0=1 237.50（元）

（1）与（2）比较，取运费较低者，即该票货物的航空运费为1 237.50元。

（二）指定商品运价

1. 指定商品运价的定义及代号

指定商品运价（Specific Commodity Rate，SCR）是指适用于自规定的始发地至规定的目的地运输特定品名货物的运价。通常情况下，指定商品运价低于相应的普通货物运价。就性质而言，该运价是一种优惠性质的运价。鉴于此，在使用指定商品运价时，对于货物的起讫地点、运价使用期限、货物的最低重量等均有特定的条件。

使用指定商品运价计算航空运费的货物，其航空货运单的“Rate Class”一栏，用字母“C”表示。

2. 指定商品运价传统的分组和编号

在TACT Rates Books Section 2中，根据货物的性质、属性及特点等对货物进行分

类，共分为 10 个大组，每一个大组又分为 10 个小组。同时，使用 4 位阿拉伯数字对分组进行编号，该编号即为指定商品的货物品名编号。

3. 指定商品运价的使用规则

在使用指定商品运价时，只要所运输的货物满足下述 3 个条件就可以直接使用指定商品运价：

(1) 运输始发地至目的地之间有公布的指定商品运价；

(2) 托运人所交运的货物品名与有关指定商品运价的货物品名相吻合；

(3) 货物的计费重量满足指定商品运价使用时的最低重量要求。

4. 指定商品运价的运费计算

计算步骤：

(1) 先查询运价表，如有指定商品代号，则考虑使用指定商品运价；

(2) 查找 TACT Rates Books 的品名表，找出与运输货物品名相对应的指定商品代号；

(3) 如果货物的计费重量超过指定商品运价的最低重量，则优先使用指定商品运价；

(4) 如果货物的计费重量没有达到指定商品运价的最低重量，则需要比较计算。

【例 5-2】 北京运往大阪 20 箱鲜蘑菇，共 360 千克，每件体积（长×宽×高）为 60 厘米×45 厘米×25 厘米，计算其航空运费。

解： 指定商品运价见表 5-6。

表 5-6　指定商品运价表

Date/Type	Note	Item	Min. Weight	Local Curr.
BEIJING Y. RENMINBI		CN CNY		BJS KGS
OSAKA		JP	M	230.00
			N	37.51
			45	28.13
		0008	300	18.80
		0300	500	20.61
		1093	100	18.43
		2195	500	18.80

查找 TACT Rates Books 的品名表，蘑菇可以使用“0008”（新鲜蔬菜和水果）的指定商品运价。由于货主交运的货物重量达到最低重量要求，因此航空运费计算如下：

总体积＝ 60×45×25×20＝1 350 000（立方厘米）

体积重量＝1 350 000÷6 000＝225（千克）

由于货物的实际毛重大于体积重量，因此计费重量为 360 千克，其适用的运价为“SCR 0008/Q300 18.80CNY/KG”，则

航空运费＝360×18.80＝6 768（元）

注：在使用指定商品运价计算运费时，如果指定商品运价直接使用的条件不能完全满足，如货物的计费重量没有达到指定商品运价使用的最低重量要求，使得按指定商品运价计得的运费高于按普通货物运价计得的运费，则按低者收取航空运费。

（三）等级货物运价

1. 等级货物运价的定义及货物种类

等级货物运价（Commodity Classification Rates，CCR）是指在规定的业务区内或业务区之间运输特别指定的等级货物的运价。

IATA 规定，等级货物包括以下各种货物：活动物、贵重货物、书报杂志类货物、作为货物运输的行李、汽车等。

2. 等级货物运价的代号及使用规则

等级货物运价是在普通货物运价基础上附加或附减一定百分比构成的，附加或附减规则公布在 TACT Rules 中，须结合 TACT Rates Books 一同使用。

通常而言，附加或不附加也不附减的等级货物用代号“S”表示（Surcharged Class Rate)。附减的等级货物用代号“R”表示（Reduced Class Rate)。

归纳总结

航空货物运输是指利用飞机或飞行器进行运输的一种形式。航空货物运输的运送速度快、破损率低、安全性高、空间跨度大，可节省生产企业的相关费用，但运价比较高，运载量有限，易受天气影响。优势主要体现在高价值、高附加值、高时效性要求的产品运输上。

在航空货物运输中，由于航空公司一般只负责点到点（即机场到机场）的航线运输，而关于两端的揽货、运输业务办理等事宜一般都交由航空货运代理公司来完成，因此航空货运代理公司在航空货物运输中发挥了重要的作用。

航空货运代理业务是从揽货开始的，即市场销售。一般来说，此项业务由航空货运代理公司客服部或市场部来完成，从与客户接洽到签订完国际货物托运书或航空货运代理协议书；之后操作部完成预配舱、预订舱等业务；报检报关部完成货物报检报关工作；直至航班离港，航空货运代理公司跟踪航班、提供信息服务和结算费用为止。

航空货物托运方式有班机运输、包机运输、集中托运和航空快递等几种。

计算航空运费时，首先是选取合适的运价，其次是确定货物的计费重量。

任务二
航空货代进口业务操作

任务情境

某日，新希望物流公司进口部员工杨帆接到一份法国巴黎耐高国际货运代理公司（简称耐高公司）的进口委托代理传真件和邮件，耐高公司与新希望物流公司已经合作两年，分别为对方代理公司提供进口代理运输业务。

新希望物流公司根据耐高公司的进口委托代理传真件和邮件，制订此票货物进口的工作计划，组织协调公司相关部门与航空公司货运部联系，全权办理此票货物的进口代理业务。

任务分析

航空货代进口业务是指航空货运代理公司对于货物从入境到提取或转运整个流程的各个环节所需办理的手续及准备相关单证的全过程。航空货代进口业务流程包括代理预报、交接单货、理货与仓储、理单与到货通知、制单与报关、发货与收费、送货与转运等（见图 5－9）。

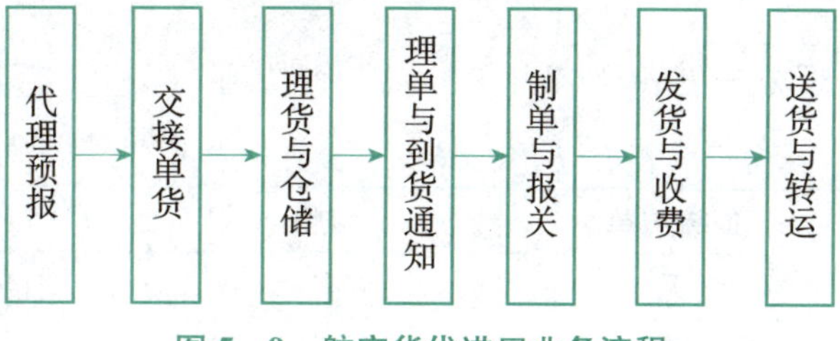

图 5－9　航空货代进口业务流程

任务实施

本任务的教学实施既可以将学生组织到航空货代企业进行现场观摩学习，也可以在学校的实训室进行业务流程的模拟。教师将学生分组，由每组成员进行角色分配，分别代表航空货代企业进口部员工、操作部员工、仓管部员工，航空公司货运站，收货人（客户），海关等，要求提前准备好航空货运过程中的相关模拟单证。

流程一　代理预报

在国外发货前，由国外代理人将运单、航班、件数、重量、品名、实际收货人及其地址、联系电话等内容发给目的地代理公司，这一过程称为预报。到货预报的目的是使代理公司做好接货前的所有准备工作。注意事项有以下几个方面：

（1）注意中转航班。中转航班的延误会使实际到达时间和预报时间出现差异。

（2）注意分批运输货物。从国外一次性运来的货物在国内中转时，由于国内载量的限制，往往采用分批运输的方式。

流程二　交接单货

航空货物入境时，与货物相关的单证也随机到达，运输工具及货物处于海关监管之下。货物卸下后，将货物存入航空公司或机场的监管仓库，进行进口货物舱单录入，将舱单上的主运单号、收货人、始发地机场、目的地机场、件数、重量、货物品名、航班号等信息通过电脑系统传输给海关留存，供报关用。同时根据运单上的收货人及地址寄送提货通知。若航空运单上收货人或通知人为某航空货运代理公司，则把运输单据及与之相关的货物交给该航空货运代理公司。

航空公司的地面代理人向货运代理公司交接的有：（1）国际货物交接清单；（2）主运单、随机文件；（3）货物。

交接时做到：（1）单单核对，即交接清单与主运单核对；（2）单货核对，即交接清单与货物核对。

空运单证异常处理方式见表 5－7。

表 5－7　空运单证异常处理方式

主运单	交接清单	货物	处理方式
有	无	有	交接清单上加主运单号
有	无	无	主运单退回
无	有	有	主运单后补
无	有	无	交接清单上划去
有	有	无	主运单退回
无	无	有	货物退回

另外，还须注意分批货物和空运进口分批货物登记表。

航空货运代理公司在与航空公司办理交接手续时，应根据主运单及交接清单核对实际货物。若存在有单无货或有货无单的情况，应在交接清单上注明，以便航空公司组织查询并通知入境地海关。

发现货物短缺、破损或其他异常情况时，航空货运代理公司应向民航索要商务事故记录，作为实际收货人交涉索赔事宜的依据。部分货损不属于运输责任，因为在实际操作中，部分货损是指整批货物或整件货物中极少或极小一部分受损，是航空运输中较易发生的损失，所以航空公司不一定愿意开具证明，即使开具了“有条件、有理由”证明，货主也难以向航空公司索赔，但可据此向保险公司提出索赔。对货损责任难以确定的，可暂将货物留在机场，商请货主一并到场处理。

流程三　理货与仓储

航空货运代理公司自航空公司接货后，即短途驳运进自己的监管仓库，组织理货及仓储。理货时应注意：

(1) 逐一核对每票货物件数，再次检查货物破损情况，确有接货时未发现的问题，可向航空公司提出交涉。《华沙公约》第 26 条规定：“除非有相反的证据，如果收件人在收受行李或货物时没有异议，就被认为行李或货物已经完好地交付，并和运输凭证相符。”《海牙议定书》第 15 条规定：“关于损坏事件，收货人应于发现损坏后，立即向承运人提出异议，如系行李，最迟应在收到行李后 7 天内提出，如系货物，最迟应在收到货物后 14 天内提出。”

(2) 按大货、小货、重货、轻货、单票货、混载货、危险品、贵重品、冷冻品、冷藏品分别堆存、进仓。堆存时要注意货物箭头朝向，主运单、分运单标志朝向，注意重不压轻、大不压小。

(3) 登记每票货物的储存区号，并输入电脑系统。

【提示】

上述货物的仓储，不论是在航空公司货站、机场货站，还是在航空货运代理公司的仓库，都是海关的监管场所。

流程四　理单与到货通知

一、理单

(一) 集中托运，主运单项下拆单

(1) 将集中托运进口的每票主运单项下的分运单分理出来，审核与到货情况是否一

致，并制成清单输入电脑系统；

（2）将集中托运进口主运单项下的分运单输入海关电脑系统，以便实施按分运单分别报检报关、提货。

（二）分类理单、编号

运单分类一般有以下几种方法：

（1）分航班号理单，便于区分进口方向；

（2）分进口代理理单，便于掌握、反馈信息，做好对代理的服务；

（3）分货主理单，即对重要的、经常有大批货物的货主，将其运单分类出来，便于联系客户，制单报关和送货、转运；

（4）分口岸、内地或区域理单，便于联系内地货运代理，便于集中转运；

（5）分运费到付、预付理单，便于安全收费；

（6）分寄发运单、自取运单客户理单，分类理单的同时，须将各票主运单、分运单编上航空货运代理公司自己设定的编号，以便内部操作及客户查询。

（三）编配各类单证

航空货运代理公司将主运单、分运单与随机单证、国外代理人先期寄达的单证（发票、装箱单、合同副本、装卸单、运送指示等）、国内货主或经营到货单位预先提交的各类单证等进行编配。

航空货运代理公司理单人员须逐单审核、编配。凡单证齐全、符合报关条件的即转入制单、报关程序；否则，航空货运代理公司应立即与货主联系，催齐单证，使之符合报关条件。

二、到货通知

货物到目的站后，航空货运代理公司应从航空运输的时效出发，为减少货主仓储费，避免海关滞报金，尽早、尽快、尽妥地通知货主到货情况，提请货主配齐有关单证，尽快报关。

航空货运代理公司应将海关监管进口货物入仓清单一式五份，提交至海关。航空货运单上一般需盖妥多个章：监管章（主运单）、代理公司分运单确认章（分运单）、海关放行章等。

流程五　制单与报关

一、制单、报关、运输的形式

除部分进口货物存放在海关监管仓库外，大部分进口货物存放于各货运代理公司自有的监管仓库中。由于货主的需求不一，货物进口后的制单、报关、运输一般有以下几种形式：

（1）货运代理公司代办制单、报关、运输；

（2）货主自行办理制单、报关、运输；

（3）货运代理公司代办制单、报关，货主自行办理运输；

（4）货主自行办理制单、报关后，委托货运代理公司运输；

（5）货主自办制单，委托货运代理公司报关和办理运输。

二、进口制单

制单是指按照海关要求，依据运单、发票、装箱单及证明货物合法进口的有关批准文件，制作进口货物报关单。

货运代理公司制单时的一般程序为：

（1）对于长期协作的货主单位，有进口批文、证明手册等存放于货运代理公司的，货物到达、发出到货通知后，即可制单、报关，通知货主运输或代办运输。

（2）对于部分进口货物，因货主单位（或经营单位）缺少有关批文、证明的，可于理单、审单后列明内容，向货主单位催寄有关批文、证明，亦可将运单及随机寄来单证、提货单以快递形式寄货主单位，由其备齐有关批文、证明后再决定制单、报关事宜。

（3）对于无需批文和证明的货物，可即行制单、报关，通知货主提货或代办运输。

（4）部分货主要求异地清关时，在符合海关规定的情况下，制作转关运输申报单，办理转关手续。报关单上需由报关人填报的项目有：进口口岸、收货单位、经营单位、合同号、批准机关及文号、外汇来源、进口日期、提单或运单号、运杂费、件数、毛重、海关商品编号、货品规格及货号、数量、成交价格、价格条件、货币名称、申报单位、申报日期等，转关运输申报单内容少于报关单，亦需按要求详细填列。

三、进口报关

进口报关大致分为初审、审单、征税、验放四个主要环节。

（一）初审

初审是海关在总体上对报关单证作形式上的审查，审核报关单所填报的内容与原始单证是否相符、商品的归类编号是否正确、报关单的预录是否有误等。

（二）审单

审单是进口报关的中心环节，从形式上和内容上对报关单证进行全面的详细审核。审核内容包括：报关单证是否齐全、准确，所报内容是否属实，有关的进口批文和证明是否有效，报关单所填报的货物名称、规格、型号、用途及金额与批准文件所批的是否一致，确定关税的征收与减免等。

允许通关时，留存一套报关单证（报关单、运单、发票）作为海关备案。

（三）征税

根据报关单证所填报的货物名称、用途、规格、型号及构成材料等确定商品的归类编号及相应的税号和税率。若商品的归类编号或税率难以确定，海关可先查看实物或实物图片及有关资料后再行确定征税。若申报的价格过低或未注明价格，海关可以估价征税。

（四）验放

货物放行的前提是：单证提供齐全，税款和有关费用已经全部结清，报关未超过规定期限，实际货物与报关单证所列一致。

放行的标志：正本运单上或货运代理经海关认可的分运单上加盖放行章。

海关放行货物的同时，将报关单证及核销完的批文和证明全部留存海关。如果报关时已超过海关规定的报关期限，必须向海关缴纳滞报金。

验放关员可要求货主开箱，查验货物。此时查货与征税时查货的目的有所不同，征税关员查看实物主要是为了确定税率，验放关员查验实物是为了确定货物的物理性质、化学性质以及货物的数量、规格、内容是否与报关单证所列完全一致，有无伪报、瞒报、走私等问题。

除海关总署特准免验的货物外，所有货物都在海关查验范围之内。

四、报关期限与滞报金

海关规定，进口货物报关期限为自运输工具申报进境之日起 14 日内，超过这一期限报关的，由海关征收滞报金。

滞报金每天的征收标准为货物到岸价格的万分之五。

五、货运代理公司对开验工作的实施

客户自行报关的货物，一般由货主到货运代理公司监管仓库借出货物，由货运代理公司派人陪同货主一并协助海关开验。客户委托货运代理公司报关的，货运代理公司通知货主，由其派人前来或书面委托代办开验。开验后，货运代理公司须将已开验的货物封存，运回监管仓库储存。

海关对大件货物、开箱后影响运输的货物实施开验时，货运代理公司及货主应如实将情况向海关说明，可申请海关派员到监管仓库开验，或直接到货主单位进行开验。

流程六　发货与收费

一、发货

办完报检报关等手续后，货主须凭盖有海关放行章的进口提货单到所属监管仓库付费提货。仓库发货时，须检验提货单上各类报检报关章是否齐全，并登记提货人的单位、姓名、身份证号以确保发货安全。仓管员发货时，须再次检查货物外包装情况，一旦发现破损、短缺等情况，应立即向货主作出交代。

二、收费

货运代理公司监管仓库在发放货物前，一般应先将费用收妥。收费内容包括到付运费及垫付佣金，单证、报关费，仓储费，装卸、铲车费，航空公司到港仓储费，海关预录入、动植检等代收代付费，关税及垫付佣金等。

除了每次结清提货的货主外，长期协作的货主可与货运代理公司签订财务付费协议，实施先提货后付款、按月结账的付费方法。

流程七　送货与转运

出于多种因素（考虑便利、节省费用或运力）所限，许多货主或国外发货人要求将进口到达货物由货运代理公司报关、垫税，提货后运输到直接收货人手中。货运代理公司在代理客户制单、报关、垫税、提货、运输的一揽子服务中，由于工作熟练、衔接紧密、服务到位，因此受到货主的欢迎。

一、送货上门业务

送货上门业务主要是指将进口清关后的货物直接运送至货主单位，运输工具一般为汽车。

二、转运业务

转运业务主要是指将进口清关后的货物转运至内地，运输方式为飞机、汽车、火车、船舶等。

办理转运业务时，需由内地的货运代理公司协助收回相关费用，同时口岸货代公司亦应支付一定比例的代理佣金给内地的货运代理公司。

三、进口货物转关及运输监管

进口货物转关是指货物入境后不在进境地海关办理进口报关手续，而运往另一设关地点办理进口报关手续，在办理进口报关手续前，货物一直处于海关监管之下。转关运输亦称监管运输，意谓此运输过程置于海关监管之下。

归纳总结

航空货代进口业务流程为：代理预报→交接单货→理货与仓储→理单与到货通知→制单与报关→发货与收费→送货与转运。

鉴于航空货物运输发展的不同阶段，航空货代进口业务流程呈现出不同的特征。在实践中，各个区域航空货物运输发展的程度相差比较大，流程也不尽相同。本项目主要选取了航空货运发展最成熟的区域的流程作为样板，其他地区虽然流程有所不同，但核心流程是必不可缺的。

学德增信

让全球生鲜飞集鄂州　花湖国际机场开通国际定期第五航权货运航线

2024年6月6日，随着装载近50吨智利三文鱼的“花湖号”航班平稳降落湖北鄂州花湖国际机场，花湖国际机场首条国际定期第五航权货运航线正式开通。该航线由东航冷链物流有限公司运营，连通中国鄂州、韩国仁川、美国迈阿密。

“第五航权”即第三国运输权，是指一个国家或地区的航空公司在经营某条国际航线的同时，获得在第三国经停并装载客货的权利。第五航权可以通过拓展航线网络弥补直航航班客货源不足的问题，避免运力浪费，增加营运收入。

鄂州-仁川-迈阿密航线由波音747－400全货机执飞，单程长达13 583千米，是东航冷链物流当前运营距离最长的洲际全货机定班航线。该航线出港主要装载跨境电商货物、电子产品，未来将增加出口生鲜产品；进港主要装载东航冷链物流海外采购的活鲜、冰鲜和季节性的果蔬产品，如美国龙虾，智利三文鱼、车厘子等。

当前，花湖国际机场正在联合东航冷链物流积极布局建设鄂州生鲜港、医药港。按照“一条航线、一个产业、一个生态圈”的路径，依托东航冷链物流，充分发挥在进口生鲜领域的优势，围绕冷链物流、生鲜贸易和口岸增值服务三大方向，通过自建或合作的方式，在花湖国际机场周边打造集冷链分拨运输、冷链仓储、生鲜暂养暂存、生鲜精细加工、生鲜数字化交易平台等功能为一体的进口生鲜全产业链，实现全球生鲜“批量订，分批发；全世界，三天到”。利用花湖国际机场丰富的国际和国内货运航线，建设鄂州医药港，满足进出口药品快速进出的需求。与此同时，东航冷链物流正在打造进口生鲜数字化交易平台，通过供应链整合+数字化赋能，探索让生鲜供应链更透明、更智能的路径，实现供应链环节更少、速度更快、成本更低。

让全球生鲜“飞集鄂州”，让中国制造和生鲜产品“飞向全球”。花湖国际机场正在积极打造全国特色高端进口生鲜产业中心，推动湖北进出口生鲜产业集群高质量发展，全力推进花湖国际自由贸易航空港建设。

资料来源：赵德龙．鄂州花湖机场开通首条第五航权货运航线［EB/OL］．（2024-06-07）［2025-02-15］．极目新闻．

讨论准备：

1. 请同学们上网了解湖北鄂州花湖国际机场更多的货运信息。

2. 请同学们查阅《“十四五”冷链物流发展规划》《货物航空冷链运输规范》《冷链货物空陆联运通用要求》等相关文件。

讨论题目：

1. 生鲜国际航空运输与一般出口货物航空运输有哪些相同点和不同点？

2. 请描述智利三文鱼国际航空运输的进口流程。

3. 三文鱼、龙虾、车厘子属于生鲜产品，比一般常温货物的运输要求更高，在哪些运输环节可能会遇到问题？

4. 针对生鲜产品在国际航空运输中可能遇到的问题，请提出合理、可行的意见和建议。

学思践行

1. 根据《货物航空冷链运输规范》《冷链货物空陆联运通用要求》等相关文件，请编制从我国湖北鄂州花湖国际机场整包机运输淡水小龙虾到荷兰阿姆斯特丹史基浦机场的航空货运方案。

2. 将湖北鄂州花湖国际机场打通“空中出海口”、重塑开放新格局的案例讲给你身边的朋友，共同体会我国为构建人类命运共同体所做出的贡献。

3. 根据机场实地调研和网络书籍搜集整理的资料，撰写与生鲜国际航空运输相关的论文，包括对生鲜国际航空运输现状和趋势、现存问题、问题成因分析及对策等。

同步实训

实训一　航空货代出口业务流程实训

实训任务

一位客户向深圳中连物流公司电话咨询，计划将一批货物从深圳运往德国法兰克福，欲采用空运，货物具体信息见表5-8。请以深圳中连物流公司的身份模拟这批货物出口的整个流程，设计航空货物出口方案。

表 5-8 客户托运货物信息

运输方式	运输货物	包装形式	运输数量	规格	目的地	运输时限
国际航空货运	茶叶	纸箱	30 箱	每箱 60cm×40cm×30cm，每箱重 15 千克	德国法兰克福	5 天

实训目的

作为航空货运代理公司相关部门的员工，从接到客户咨询业务开始，到与客户达成代理意向签订托运书，再一步步到所有业务流程完结，能够掌握航空货运代理公司相关部门和岗位所需的专业知识及全部流程，对业务更加熟练。

实训准备

(1) 知识准备：通过航空货代出口业务流程及相关专业知识的讲授，使学生进行必要和必需知识的储备。

(2) 学生分组：7 人一组模拟成立一家航空货运代理公司。一位同学作为客户，一位同学担任该公司经理，其他同学分别担任不同部门的经理，具体有市场部、出口操作部、进口操作部、仓储理货部、报检报关部等。

(3) 国际航空货运单证样本一套。航空货代出口业务主要单证：国际货物托运书、出口货物报关单、装箱单、发票、航空运单、商检证明、出口许可证、配额许可证、登记手册等。

(4) 实训地点：物流实训基地。

实训步骤

(1) 公司经理召开月度例会，明确当月销售目标、各部门绩效考核指标。

(2) 市场部接受客户咨询，向客户介绍与公司合作的航空公司、航线情况、优势运价、运输时效等，为客户选择合适的航空运输方式，与客户签订国际货物托运书。

(3) 出口操作部进行具体操作。

(4) 仓储理货部收妥货物、理货。

(5) 报检报关部进行相关操作。

(6) 市场部对航班进行跟踪，做好信息服务工作。

实训结果

(1) 以给定货物信息为依据，每组提交一份航空货代公司出口业务操作方案书。

(2) 每组根据方案书进行业务操作流程的模拟。

(3) 进行实训评价（见表 5-9）。

表 5-9　实训评价表

评价等级	方案书（权重 0.6）	流程模拟（权重 0.4）
优秀	设计思路清晰、流程设计正确、排版效果好	流程模拟顺畅、正确，展示模拟效果好
良好	设计思路较清晰、流程设计基本正确、排版效果好	流程模拟正确、较顺畅，展示模拟效果较好
中等	设计思路不太清晰、流程设计基本正确、排版效果较好	流程模拟较顺畅，个别内容出现错误，展示模拟效果较好
及格	设计思路不太清晰、流程设计局部有小错误、排版效果较好	流程模拟不太顺畅，个别内容出现错误，展示模拟效果较好
不及格	设计思路不清晰、流程设计有明显错误、排版效果不好	流程模拟不顺畅，内容出现错误，展示模拟效果不好

实训二　航空货代进口业务流程实训

实训任务

某日，深圳中连物流公司进口部员工杨帆接到德国慕尼黑汉森国际货运代理公司（简称汉森公司）的进口委托代理传真件和邮件。传真件和邮件显示该批货物收货人为广东惠州众凯科技有限公司，货物为车辆模型，纸箱包装，每箱规格为 60cm×40cm×40cm，每箱重 4 千克，共 20 箱。该批货物预计到港时间为 6 月 28 日（5 日后）。汉森公司与深圳中连物流公司已经合作近一年，分别为对方代理公司提供进口代理运输业务。请以深圳中连物流公司的身份模拟这批货物进口的整个流程，设计航空货运出口方案。

实训目的

航空货代公司的业务也包括对进口货物的委托代理。作为航空货运代理公司进口部员工，其工作是从接到客户或国外货代公司的进口委托代理传真或邮件开始，直至将货物转运或送达收货人手中的完整操作流程。通过本实训项目，学生能够掌握航空货代公司相关部门和岗位所需的专业知识及全部流程，对业务更加熟练。

实训准备

（1）知识准备：通过航空货代进口业务流程及相关专业知识的讲授，使学生进行必要和必需知识的储备。

（2）学生分组：7 人一组模拟成立一家航空货代公司。一位同学作为收货人，一位同学担任该公司经理，其他同学分别担任不同部门的经理，具体有市场部、出口操作部、进口操作部、仓储理货部、报检报关部、财务部等。

（3）国际航空货运单证样本一套。航空货代出口业务主要单证：进口货物报关单、装箱单、发票、进口许可证、商检证明、其他单证等。

（4）实训地点：物流实训基地。

实训步骤

（1）进口操作部接到国外货代公司进口委托代理传真件和邮件后，马上着手安排进口代理事宜。

（2）货运代理公司进口操作部与航空公司地面代理交接单货。

（3）仓储理货部在监管仓库进行理货作业。

（4）进口操作部理单，客服部向收货人发出到货通知。

（5）报检报关部进行制单与报关。

（6）财务部对进口货物相关费用进行核算核收，收妥费用（或月结形式）后通知仓储理货部发货。

（7）如货主需要，做好送货与转运的延伸服务。

实训结果

（1）以给定货物信息为依据，每组提交一份深圳中连物流公司进口业务操作方案书。

（2）每组根据方案书进行业务操作流程的模拟。

（3）进行实训评价（见表 5－9）。

同步测试

一、单项选择题

1. 职业道德中，“谨慎认真地做好本职工作，承担好本职工作应负的责任”称为（　　）。

A. 恪尽职守　　B. 忠诚信实　　C. 团结协作　　D. 爱岗敬业

2. 航空货代具有（　　）身份。

A. 货主代理　　B. 航空公司代理

C. 货主代理和航空公司代理　　D. 国内外收、发货人代理

3. 空运的集运商要填写（　　）。

A. HAWB　　B. MAWB　　C. Main Deck　　D. Upper Deck

4. 空运时，国际货物托运书应由（　　）填具。

A. 货主　　B. 货代　　C. 承运人　　D. 航空公司

5. 托运书上声明价值一栏，如货物毛重每千克未超过 20 美元，则可填（　　）。

A. 20 美元　　B. 未超过 20 美元　　C. NVD　　D. ALSO NOTIFY

6. 下列可以作为零担货物办理托运的是（　　）。

A. 活鸡活鸭　　B. 爆炸品　　C. 电脑主机　　D. 易燃液体

7. 航空公司的运价中，以“N”表示（ ）。

A. 最低运价　　B. 指定商品运价

C. 45千克及以上普通货物运价　　D. 45千克以下普通货物运价

8. 国际空运货物的计费重量以（ ）为最小单位。

A. 0.3kg　　B. 0.5kg　　C. 0.8kg　　D. 1kg

9. 航空运单共一式十二联，其中正本为（ ）。

A. 第一联　　B. 第二联　　C. 第三联　　D. 第四联

10. 空运承运人对没有办理声明价值的货物损失，最高赔偿限额按毛重每千克（ ）计。

A. 15美元　　B. 20美元　　C. 25美元　　D. 30美元

11. 空运的索赔时限最迟为（ ）之内。

A. 12天　　B. 14天　　C. 18天　　D. 20天

12. 空运货物的运输延误，索赔时限为自货物由收货人支配之日起（ ）之内。

A. 20天　　B. 21天　　C. 24天　　D. 25天

13. 空运货物灭失或损坏的索赔时限为自填开货运单之日起（ ）之内。

A. 100天　　B. 110天　　C. 120天　　D. 125天

14. 航空快运中一项必不可少的重要单据是（ ）。

A. CCA　　B. IRP　　C. POD　　D. AWA

15. 航空货物体积重量的折算标准为每（ ）立方厘米折合1千克。

A. 3 000　　B. 4 000　　C. 5 000　　D. 6 000

二、多项选择题

1. 所谓社会主义信念，是指对科学社会主义的正确理解和真诚信仰。今天的青年要坚定社会主义信念，必须（ ）。

A. 认真学习马克思主义理论

B. 多听领导的话，处理好人际关系

C. 讲求实惠，不必树立远大理想

D. 积极参加建设中国特色社会主义的伟大实践

2. 航空运输的特点有（ ）。

A. 速度快　　B. 安全准时　　C. 节省运杂费　　D. 不受气候影响

3. 航空运输的主要经营方式有（ ）。

A. 班机运输　　B. 包机运输　　C. 集中托运　　D. 航空快递

4. 航空运输货物的计费重量分为（ ）。

A. 按实际毛重计　　B. 按体积重量计

C. 按较高重量分界点的重量计　　D. 按较低重量分界点的重量计

5. 物流公司若在运输环节发生货损货差，可以采取（ ）等处理方法。

A. 选择合适的包装物与包装方式　　B. 加强运输途中的安保

C. 加强运输工具的检查　　D. 提高驾驶员的驾驶技能

6. 航空快运业务的形式分为（　　）。

A. 门到门服务　　B. 门到机场服务　　C. 专人派送　　D. 货到付款

7. 航空快运中的“POD”，除具有商务合同的作用外，还有（　　）的作用。

A. 分运单　　B. 体现服务时效、服务水平

C. 配合电脑测验、分类、分拨　　D. 结算

8. TC3 区分为（　　）几个次区。

A. 南亚次大陆　　B. 东南亚　　C. 西太平洋　　D. 日本/朝鲜

9. 集装运输的特点有（　　）。

A. 以集装运输代替散件装机，可减少地面等待时间

B. 减少货物周转次数，提高完好率

C. 减少差错事故，提高运输质量

D. 节省包装材料和费用

10. 现在国际上著名的快递公司有（　　）。

A. DHL　　B. FedEx　　C. UPS　　D. TNT

三、简答题

1. 我国国际航空运输运单共为一式几联？其中包括几份正本？
2. 航空运单的作用有哪些？
3. 航空货运的特点有哪些？
4. 航空货代出口业务的程序包括哪些环节？
5. 航空货代进口业务的程序包括哪些环节？

四、业务分析题

由北京运往新加坡一箱水管接管五金件，毛重为 35.6 千克，公布运价见表 5-10。

表 5-10　运价表

Date/Type	Note	Item	Min. Weight	Local Curr.
BEIJING Y. RENMINBI		CN CNY		BJS KGS
SINGAPORE		SN	M	200.00
			N	30.50
			45	22.49

试计算该票货物的航空运费。

项目六
物流运输决策

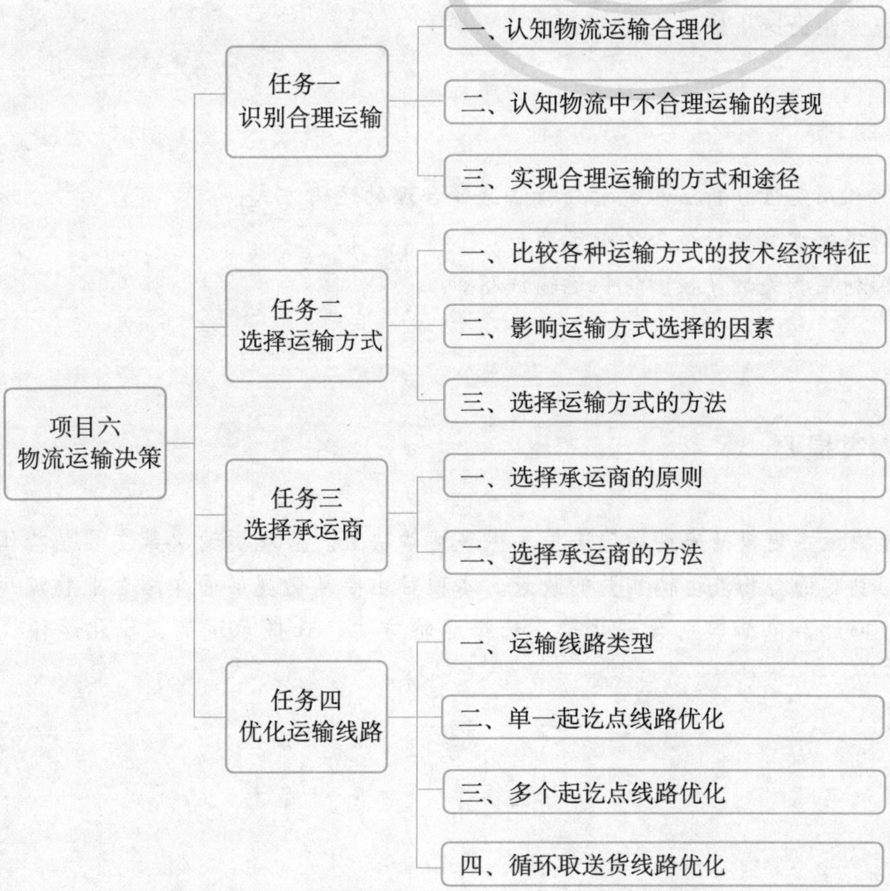

项目六
物流运输决策
任务一
识别合理运输
一、认知物流运输合理化
二、认知物流中不合理运输的表现
三、实现合理运输的方式和途径
任务二
选择运输方式
一、比较各种运输方式的技术经济特征
二、影响运输方式选择的因素
三、选择运输方式的方法
任务三
选择承运商
一、选择承运商的原则
二、选择承运商的方法
任务四
优化运输线路
一、运输线路类型
二、单一起讫点线路优化
三、多个起讫点线路优化
四、循环取送货线路优化

学习目标

素养目标

1. 具有终身学习的理念，不断更新知识和技能，适应物流行业的发展变化；
2. 了解绿色物流对于降低企业经营成本、实现宏观经济转型升级、营造天蓝地绿水净的舒适生态环境的意义；
3. 形成节约优先、保护优先、自然恢复为主的绿色物流发展观，在物流运输决策中考虑环境保护因素，努力实现绿色物流和可持续发展。

知识目标

1. 熟悉运输合理化的概念、不合理运输的表现形式、影响合理运输的因素、组织合理运输的措施；
2. 熟悉运输方式选择方法；
3. 熟悉承运商选择标准；
4. 掌握常用的运输线路优化方法。

技能目标

1. 能够利用定性分析法和定量分析法选择合理的运输方式；
2. 能够根据需要选择适合的承运商；
3. 能够利用相关数学模型优化运输线路。

内容提要

物流决策主要包括宏观运输决策和微观运输决策。宏观运输决策主要是指国家运输主管部门制定的与物流运输相关的政策。本项目主要从微观层面介绍企业物流运输过程中的决策问题，包括识别合理运输、选择运输方式、选择承运商、优化运输线路四个任务。

任务一
识别合理运输

任务情境

运输与我们的生活息息相关。例如：当遇到前往偏远地区的乘客时，的士司机可能拒载；当城市交通拥堵时，政府部门会号召大家乘坐公共交通工具；当某些城市路段拥堵时，驾驶员会选择绕行。这些生活中的运输问题反映了什么道理？

任务分析

上面列举了我们生活中遇到的真实场景，虽然是客运现象，但是本质上与货运物流没有区别，反映的都是运输的合理化问题。情形一中，的士司机的拒载属于违反《巡游出租汽车经营服务管理规定》的违法行为，但是从运输合理化的角度来分析，运送乘客前往偏远地区很可能造成车辆返程空载，造成运输资源浪费，没有充分利用运输能力，属于常见的不合理运输形式。情形二中，当城市交通拥堵时，如果大家坚持驾驶私家车出行，则会造成交通瘫痪，严重影响交通通行效率，而大家选择公共交通等方式出行，就能极大地缓解交通压力，提高交通运行效率。当然，号召不是强制措施，当交通通行状况特别严峻时，可能造成交通不可控，在这种情况下，政府部门会采取限行政策保障正常通行。情形三中，驾驶员绕行是一种舍近求远的行为，如果不考虑实际情形，从理论上看属于迂回运输，是一种不合理的运输形式。要注意的是，本项目关于不合理化运输表现形式和线路优化的相关内容是从理论角度分析不合理运输，事实上，实际情况要比理论复杂很多。在情形三中，驾驶员绕行可能节省了到达目的地的时间，虽然行驶路程更远，但是减少了等待信号灯的时间，综合能耗更低，因此属于合理运输。

任务实施

通过以上分析，我们对合理运输有了感性的认识，那么，什么是合理的物流运输呢？哪些是不合理运输的表现？通过对比学习，我们将学会判断运输决策方案是否合理。

流程一　认知物流运输合理化

物流运输合理化就是在保证物资流向合理的前提下，在整个运输过程中，确保运输质量，以适宜的运输工具、最少的运输环节、最佳的运输线路、最低的运输费用将物资运至目的地，获得最佳的经济效益。

◎ 知识链接

一、物流运输合理化的意义

（一）充分利用运输能力

物流运输合理化有助于提高运输效率，促进各种运输方式的合理分工，以最小的社会运输劳动消耗，及时满足各类运输需求。

（二）合理规划货物运输线路

物流运输合理化有助于经最少的环节、以最快的时间、取最短的里程到达目的地，从而加速货物流通，既可及时供应市场，又可降低物资部门的流通费用，加速资金周转，减少货损货差，取得良好的社会效益和经济效益。

（三）充分发挥运输工具的效能

物流运输合理化有助于节约运力和劳动力，否则，不合理运输将造成大量的人力、物力、财力浪费，并相应地转移和追加到产品中去，人为增加了产品的价值量，提高了产品价格，从而加重了需求方的负担。

二、影响物流运输合理化的因素

物流运输合理化是各种经济因素、技术因素和社会因素相互作用的结果。影响物流运输合理化的因素主要有以下几个方面：

（一）运输距离

在运输活动中，运输时间、货损、运费等运输的若干经济指标都与运输距离有一定的比例关系，运输距离长短是影响运输是否合理的一个基本因素。因此，物流公司在组织商品运输时，首先要考虑运输距离，尽可能实现运输距离优化。

（二）运输环节

因为运输活动中操作人员需要进行装卸、搬运、包装等工作，多一道环节，就会增加运输总费用，所以减少运输环节，尤其是同类运输工具的运输环节，对合理运输有促进作用。

（三）运输时间

时间就是金钱，速度就是效益，运输不及时易导致错失销售机会，造成商品积压和脱销，尤其是在国际贸易市场上。运输时间过长不利于运输工具周转和货主资金周转。

（四）运输工具

各种运输工具都有适用场景。物流企业应对运输工具进行优化选择，根据不同商品的特点，分别利用铁路、轮船、汽车等不同的运输工具，选择最佳的运输线路，合理使用运力，以最大限度地发挥所有运输工具的作用。

（五）运输费用

运输费用在全部物流费用中占有很大比重，是衡量物流经济效益的重要指标，尽可能降低运输费用是组织合理运输的主要目的之一。

上述因素既相互联系，又相互影响。运输时间缩短，运输费用却不一定低，这就要求综合分析，寻找最佳方案。在一般情况下，运输时间短和运输费用低是运输合理化的关键，因为这两个因素集中体现了物流过程中的经济效益。

流程二　认知物流中不合理运输的表现

不合理运输是指物流企业基于现有的技术水平，根据运输的实际条件可以达到的运输水平，因主观和客观等因素造成的运力浪费、运输费用超支、运输时间延长、货物损耗增加等不合理的运输现象。为了简化复杂的现实运输情形，便于理解和学习不合理运输的表现形式，我们可以将其抽象化和模型化。

动画：

不合理运输的表现形式

◎ 知识链接

不合理运输主要有以下几种表现形式：

一、空车行驶

空车行驶是运输过程中经常遇到的情况，是最容易导致运输资源浪费的不合理运输形式。需要注意的是，并不是所有的空车行驶都是不合理运输。一般而言，因运输需要而调运空车不视为不合理运输。若因调运不当、运输计划不合理等原因造成空驶，则视为不合理运输。

二、对流运输

对流运输是指同一种货物或可以相互替代的货物在同一运输线路或水平运输线路上做相对方向的不合理运输。它主要有以下两种形式：

(1) 明显的对流运输，即在同一运输线路上的对流运输［见图6-1（a)]。

(2) 隐含的对流运输，即违反近产近销原则，在平行线路上朝着相对方向的运输［见图6-1（b)]。

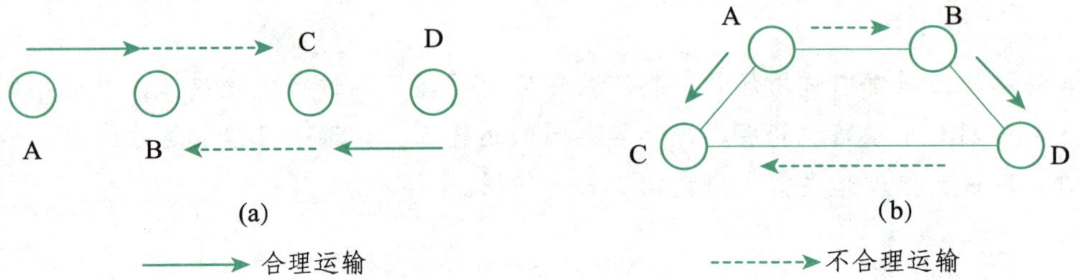

图6-1 对流运输

三、迂回运输

迂回运输是指在有多条运输线路可供选择的条件下，选择较远距离的线路而放弃最短距离运输线路的不合理运输形式（见图6-2)。

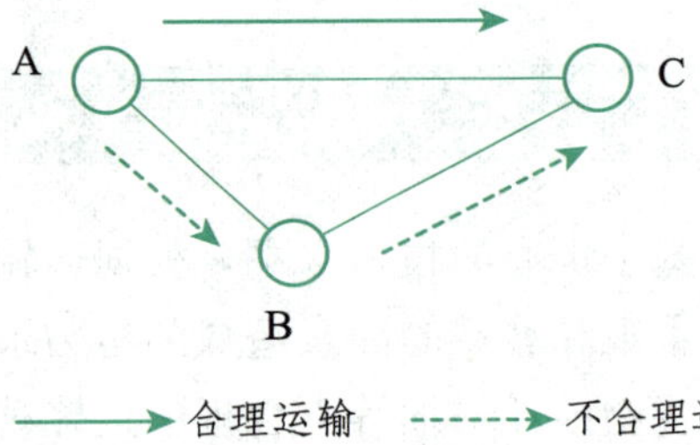

图6-2 迂回运输

四、倒流运输

倒流运输是指货物从销地向产地或中转地向产地倒流的不合理运输形式（见图6-3)。

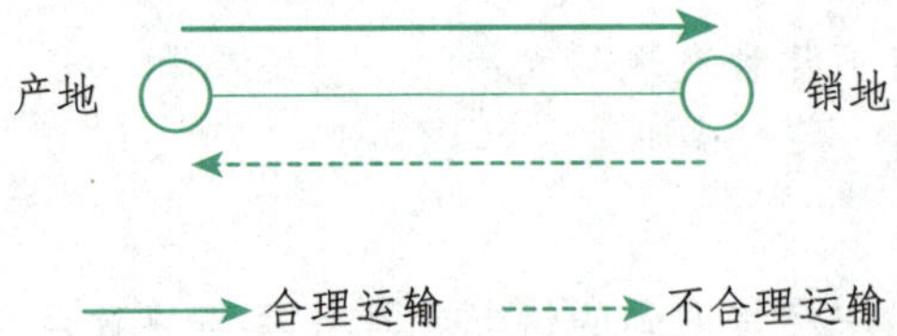

图6-3 倒流运输

五、重复运输

重复运输是指货物可直达目的地，但因物流仓库设置不当或计划不周等原因造成中途卸装，再运送到目的地的不合理运输形式（见图6-4)。

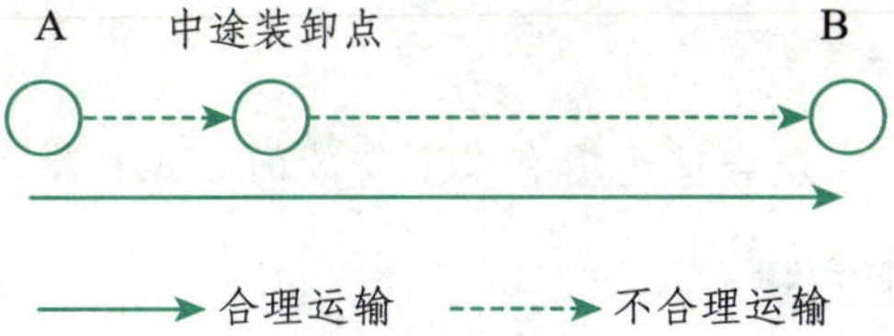

图 6-4　重复运输

六、过远运输

过远运输是指运往销地的某种货物有多个产地或调运地可供选择，而采用了舍近求远的不合理运输形式（见图 6-5）。

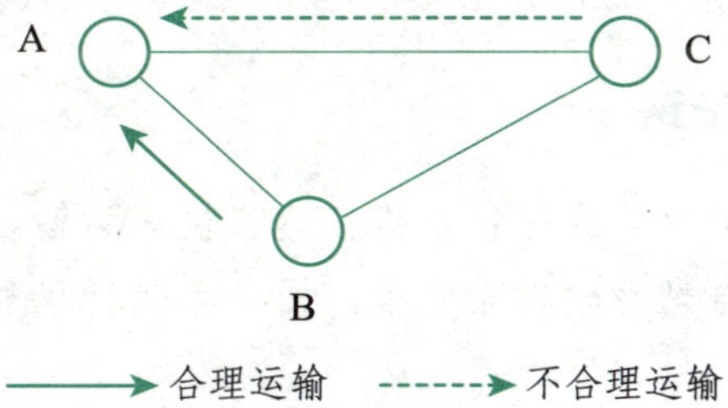

图 6-5　过远运输

七、运输工具选择不当

运输工具选择不当是指未按照各种运输工具的优势选择运输工具而造成不合理运输的形式。常见的有弃水走陆，铁路、水路等大型船舶的过近运输，运输工具承载能力选择不当等。

八、运输方式选择不当

运输方式选择不当是指运输货物时没有选择最有利的运输方式，而造成运力浪费以及费用支出增加的不合理运输形式。例如：应该选择整车托运却采用零担托运；可采用直达运输而选择了中转运输或应中转运输却选择了直达运输。

以上八种不合理运输都是理想状态下的表现形式。物流企业在作出合理化运输决策时，必须依据实际情况综合考虑，进行系统分析从而作出正确判断。

流程三　实现合理运输的方式和途径

前面我们对物流运输合理化的影响因素和不合理运输的表现形式进行了分析，其目的是探索实现合理运输的方式和途径。

◎ 知识链接

在当前技术条件下，实现合理运输有以下有效的方式和途径：

一、合理选择运输方式

各种运输方式都有各自的适用范围和不同的技术经济特征，选择时应进行比较和综合分析，既要考虑运输成本的高低和运行速度的快慢，又要考虑货物性质、数量大小、运距远近和货主需要的缓急及风险程度。

二、合理选择运输工具

根据货物的性质、数量和对温度、湿度等要求，选择不同类型、额定吨位的运输车辆。

三、正确选择运输线路

物流企业选择运输线路时，应尽量安排直达、快速运输，尽可能缩短运输时间；避免空驶、迂回、倒流等不合理运输现象发生，提高车辆行程利用率，从而达到节省运输费用、节约运力的目的。

四、改善货物包装质量和方法

货物运输线路的长短、装卸次数的多少都会影响货物破损率。合理地选择包装物料、提高包装质量，有助于降低货损发生的概率，这是确保运输合理化的有效措施。

五、适时采用混合运输

物流企业可通过混合运输将多个托运人的可以拼装的货物同车装运，提高运输工具的实载率。混合运输可以充分利用运输工具的额定能力，减少空驶和不满载行驶等不合理运输现象的发生。

六、采用大吨位运输工具

在运输规模较大，尤其是长距离运输的情形下，采用大吨位运输工具可以有效降低运输成本，达到运输合理化的目的。例如：在铁路运输中，多加挂车；在内河运输中，将驳船编成队形，由重载驳船顶推前进；在公路运输中，实行汽车挂车运输。

七、发展社会化第三方运输系统

运输需求随市场变化波动较大，特别是“6·18”“双11”等活动易造成运输需求不均衡。由于单个企业的运输能力在旺季时供不应求，淡季时车辆又会闲置，因此经常容易出现运力空缺、不能满载等现象。实行社会化第三方运输，有利于统一安排运输资源，满足运输需求，避免迂回、倒流、空驶、运力选择不当等。

八、尽量发展直达运输

直达运输是在组织货物运输过程中，通过减少中间环节及装卸，达到提高运输速度、节省装卸费用、降低货损货差等运输合理化的目的。

九、尽量采用配载运输

配载运输是通过技术手段合理安排货物装载的一种运输方式，是提高运载利用率的有效手段。在运输过程中，货物往往有轻有重，应注意轻重货物的合理配载，如在以实重货物运输为主的情况下，同时搭载一些轻泡货物，在基本不增加运力的情况下，提高运输实载率。值得注意的是，采用配载运输的货物性质相同或相似才可以混装。

十、发展综合运输体系

在货物运输过程中，往往需要运用多种运输工具开展运输任务，并且在运输工具转换过程中会涉及装卸搬运、仓储、流通加工等物流衔接活动，发展联合运输等综合运输体系可以有效提高运输效率。

【想一想】

空车行驶和迂回运输是否一定就是不合理运输呢？

归纳总结

物流运输合理化就是在保证货物流向合理的前提下，在整个运输过程中，确保运输质量，以适宜的运输工具、最少的运输环节、最佳的运输线路、最低的运输费用将物资运至目的地，获得最佳的经济效益。

影响物流运输合理化的因素主要有运输距离、运输环节、运输时间、运输工具、运输费用。这些因素既相互联系，又相互影响。

不合理运输是指物流企业基于现有的技术水平，根据运输的实际条件可以达到的运输水平，因主观和客观等因素造成的运力浪费、运输费用超支、运输时间延长、货物损耗增加等不合理的运输现象。

物流运输不合理的表现主要有空车行驶、对流运输、迂回运输、倒流运输、重复运输、过远运输、运输工具选择不当、运输方式选择不当等。

物流运输合理化是一个系统分析过程，常采用定性与定量相结合的方法，对运输的各个环节和总体进行分析研究。物流运输合理化的有效的方式和途径主要有合理选择运输方式、合理选择运输工具、正确选择运输线路、改善货物包装质量和方法、适时采用混合运输、采用大吨位运输工具、发展社会化第三方运输系统、尽量发展直达运输、尽量采用配载运输、发展综合运输体系。

任务二
选择运输方式

任务情境

有一批商品重 23 吨，从甲地运往乙地，有公路和水路两种运输方式可供选择。甲、乙两地公路相距 180 千米，汽车运输按每辆标重 4 吨计，运价不分整件、零件，吨公里运价为 1.5 元，其他杂费（包装费、装卸费）为每吨 2 元。甲、乙两地水路相距 32 千米，吨公里运价为 0.5 元，但乙地码头离仓库还有 10 千米，仍需用汽车运输，其他杂费与公路运输相同；同时由于该商品中途要转运，需在码头停留一天，每天每吨堆存费为 1 元、港务费为 0.3 元。公路运输振动较大，但只需一次装卸，当天就能到达目的地，商品损耗为每吨 2 元。水路运输需中转一次，比公路运输损耗多，商品损耗为每吨 10 元。

如果你是物流运输部门主管，你会选择公路运输还是水路运输呢？

任务分析

基本的运输方式包括公路运输、铁路运输、水路运输、航空运输和管道运输五种。在实际业务中，除了选择上述五种基本的运输方式其中一种，还会涉及公铁联运、海空联运等联合运输。到底选择哪种运输方式，是物流运输决策中需考量的。

任务实施

在各种运输方式中，如何选择适当的运输方式是物流运输合理化的重要问题。一般来讲，应根据物流系统的服务水平和物流成本综合决定，既可以选择单一运输方式，也可以选择联合运输。通过学习，同学们需要学会比较并选择合适的运输方案。

流程一　比较各种运输方式的技术经济特征

各种运输方式的技术经济特征主要包括运输速度、运输工具的容量及线路的运输能力、运输成本、经济里程、环境保护。

◎ 知识链接

一、运输速度

以什么样的速度实现货物的位移是物流运输中的重要技术经济指标。运输载体的最高技术速度一般受到载体运动的阻力、载体的推动技术、载体材料对速度的承受能力以及与环境有关的可操纵性等因素的制约。由于经济原因各种运输方式采用的技术速度一般要低于最高技术速度，尤其是在经济性对速度特别敏感的水路运输方面，船舶一般都采用经济航速营运。

在运输实践中，旅客和货物所能得到的服务速度低于运输载体的技术速度。首先，运载工具不可能在运输全过程中以技术速度运行，即运载工具的营运速度总是低于技术速度。例如：飞机升降作业时会减速，火车会在中途停站及编组，船舶在航行途中速度会受到风浪的影响，汽车在行驶途中要进行交通避让。

就运输速度而言，航空最快，铁路次之，水路最慢。但在短距离的运输中，公路运输具有灵活、快捷、方便的绝对优势。

二、运输工具的容量及线路的运输能力

由于技术及经济的原因，各种运输方式的运载工具都有适当的容量范围，从而决定了运输工具的能力。公路运输中，由于道路运输的制约，运载工具的容量最小，通常载重量在100吨以下；铁路运输中，货运列车的载重量达1 000吨以上；水路运输中，船舶的载重量最大，从几千吨到几十万吨。

三、运输成本

物流运输成本主要由四项内容构成：基础设施成本、转运设备成本、营运成本和作业成本。这四项成本在各种运输方式之间存在较大的差异。其中，铁路方面基础设施及转运设备的成本所占比重较大。

四、经济里程

经济性是衡量交通运输方式的重要标准。运输经济性状况除了受投资额、运转额等因素影响外，主要与运输速度及运输距离有关。一般来说，运输速度与运输成本有很大的关系，表现为正相关关系，即运输速度越快，运输成本越高。不同运输方式的运输距离与运输成本之间的关系有一定的差异。例如：铁路的运输距离增加的幅度要大于成本上升的幅度，而公路相反。

五、环境保护

在运输过程中所必需的能源消耗排出来的废气是空气的污染源之一，严重影响空气

质量，从而导致大气污染，在人口密集的地区尤其严重，并且随着交通污染源的空间位置移动，会不断扩散到其他地区。不合理的交通设施建设往往会破坏植被，改变自然环境条件，破坏生态环境的平衡，并导致生态环境恶化。

流程二 影响运输方式选择的因素

不同的运输方式的经济技术特性决定了企业需根据物流系统要求的服务水平和物流成本进行综合分析，选择与货物相适应的运输方式，既可以选择一种运输工具，也可以选择联合运输。

◎ 知识链接

一般而言，影响运输方式选择的因素包括：(1) 货物品种；(2) 运输期限；(3) 运输成本；(4) 运输距离；(5) 运输批量。

一、货物品种

关于货物品种及性质、形状，可从货物包装上获取相应信息，并选择适合这些货物特征和形状的运输方式。

二、运输期限

运输期限即货物运达时限，物流企业应保证及时运输。物流企业应根据运输时间来选择运输工具，按照运输工具的速度来安排日期，还应充分考虑两端及中转的作业时间。

三、运输成本

运输成本因货物的种类、质量、容积、运输距离的不同而不同。物流企业在考虑运输成本时，必须考虑运输费用与其他物流子系统的相互关联，不能单从运输费用出发来决定运输方式，而要从物流总成本角度出发来考虑。

四、运输距离

从运输距离来看，一般情况下可以按照以下原则：300 千米以内用汽车运输；300～500 千米用铁路运输；500 千米以上用船舶运输。当然可根据实际情况进行调整。

五、运输批量

在运输批量方面，因为大批量运输的成本相对较低，企业应尽可能将商品集中到最终消费者附近，从而降低成本。

因为各种运输方式和运输工具都有各自的特点，而不同特性的货物对运输的要求也不一样，所以要统一标准是很困难的。根据物流运输的总目标，确定普遍性原则是可以实现的。

在选择运输方式时，保证运输的安全性是首要条件，包括人身、设备和货物的安全等。为了保证货物安全，企业首先应了解货物的特性，如质量、体积、贵重程度、内部结构及物理或化学特性（易燃、易碎、危险性），然后选择安全、可靠的运输方式。

物资运输的在途时间和到货的准时性是衡量运输效果的重要指标。运输时间的长短和到货的准时性不仅决定了物资周转的快慢，而且对社会再生产的顺利进行会产生较大的影响。由于运输不及时，有时会给运输任务造成巨大损失。

运输费用既是衡量运输效果的综合标准，也是影响物流系统经济效益的主要因素。一般来说，运输费用和运输时间是一对矛盾体，速度快的运输方式一般费用较高；反之，运输费用低的运输方式速度较慢。

综上所述，企业选择运输方式时，通常在保证运输安全的前提下衡量运输时间和运输费用，当到货时间得到满足时，再考虑费用低的运输方式。当然，计算运输费用时不能单凭运输单价的高低，而应对运输过程中发生的各种费用以及对其他环节费用的影响进行综合分析。

如果需对运输方式的选择做进一步的定量分析，企业应考虑不同运输工具所提供的服务特征，这些服务特征中最重要的是成本、速度和可靠性。因此，服务成本、平均送达时间和运达时间的变动性应作为运输方式选择的依据。

流程三　选择运输方式的方法

运输方式的选择方法有很多，可分为定性分析法和定量分析法。

一、定性分析法

定性分析法主要是依据完成运输任务可供选择的各种运输方式的运营特点、主要功能、货物特性和货主要求等因素，对运输方式的技术经济指标以主观经验作为判断标准的方法。

（一）单一运输方式的选择

单一运输方式是指通过比较公路、铁路、水路、航空和管道五种基本运输方式的优点与不足，选择适合货物运输的方式。

一般来说，公路运输机动灵活，具有实现货物“门到门”运输的优势；铁路运输的主要优势是不受气候的影响，可以实现货物的长距离准时运输；水路运输具有运量大、成本低的优势；航空运输的主要优势是可实现货物的快速运输；管道运输是专门由生产地向市场输送石油、煤和化学产品的运输方式。所以，可根据五种基本运输方式的优势、特点，结合运输需要进行恰当的选择。

（二）联合运输方式的选择

联合运输方式的选择是指选择两种以上的运输方式联合起来的运输服务。联合运输的主要特点是可以在不同运输方式间自由变换和组合运输工具，以最合理、最有效的方式实现货物的运输。联合运输的组合方法很多，在实际运输任务中，铁路与公路联运、公路或铁路与水路联运、航空与公路联运应用较为广泛。

（1）铁路与公路联运，即公铁联运，或称驮背运输，是指在铁路平板车上载运公路拖车进行的长距离运输。驮背运输综合了公路运输灵活、方便以及铁路运输长距离、经济、准时的优势，运费通常比公路运输低。

（2）公路或铁路与水路联运，又称鱼背运输，是指公路拖车、铁路车厢或集装箱装在大型船舶上进行的长距离运输。鱼背运输因为运量大、运费低，所以在国际多式联运中被广泛采用。

（3）航空与公路联运也是被广泛采用的运输方式，这种将航空运输快捷、公路运输灵活方便的优势融合一起提供的运输服务，能以最快的方式实现长距离“门到门”的货物运输。

二、定量分析法

定性分析法具有简单、方便等优点，但运用该方法选择不同运输方式时不容易直观判断优劣。选择运输方式的定量分析方法有很多。定量分析法主要有两种：成本比较法和综合评价法。

（一）成本比较法

影响运输方式选择的因素有很多，当其他因素的影响差别不大时，为了简化分析和计算过程，可以只考虑最重要的因素，称为单一因素分析法。

对于运输任务而言，成本是承运人最关注的因素之一，成本比较法就是通过比较成本高低来选择运输方式的定量分析方法。

【例 6-1】 某公司欲将产品从位置 A 的工厂运往位置 B 的公司自有仓库，年运量 D 为 700 000 件，每件产品的价格 C 为 30 元，每年的存货成本 I 为产品价格的 30%。该公司希望选择使总成本最小的运输方式。据估计，运输时间每减少一天，平均库存水平可以减少 1%。各种运输服务的有关参数见表 6-1。

表 6-1 各种运输服务的有关参数

运输方式	运输费率 R（元/件）	运达时间 T（天）	每年运输批次	平均存货量 $Q/2$（件）
铁路	0.10	21	10	100 000
驮背运输	0.15	14	20	50 000×0.93
公路	0.20	5	20	50 000×0.84
航空	1.40	2	40	25 000×0.81

在途运输的年存货成本为 $ICDT/365$，两端储存点的存货成本各为 $ICQ/2$，但其中的 C 值有差别，工厂储存点的 C 为产品价格，购买者储存点的 C 为产品价格与运费率之和。每种运输方式的总成本为 $RD+ICDT/365+ICQ/2+I(C+R)(Q/2)$。运输服务方案比较见表 6-2。

表 6-2 运输服务方案比较

成本类型	计算方法	运输服务方案			
		铁路	驮背运输	公路	航空
运输	RD	0.10×700 000=70 000	0.15×700 000=105 000	0.2×700 000=140 000	1.40×700 000=980 000
在途存货	$ICDT/365$	(0.3×30×700 000×21)÷365=362 465	(0.3×30×700 000×14)÷365=241 644	(0.3×30×700 000×5)÷365=86 301	(0.3×30×700 000×2)÷365=34 521
工厂存货	$ICQ/2$	0.3×30×100 000=900 000	0.3×30×50 000×0.93=418 500	0.3×30×50 000×0.84=378 000	0.3×30×25 000×0.81=182 250
仓库存货	$I(C+R)(Q/2)$	0.3×30.1×100 000=903 000	0.3×30.15×50 000×0.93=420 593	0.3×30.2×50 000×0.84=380 520	0.3×31.4×25 000×0.81=190 755
总成本		2 235 465	1 185 737	984 821	1 387 526

（二）综合评价法

考虑单一因素的成本分析法不能全面考量运输方式选择的影响因素。如果要全面考虑运输方式的成本、速度、安全、便利等因素，需采用综合评价法。

综合评价法是依据不同运输方式的经济技术特性将其量化为经济性 F_1、迅速性 F_2、安全性 F_3 和便利性 F_4 四个指标，并根据决策者的目标，对经济性 F_1、迅速性 F_2、安全性 F_3 和便利性 F_4 赋予不同的重要程度（权重），加权后得出综合评价值 F，综合评价值最大的即为最优运输方式。则综合评价值 F 可以表示为：

$$F=W_1F_1+W_2F_2+W_3F_3+W_4F_4$$

式中，W 代表 F 的重要程度，一般采取主观评价确定，且满足 $W_1+W_2+W_3+W_4=1$。值得注意的是，在比较之前必须将各评价指标 F 标准化。

【想一想】

(1) 各种运输方式有哪些优势和劣势？

(2) 选择运输方式时要考虑的因素有哪些？

(3) 定量分析法和定性分析法相比较有哪些优点和缺点？

归纳总结

基本运输方式包括公路运输、铁路运输、水路运输、航空运输和管道运输五种，各种运输方式的技术经济特征主要包括运输速度、运输工具的容量及线路的运输能力、运输成本、经济里程、环境保护。

一般而言，影响运输方式选择的因素包括：(1) 货物品种；(2) 运输期限；(3) 运输成本；(4) 运输距离；(5) 运输批量。

定性分析法主要是依据完成运输任务可供选择的各种运输方式的运营特点、主要功能、货物特性和货主要求等因素，对运输方式的技术经济指标以主观经验作为判断标准的方法。

定性分析法具有简单、方便等优点，但运用该方法选择不同运输方式时不容易判断优劣，此时就需要运用定量分析法进行决策。选择运输方式的定量分析法有很多，如成本比较法和综合评价法。

任务三 选择承运商

任务情境

张总是国内一家大型运输型物流企业的老总，最近他在承运商的选择上感到很烦恼。张总对以前合作的大型承运商的服务质量、货物赔偿效率都很不满意。特别令张总不满意的是，原来合作的承运商在市场价格发生不利影响时，拒绝按合同价格提供服务。在这种情况下，张总担心货物不能及时运出。不过张总又看好其强大的配送网络，担心如果选择中小型承运商，虽然服务稍好，但配送网络可能得不到保证。

张总应如何选择承运商？是选择大型承运商还是中小型承运商？同时，在与承运商合作的过程中应该如何约束对方使合作顺畅呢？

任务分析

对于同一种运输方式，托运人或货主可以选择不同的承运商。当托运人或货主确定运输方式后，就需要对选择哪个承运商做出决策，实质上选择承运商就是对其所提供的运输服务水平和条件进行决策。当然，不同客户对运输服务和承运商的要求是不同的。

任务实施

选择承运商是托运人或货主面临的物流运输决策问题之一。托运人或货主在选择承运商时首先需要确定选择的目标和原则，然后选择适当的方法。

流程一　选择承运商的原则

承运商选择的原则包括核心能力原则、总成本最低原则、敏捷性原则、风险最小原则。

◎ 知识链接

一、核心能力原则

核心能力原则即要求承运商具备为运输需求企业提供运输服务的核心能力。核心能力是指承运商在经营过程中所形成的不易被竞争对手效仿的，并能给企业带来超额利润的独特能力，是所有能力中最重要、最关键、最根本的能力。核心能力的强弱决定了承运商在市场中的竞争力大小。承运商的核心能力既包括核心技术能力、组织协调能力、应变能力，也包括承运商提供的不可替代的服务、文化等。

二、总成本最低原则

运输需求企业往往对运输服务的价格极为敏感，交易量在很大程度上取决于价格的高低。承运商往往会提供有竞争力的价格以获得更多的运输订单。较低的运价可使承运商具有较大的价格竞争优势。所以，总成本最低原则就是对于托运人或货主而言，选择总运输服务费用最低的承运商。

三、敏捷性原则

敏捷性原则是指运输需求在企业选择承运商时要考虑快速、准确地运输货物，从而把握快速变化的市场机会。因此，承运商应具有较高的敏捷性，对来自运输需求企业外部和内部的服务请求具有快速反应能力。

四、风险最小原则

通常而言，承运商拥有不同的组织结构和技术标准、不同的企业文化和管理理念、不同的硬件环境等，这些因素增加了运输过程中的风险。因此，运输需求企业在选择承运商时，必须考虑风险问题，选择正确的合作伙伴，以最大限度地规避或减少运输过程中的风险。

上述几个原则只是选择承运商的一般性原则，由于具体情况不同以及具体目标的差异，在选择承运商时可能并不限于上述几条基本原则，运输需求企业还需着眼于承运商所覆盖的服务区域及商誉、品牌、企业价值观等。

流程二 选择承运商的方法

运输需求企业在选择承运商时，通常要兼顾质量、成本等多方面因素。在比较承运商优劣时根据侧重点不同，运输需求企业选择承运商的方法可分为运输服务质量比较法、运输价格比较法、综合决策法。

◎ 知识链接

一、运输服务质量比较法

客户在付出同等运费的情况下，总希望得到更满意的服务，因此，服务质量往往成为运输需求企业选择不同承运商的首要标准。

（一）运输服务的过程质量

运输需求企业在选择承运商时，会将运输质量作为一个重要考量因素。运输服务的过程质量包含以下几个方面：

（1）承运商所使用的运输工具的数量、性能完备和先进程度、技术状态、现代化水平。

（2）承运商所提供的装卸服务的质量。

（3）承运商员工的工作责任心、知识技能水平、工作经验。

（4）承运商货物运输控制流程的科学性和合理性。

（5）承运商的管理制度和服务理念。

（6）承运商运输风险防范机制和措施。

(7) 承运商的资本和资金实力。

(8) 承运商服务网络的规模和完善程度。

(二) 运输服务的功能质量

随着承运商运输服务质量的提高，运输需求企业在选择不同的承运商时，还会考虑功能质量：

(1) 承运商的业务历史和客户口碑。

(2) 承运商运输完成的准时率。

(3) 承运商运输的时间间隔、发班密度。

(4) 承运商运输服务的可靠性。

(5) 承运商单证处理的准确率。

(6) 承运商信息查询的方便程度。

(7) 承运商货物纠纷的处理。无论承运商如何提高运输质量、改进服务水平，货运纠纷都难免会发生，发生纠纷后如何及时圆满地处理是运输需求企业所关心的问题。

由于运输技术及运输工具的发展，承运商之间的运输质量差异正在缩小。为了吸引客户，稳定自己的市场份额，提升竞争力，承运商都在不断更新服务理念，以提供差异化服务，为客户提供高附加值服务。这为运输需求企业选择承运商时提供了更多的空间，运输需求企业可以根据自己的需求进行选择。

二、运输价格比较法

承运商为了稳定已经占有的市场份额或希望进一步提高市场占有率，都会努力提高服务质量，尽最大努力满足客户要求。但是，随着运输市场竞争的日趋激烈，不同承运商提供的服务质量已近乎相同，运输价格成为承运商的有力竞争手段。运输需求企业在选择承运商时，面对几乎相同的服务质量，运输价格成为最重要的考量因素。

三、综合决策法

在大多数情况下，运输需求企业在选择承运商时会同时考虑多种因素，在所付运输费用和取得运输服务质量之间取得均衡。运输需求企业运用综合决策法时，同时考虑了服务质量和运输价格以及承运商的品牌、经济实力、服务网点数等。如果以公式来表示，则为：

$$S=\frac{K_1Q}{K_2P}+K_3B+K_4C+K_5N+\cdots+K_nO$$

式中：S—— 综合因素；

K_n —— 不同因素的权重（其中，$n=1,2,3,\cdots$）；

Q—— 服务质量；

P—— 运输价格；

B—— 承运商的品牌；

C—— 承运商的总资产状况；

N—— 承运商的服务网点数；

O—— 其他因素。

运输需求企业可以根据自己的需要和专家经验，调整不同考虑因素的权重，为最终决策提供参考依据。

归纳总结

承运商选择的原则包括核心能力原则、总成本最低原则、敏捷性原则、风险最小原则。

承运商选择的方法有运输服务质量比较法、运输价格比较法、综合决策法。

任务四
优化运输线路

任务情境

某地区的物资供应运输线路见图 6-6，其中“○”表示启运站，“□”表示目的站，启运站上方数字表示该启运站可供应的物资数量，目的站上方的数字表示该目的站所需求的物资数量，线路间括号中的数字表示启运站与目的站之间的距离（单位：km），现要求运用图上作业法找出物资调运的最优方案。

任务分析

优化物流运输线路是在已知货物名称及数量、货源地和目的地的情况下，根据运输合理化原则对运输线路进行优化。

任务情境中有 4 个生产供应点（A_1、A_2、A_3、A_4）和 5 个批发配送点（B_1、B_2、

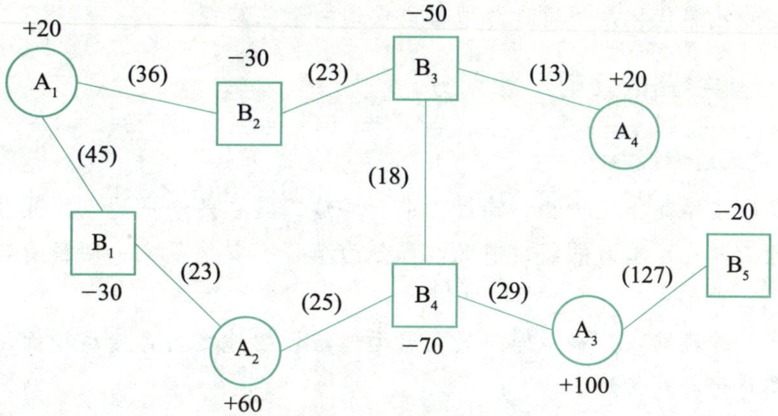

图 6-6　某地区的物资供应运输线路图

B_3、B_4、B_5），该运输线路图中有成圈的，有不成圈的。应该如何安排，才能达到路程最近和时间及费用最省？经过本任务的学习，运用图上作业法即可解决问题。

任务实施

运输线路的选择是运输中最常见的决策问题之一。运输线路的选择会影响运输设备和人员的利用效率。正确、合理的运输线路不仅可以降低运输成本，还可以缩短运输时间，提升运输服务质量。通过学习，学生要掌握设计并选择合适的路线优化方法，选择最优的运输线路。

流程一　运输线路类型

将运输线路进行分类有助于理解不同运输线路的区别，并采用有针对性的方法对不同的线路进行优化。

◎ 知识链接

一、按起讫点数目划分

（一）单一起讫点

单一起讫点是指单个始发点和终点的运输线路，最简单和最直观的方法是最短线路法。但是在实际运输任务中，最短路径并不代表所需的时间最短、成本最低，因为该方法没有考虑各线路的运行速度、运输量等因素。

（二）多个起讫点

如果运输线路中有多个货源地可以供应多个需求地，则称为多个起讫点运输线路。

多个起讫点运输线路优化是找出货源地与需求地的最优路径。

二、按运输线路的几何形状划分

（一）往复式运输线路

往复式运输线路是指在货物运输过程中，运输工具在两个货运点之间往返行驶的线路。根据运输工具在运输时的载运情况，可分为单程有载往复式、回程有载往复式和双程有载往复式三种形式。

在往复式运输线路中，当运输工具在启运地与目的地之间直接运输而没有中间经停点时，该线路称为直达线路。

在实际业务中，还存在由若干往复式运输线路组合而成的线路，这种线路被称为辐射式运输线路。辐射式运输线路是指货物由某一地点运往不同方向的收货点，或由不同方向的发货点运往同一收货点而形成的线路（见图 6－7）。

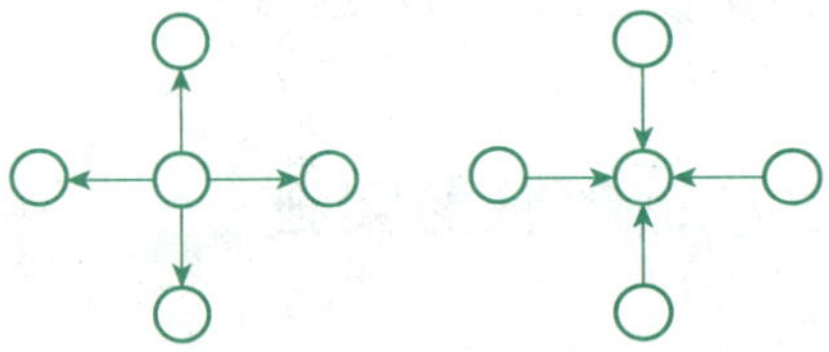

图 6－7　辐射式运输线路

（二）环式运输线路

环式运输线路是指运输工具在若干个装卸作业地点所组成的封闭线路上进行连续单向运行的线路。由于不同运输任务装卸作业地点的位置分布不同，环式运输线路可分为不同的形式，如简单环式、三角环式、交叉环式、复合环式等（见图 6－8）。

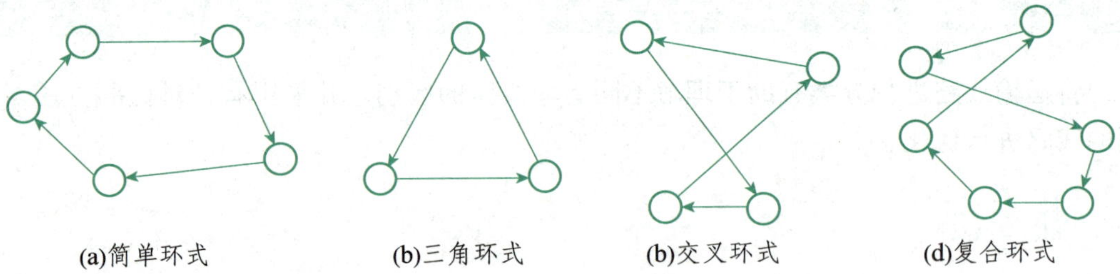

图 6－8　环式运输线路

（三）汇集式运输线路

汇集式运输线路是指运输工具沿运输线路上各货运点依次装、卸货，并且每次的货物装、卸量均小于该运输工具的额定载重量，直到整个运输工具装满或卸空后再返回出发点的线路。

汇集式运输线路既有环式的，也有直线式的，一般情况下为封闭线路。汇集式运输线路按货物载装形式可分为收集式运输线路、分送式运输线路和分送-收集式运输线路三种（见图 6－9）。

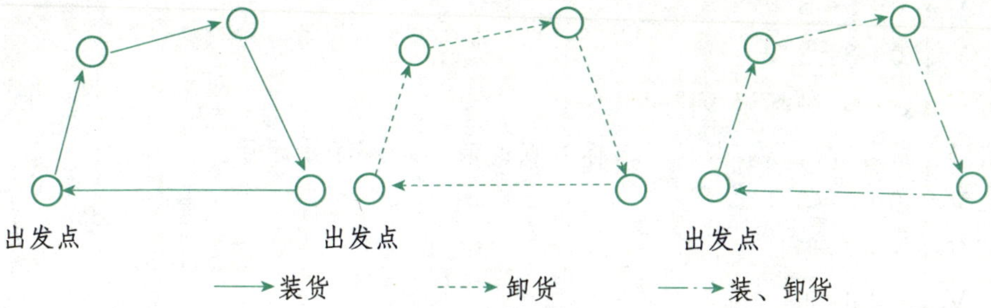

(a)收集式　(b)分送式　(c)分送-收集式

图 6-9　汇集式运输线路

流程二　单一起讫点线路优化

单一起讫点运输线路是指在一次运输任务中，只有一个货源地和一个目的地，是最简单的运输线路。

动画：

标号法求解单一起讫点线路优化问题

◎ 知识链接

单一起讫点线路优化原理是运筹学中的最短路径法，又称标号法。

【例 6-2】 一批货物要从 V_1 出发运往 V_7，从 V_1 到 V_7 的路径及距离（运输线路）见图 6-10。请用标号法求解出从 V_1 到 V_7 的最短路径（图中线路上的数字表示运输距离）。

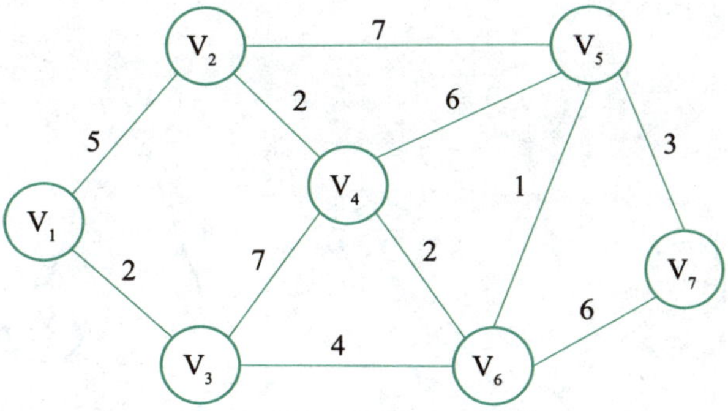

图 6-10　从 V_1 到 V_7 的运输线路示意图

解：

步骤 1： 将 V_1 点标为 $L_1=0$。

步骤 2： 求与 V_1 相邻但未标号点的最小距离值并标号。

V_2：0+5=5

V_3：0+2=2

则标号 $L_3=2$，并标记 V_1—V_3。

步骤3：求与 V_1、V_3 相邻但未标号点的最小距离值并标号。

V_2：0+5=5

V_4：2+7=9

V_6：2+4=6

则标号 $L_2=5$，并标记 V_1—V_2。

步骤4：求与 V_1、V_2、V_3 相邻但未标号点的最小距离值并标号。

V_4：5+2=7

V_5：5+7=12

V_6：2+4=6

则标号 $L_6=6$ 并标记 V_3—V_6。

步骤5：求与 V_1、V_2、V_3、V_6 相邻但未标号点的最小距离值并标号。

$$V_4\begin{cases}V_6—V_4：6+2=8\\V_3—V_4：2+7=9\\V_2—V_4：5+2=7\end{cases}\quad V_5\begin{cases}V_6—V_5：6+1=7\\V_2—V_5：5+7=12\end{cases}\quad V_7：V_6—V_7：6+6=12$$

则标号 $L_4=7$，$L_5=7$，并标记 V_2—V_4，V_6—V_5。

步骤6：求与 V_1、V_2、V_3、V_5、V_6 相邻未标号点的最小距离。

$$V_7\begin{cases}V_5—V_7：3+7=10\\V_6—V_7：6+6=12\end{cases}$$

则标号 $L_7=10$，并标记 V_5—V_7。

综上所述，可知从 V_1 到 V_7 最短路径为 V_1—V_3—V_6—V_5—V_7（见图6-11中粗箭线），距离为 2+4+1+3=10。

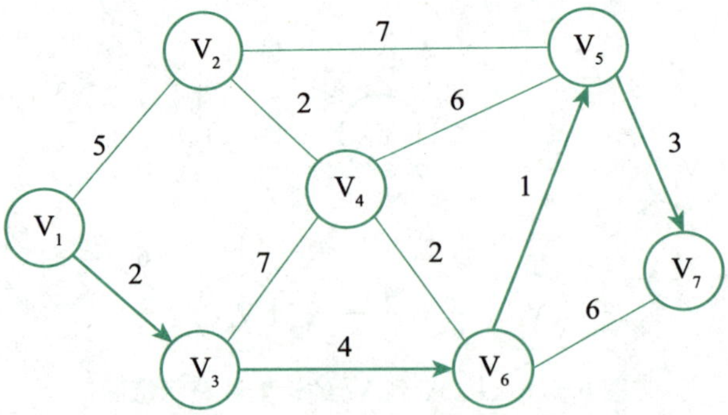

图6-11 从 V_1 到 V_7 的运输线路调整示意图

流程三　多个起讫点线路优化

在实际运输任务中，运输节点的需求量是不同的，单一起讫点运输线路只考虑了最短路径，并未考虑运输节点的需求量。多个起讫点运输线路同时考虑了运输距离和运输需求量，更符合实际运输情形。

◎ 知识链接

通常采用表上作业法和图上作业法进行多个起讫点运输线路优化。

一、表上作业法

表上作业法是指利用列表，考虑产销平衡条件下如何达到运输成本最小的方法，其求解步骤如下：

（一）编制初始调运方案

初始调运方案的编制有两种方法：最小元素法和西北角法。最小元素法是指从单位运价表中的最小运价对应的空格开始安排运输量，直到所有产地和销地均满足运输平衡条件。西北角法是优先从西北角（左上角）空格开始安排运输量，直到所有产地和销地均满足运输平衡条件。

（二）判断是否得到最优解

采用闭回路法来检验并判断初始调运方案是否为最优方案。闭回路法是指从某一空格出发（无调运量的格子），沿水平方向或垂直方向前进，遇到有调运量的格子就转向，直至回到原来出发的空格，形成闭回路，然后用这个闭回路上所有奇数顶点的运价之和减去所有偶数顶点的运价之和，结果为 0 或正数即为最优方案；如为负数，则为非最优方案，需进行调整。

（三）调整调拨量，求得最优方案

以闭回路中空格为起点（奇数顶点），取偶数顶点中的最小运量为调整量，奇数顶点增加调整量，偶数顶点减少调整量，得到新的调运方案，并继续采用闭回路法进行检验，直到求得最优方案。

如果供需不平衡，可假设 1 个虚拟需求市场（供大于求）或生产市场（供小于求），虚拟的生产量或需求量为供需的差额，单位运价为 0，就可以转换为供需平衡的运输问题，然后按照表上作业法求解供需平衡运输问题的步骤即可。

二、图上作业法

表上作业法能从供需角度求解出运输成本最小的运输线路，但未考虑供需地之间的

运输距离，得到的最优线路可能并不是最短运输路径。相较于表上作业法，图上作业法不仅考虑了供需平衡，还可兼顾运输距离优化，避免了运输成本最小但运输距离过长造成的运输不及时等问题，具有更广泛的应用范围。一般而言，图上作业法包括运输线路不成圈的图上作业法和运输线路成圈的图上作业法。

（一）运输线路不成圈的图上作业法

对于线路不成圈的货物运输，即不构成回路的运输线路，包括直线、丁字线、交叉线和分支线等。运输线路不成圈的图上作业法较简单，即从各端点开始，按各站供需就近调拨的原则进行调配，只要不出现对流和迂回现象，即为最优调运方案。

【例 6－3】 某地区不成圈的运输线路见图 6－12，其中“○”表示启运站，“□”表示目的站。启运站上方数字表示该启运站可供应的物资数量，目的站上方的数字表示该目的站所需求的物资数量，现要求通过图上作业法得到物资调运的最优方案。（注：“＋”表示物资供应，“—”表示物资需求。）

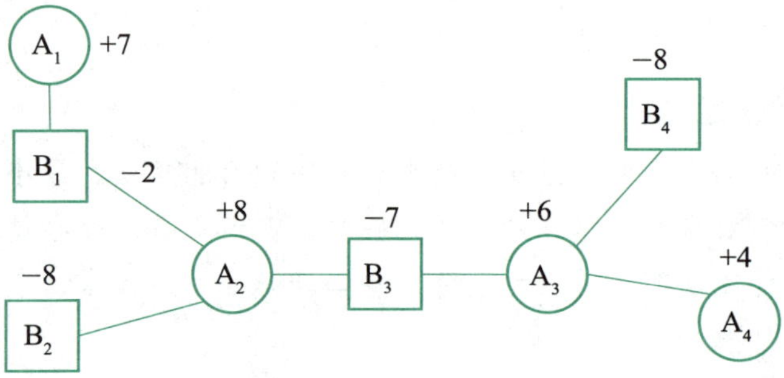

图 6－12　不成圈的运输线路示意图

解：

该题中有 4 个启运站：A_1、A_2、A_3、A_4，供应量分别为＋7、＋8、＋6、＋4；4 个目的站 B_1、B_2、B_3、B_4，需求量分别为—2、—8、—7、—8。为了便于检查对流现象，将流向箭头统一画在线路右边，调运量用数字表示，标注在箭头旁边。

步骤 1： 从启运站 A_1 开始，将 7 个单位的物资供应给 B_1，剩余 5 个单位的物资再调运给 A_2。

步骤 2： 启运站 A_2 的 8 个单位的物资供应给 B_2，从 A_1 调运过来的 5 个单位的物资供应给 B_3，这时，B_3 缺 2 个单位的物资。

步骤 3： 将启运站 A_4 的 4 个单位的物资调运给 A_3，连同 A_3 原有的 6 个单位的物资共 10 个单位，供应 8 个单位给 B_4，另外 2 个单位供应给 B_3，填补 B_3 所缺的 2 个单位的物资。

步骤 4： 此时，没有出现对流现象，故此方案为最优方案（见图 6－13）。

（二）运输线路成圈的图上作业法

运输线路成圈就是形成闭合回路的环形线路，包括一个圈和多个圈。当成圈的线路流向图既无对流现象，又无迂回现象时的最优流向图即为最优运输方案。对于成圈运输

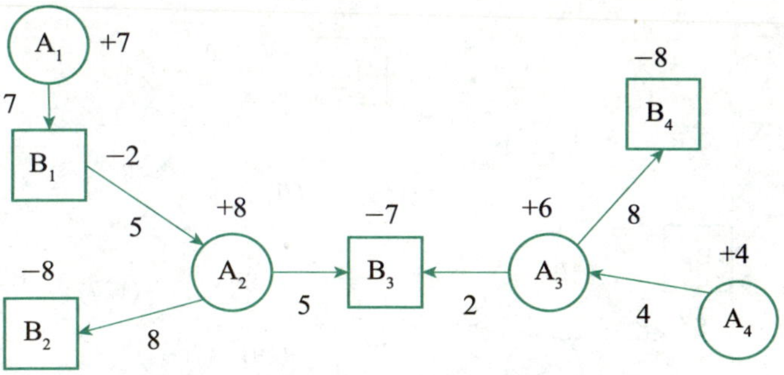

图 6-13 不成圈的运输线路调整示意图

线路的图上作业法，可以按照以下步骤求解。

步骤 1：去段破圈，确定初始运输方案。在成圈的线路中，先假设某两点间的线路“不通”，去掉这段线路，将成圈线路转化为不成圈的线路，即破圈；然后按照运输线路不成圈的图上作业法，即可得到初始运输方案。

步骤 2：检查有无迂回现象。因为流向箭头都统一画在线路右边，所以圈内圈外都画有一些流向。分别检查每个小圈，如果内圈（顺时针）和外圈（逆时针）流向的总长都不超过全圈总长的 1/2，那么，全圈就没有迂回现象，这个线路流向图就是最优的，对应的方案就是最优运输方案；否则，转向步骤 3。

步骤 3：重新去段破圈，调整流向。在超过全圈总长 1/2 的里（外）圈各段流向线上减去最小运量，然后在相反方向的外（里）圈流向线上和原来没有流向线的各段上，加上所减去的最小运量，这样可以得到一个新的线路流向图，然后转到第二步检查有无迂回现象。如此反复，直至得到最优线路流向图为止。

如果线路图存在两个及两个以上的圈，则需分别对各圈进行是否存在迂回线路的检查。如果各圈的里、外圈长度都不超过全圈总长的 1/2，则不存在迂回现象，此方案为最优运输方案。

下面运用图上作业法求解“任务情景”中的问题。

该题中有 4 个启运站：A_1、A_2、A_3、A_4，供应量分别为＋20、＋60、＋100、＋20；另外 5 个目的站 B_1、B_2、B_3、B_4、B_5，需求量分别为－30、－30、－50、－70、－20。图中有一个圈，由 A_1、B_1、A_2、B_4、B_3、B_2 构成。

步骤 1：去段破圈，确定初始运输方案。去掉 A_1 到 B_2 的线路，然后按照“各站共需就近调拨”的原则进行调运，即可得到初始运输流向线路图（见图 6-14）。

步骤 2：检查有无迂回现象。由图 6-14 可看出不存在对流现象，但要检查里、外圈流向线长，看是否超过全圈（闭合线路）总长的 1/2。通过计算可得：

全圈总长＝45＋23＋25＋18＋23＋36＝170（km）

半圈长＝170/2＝85（km）

外圈流向总长＝45＋25＋18＋23＝111（km）

里圈流向总长＝23（km）

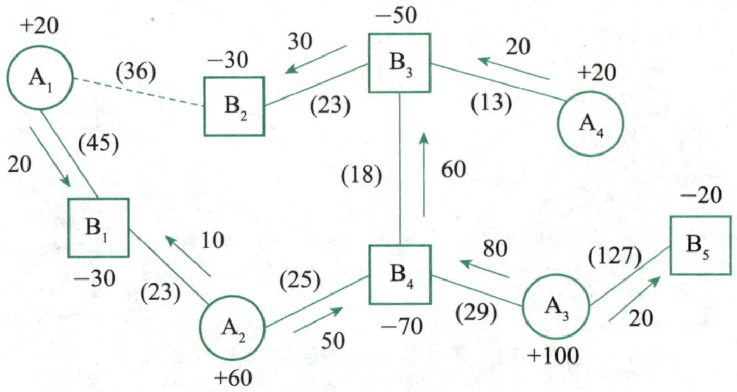

图 6-14　初始运输流向线路图

因为外圈流向总长超过全圈总长的 1/2（111km>85km），则可判定初始运输线路存在迂回现象，所以对应的方案不是最优方案。因此，必须进行优化调整。

步骤 3：重新去段破圈，调整流向。初始方案中里圈符合要求，外圈流向总长超过全圈总长的 1/2，故需缩小外圈。因为外圈流向线中运量最小的是 A_1 到 B_1 的“20”，所以去掉 A_1 到 B_1 的线路，并在外圈各段流向线上减去“20”的运量，同时在里圈各流向线上以及原来没有流向的 A_1 到 B_2 线上各加“20”的运量，这样可得到新的运输线路流向图（见图 6-15）。

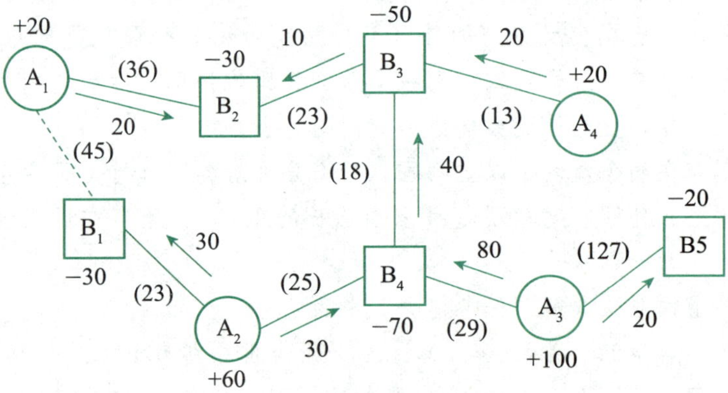

图 6-15　调整后的运输线路流向图

步骤 4：检验新的流向线路图的里、外圈长流向线长，看是否超过全圈（闭合线路）总长的 1/2，通过计算可得：

外圈流向总长＝25＋18＋23＝66（km）

里圈流向总长＝23＋36＝59（km）

因为两者均没有超过全圈总长的 1/2（即 85km），所以调整后的新流向线路图所对应的方案为最优方案。

步骤 5：由以上步骤的结果得知，若按调整后的新方案组织运输，则：

运力消耗=20×36+10×23+20×13+30×23+30×25+40×18+80×29+20×127

=8 230（t·km）

而按步骤1的初始方案组织运输，

运力消耗=20×45+10×23+50×25+80×29+20×127+20×13+30×23+60×18

=9 270（t·km）

由此可知，调整后的运输方案比初始方案节约运力1 040 t·km。

流程四　循环取送货线路优化

不管是单一起讫点运输线路还是多个起讫点运输线路，都是对实际运输线路的模型化。为了简化模型，便于求解，针对关键问题，模型忽略了很多因素，如车辆载重量、车辆单次最长运输距离等。循环取送货运输线路是指运输车辆从始发站出发依次按顺序前往多个目的站送（装）货，然后返回始发站，该运输线路同时考虑了最短路径、需求量、车辆载重量、车辆单次最长运输距离等因素，更符合现实运输任务的需求，是最常见的运输线路。这种运输线路有一个显著特点，即同一天有很多送（装）货点，且送（装）货量不大，可将多个送（装）货点的货物装上一辆车，提高了车辆实载率。对于循环取送货运输线路可以采用节约里程法进行线路优化。

◎ 知识链接

节约里程法是一种计算节省里程的方法，其线路设计原理可以用图6-16简要说明。图中，(a) 运输方案的运距为 $2a+2b$，(b) 运输方案的运距为 $a+b+c$，则 (b) 相对于 (a) 减少的里程为 $(2a+2b)-(a+b+c)=a+b-c>0$（两边之和大于第三边）。总之，在车辆载货能力允许的前提下，每辆车的配送线路上经过的客户个数越多，里程节约量越大，配送线路越合理。

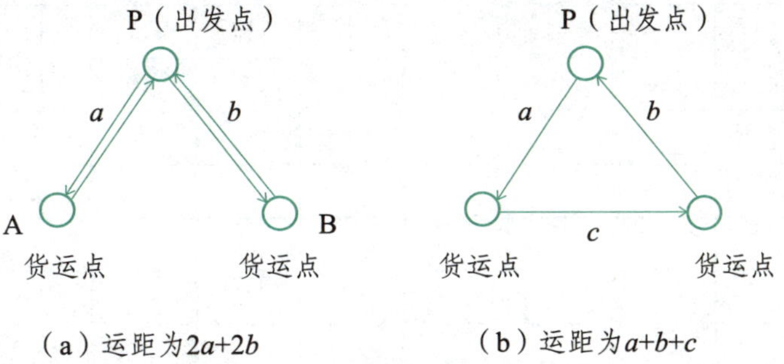

图6-16　节约里程法的原理

【例6-4】 P点为某物流企业仓库所在地，A～J是该物流企业的客户所在地（见图6-17）。根据客户的需求订单，现需要将货物运到A～J共10个目的地，括号内的数字表示需要运送货物的吨数，线路上的数字表示运输距离（单位：km）。假设现在只有额定载重量分别为2t和4t的货车，每车每次运行距离不超过30km。试求解该运输任务的最优运输线路。

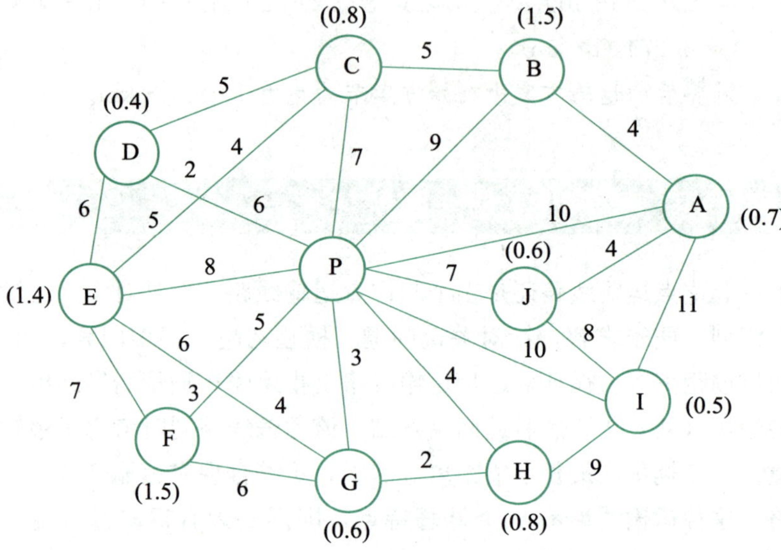

图6-17　节约里程的线路设计

解：

步骤1：计算两地之间的最短路径（见表6-3）。

表6-3　两地之间最短路径计算

	P	A	B	C	D	E	F	G	H	I	J
P		10	9	7	8	8	8	3	4	10	7
A			4	9	14	18	18	13	14	11	4
B				5	10	14	17	12	13	15	8
C					5	9	15	10	11	17	13
D						6	13	11	12	18	15
E							7	10	12	18	15
F								6	8	17	15
G									2	11	10
H										9	11
I											8
J											

步骤2：根据最短距离矩阵计算出两地之间的节约里程（见表6-4）。

表 6-4　两地之间节约里程

	P	A	B	C	D	E	F	G	H	I	J
P		0	0	0	0	0	0	0	0	0	0
A			15	8	4	0	0	0	0	9	13
B				11	7	3	0	0	0	4	8
C					10	6	0	0	0	0	0
D						10	3	0	0	0	0
E							9	1	0	0	0
F								5	4	1	0
G									5	2	0
H										5	0
I											9
J											

步骤 3：按节约里程大小顺序排列（见表 6-5）。

表 6-5　按节约里程大小顺序排列

顺序排位	连接线	节约里程（km）	顺序排位	连接线	节约里程（km）
1	A—B	15	13	F—G	5
2	A—J	13	14	G—H	5
3	B—C	11	15	H—I	5
4	D—E	10	16	B—I	4
5	C—D	10	17	A—D	4
6	A—I	9	18	F—H	4
7	E—F	9	19	B—E	3
8	I—J	9	20	D—F	3
9	A—C	8	21	G—I	2
10	B—J	8	22	E—G	1
11	B—D	7	23	F—I	1
12	C—E	6			

步骤 4：最后按照节约里程排列顺序表，组合成配送路线（见图 6-18）。

连接 AB、AJ、BC，同时连接 PA、PJ，则里程为 7+4+4+5+7=27km；货运量为 0.6+0.7+1.5+0.8=3.6t，需 4t 车 1 辆，运输线路为 P—J—A—B—C—P。

连接 DE、EF、FG，同时连接 PD、PG，则里程为 8+6+7+6+3=30km；货运量为 0.4+1.4+1.5+0.6=3.9t，需 4t 车 1 辆，运输线路为 P—D—E—F—G—P。

连接 HI，同时连接 PI、PH，则里程为 4+9+10=23km；货运量为 0.8+0.5=1.3t，需要 2t 车 1 辆，运输线路为 P—H—I—P。

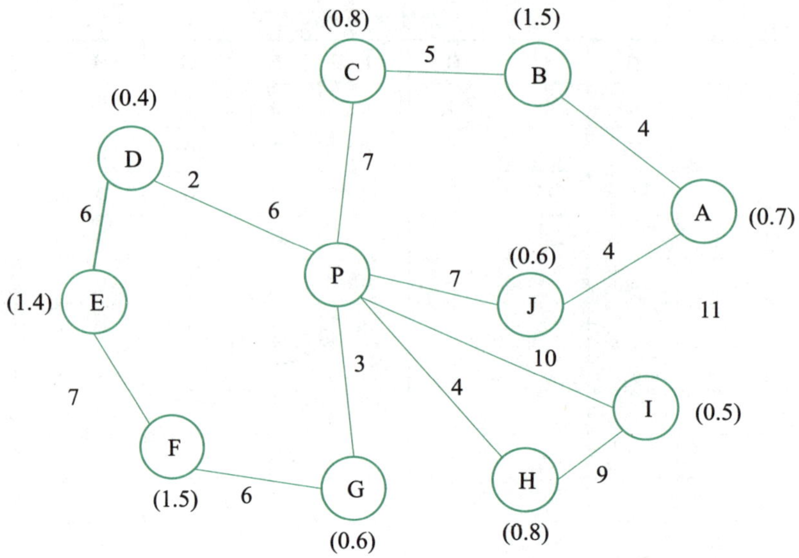

图 6-18　节约里程的线路设计

如果不进行线路优化，即从 P 点开始将货物分别依次运往 A～J 再返回 P 点，则其行程为（10＋9＋7＋8＋8＋8＋3＋4＋10＋7）×2＝148km。

综上所述，按照优化后的运输线路，车辆共行驶 27＋30＋23＝80km，比初始方案节约里程为 148－80＝68km。运输时共需 4t 车 2 辆、2t 车 1 辆。

归纳总结

运输线路的选择是运输中最常见的决策问题。运输线路的选择会影响运输设备和人员的利用效率。正确、合理的运输线路不仅可以降低运输成本，还可以缩短运输时间，提升运输服务质量。

运输线路的类型按出发点和目的地的数目可划分为单一起讫点、多个起讫点运输线路；按运输线路的几何形状可划分为往复式运输线路、环式运输线路、汇集式运输线路。

运输线路优化常用方法有标号法、表上作业法、图上作业法、节约里程法等。

学德增信

绿色物流十大重点措施

发展绿色物流的十大重点措施来源于实践总结，其选取原则一是在实践中节能效果显著；二是便于推广应用；三是属于行业公认的可影响全局的重要措施。

1. 仓库屋顶光伏发电

在物流领域，公共仓储企业和制造企业都拥有巨大的仓库屋顶资源，每个仓库屋顶的面积要比每个家庭屋顶的面积大很多，最适合推广光伏发电。据估计，仓储业每年至少有超过6 000多万平方米的仓库屋顶可建设光伏发电系统，从而减少碳排放。

2. 标准托盘循环共用

资料显示，标准托盘的循环共用可减少1/3的托盘用量，托盘寿命可以延长到6～8年，托盘循环共用可大幅提升物流效率，节能降耗的效果也突出。按权威机构对物流全流程评估测算，在同等托盘流转次数情况下，托盘循环共用系统相比一次性使用托盘产生的固体废物减少97%，能源消耗减少56%，CO_2排放减少53%。

3. 生鲜蔬果箱循环共用

中国是世界上最大的水果、蔬菜生产国之一。推广标准物流周转箱，从田间地头对蔬菜水果进行分拣和规范包装，在运输和仓储等物流链路中，物流周转箱单元保持不变，物流不再对鲜嫩的蔬果作业，而是对物流周转箱作业，一直到送上超市货架，箱内蔬菜水果不再与其他箱内的水果蔬菜发生挤压，大大降低生鲜蔬果的损耗。

4. 城市物流共同配送

共同配送实现物流绿色化发展的成效是惊人的。假设37家冷冻商品供应商，每家有500个超市，自营配送总次数为18 500次，如果采用共同配送模式，配送次数为537次，大大减少配送次数。当然这是理想情况的计算，实际配送中会遇到整车问题、线路问题、配送优化问题，但共同配送可以大幅减少配送次数是公认的。

5. 干线运输运力资源整合模式

运力资源整合也是属于共享物流模式之一。目前，运力资源整合主要有货运O2O整合模式，即利用互联网平台整合运力的运力资源共享模式，在干线运输中存在空车返程、车辆不能满载等情况，借助信息沟通与共享，整合运力资源，实现车辆满载，减少空车往返，可以大幅节能降耗，减少碳排放。此外，多式联运、甩挂运输都是整合运力资源的模式，公转铁属于运力资源结构调整的模式，是运力资源的结构性整合。

6. 推广新能源叉车

根据测算，柴油叉车年度颗粒物排放量远远大于轿车的年度颗粒物排放量。按照行业统计，目前中国柴油叉车保有量超过500万辆。新能源叉车的推广符合绿色低碳的发展方向，不仅为企业带来了不可估量的环保效益，还通过节能技术降低了运营成本。

7. 推广新能源重卡与节能重卡

目前，内燃机的热效率在40%，而大多数电动机可以将90%的能量作为动力传输。新能源重卡还不会带来尾气排放，所有新能源重卡节能减排的效果毋庸置疑。考虑到目前市场主体还是内燃机卡车，大力推进内燃机卡车节能减排也非常重要。

8. 智慧能源管理

能源管理是对能源的使用、分配、转换和消耗的全过程进行科学的计划、组织、检查、控制和监督工作的总称。内容包括：制定正确的节能政策，不断完善能源规划、能源控制系统，实施能源消耗目标管理，加强能源设备管理，提高能源利用率等。物流企业推广能源管理，尤其是积极采用可视化的智慧能源管理，可以全面分析能源消耗情况，优化和制订节能降耗计划，减少碳排放。

9. 仓库 LED 照明系统更新改造

LED 照明技术将电能转换成光能的效率非常高，使用寿命长。仓库采用 LED 照明，可减少更换灯泡次数。根据仓储照明系统改造实践结果分析，在改善了照明效果的基础上，LED 照明可节约电能，减少仓库更换照明灯泡的作业次数。此外，光管自然光照明、屋顶自然光照明等也是重要的节能措施。

10. 库架一体式智能冷库

采用国际最先进的库架一体式智能冷库能够最大限度地利用库内空间，集成应用地源热泵等节能技术、优化冷源分布技术，使用先进的墙体保温隔热设计等措施，减少能源消耗；发货月台与库内连接通道设备为环形双道互锁门，开、关门响应速度快，货物通过门时无等待时间，减少了物流作业中的能源消耗等。

资料来源：王继祥．中国绿色物流发展路线图（2022）.

讨论：目前，物流行业一直在向绿色物流方向发展，绿色物流不仅能提高企业自身竞争力、降低物流成本，而且可以促进整个行业降本增效、提升物流行业国际竞争力，从而减少能源消耗、货物浪费，营造更绿色环保的社会居住环境。阅读材料中提到了适应于当前的绿色物流十大重点措施，请同学们思考，哪些是物流运输阶段实现绿色物流的措施，并讨论还有哪些绿色物流的做法和措施。

学思践行

1. 请同学们发现身边的绿色物流，以短视频的形式在课堂上分享。
2. 举办一场“绿色物流，从我做起”宣誓大会。
3. 争做绿色物流的宣传员、监督员、践行者，排练绿色物流情景剧。
4. 举例说出物流运输决策中促进绿色物流的措施。如缩短运输里程，一方面可降低企业经营成本，另一方面可减少尾气排放。

同步实训

实训任务

现有快速消费品 7 吨，由发出点 A_1、A_2、A_3 发出，发量分别为 3、3、1（单位：吨），运往收点 B_1、B_2、B_3、B_4，收量分别为 2、3、1、1（单位：吨），收发量平衡，运输线路图如图 6－19 所示。

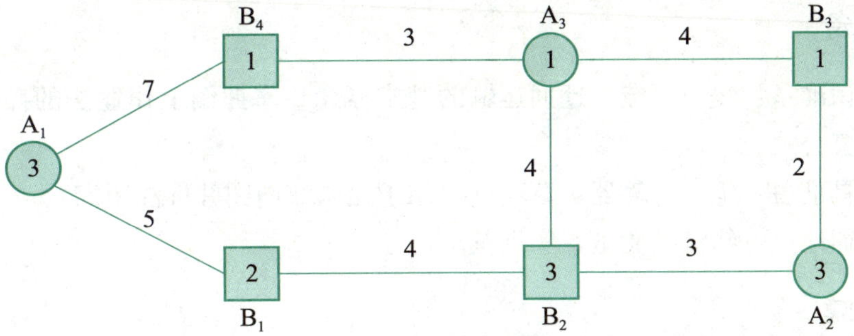

图 6-19　运输线路图

请完成以下任务：

(1) 下列描述正确的包括（　　）。

A. 若外圈流向的总距离（称为外圈长）或内圈流向的总距离（称为内圈长）超过整圈距离（称为整圈长）的一半，则称为迂回运输

B. 本案例中，初始调运方案即为最优方案

C. 运输线路图不成圈，可按照就近调拨原则进行

D. 本案例中，初始调运方案不存在对流和迂回现象

(2) 合理化运输措施包括（　　）。

A. 提高运输实载率　　B. 采用直达运输

C. 与流通加工相结合　　D. 采用配载运输

(3) 下列关于图 6-19 的最优运输线路方案的求解过程描述正确的是（　　）。

A. 采用图上作业法求解最优运输线路方案

B. 采用扫描法求解最优运输线路方案

C. 确定初始调运方案时可遵循就近调拨原则

D. 在图 6-19 中共有 2 个道路圈

(4) 本案例最优调运方案中，总周转量为（　　）。

A. 25 吨　　B. 27 吨　　C. 29 吨　　D. 30 吨

(5) 下列关于图 6-19 最终优化结果描述正确的是（　　）。

A. 由 A_1 调往 B_4 1 吨，由 A_2 调往 B_3 2 吨

B. 由 A_1 调往 B_1 3 吨，由 A_2 调往 B_2 2 吨

C. 由 A_1 调往 B_4 1 吨，由 A_3 调往 B_2 1 吨

D. 由 A_2 调往 B_3 1 吨，由 A_3 调往 B_3 1 吨

实训目的

通过图上作业法解决运输问题，理解如何避免对流和迂回运输。熟悉就近调拨原则，学会制定初始调运方案并检验其合理性。能够计算总周转量，通过调整方案实现运输成本最小化。

实训准备

（1）知识准备：复习对流、迂回运输的基本概念；掌握图上作业法的操作步骤；熟悉周转量计算公式。

（2）工具准备：笔、计算器、草稿纸（用于绘制流向图并标注距离）。

（3）实训地点：物流实验室、实训基地。

实训步骤

（1）制定初始调运方案。就近调拨原则：优先从最近的发点调配货物至收点。根据收发量，分配货物并绘制初始流向图。

（2）检验对流与迂回。对流检查：确保同一条路线上无对流运输。迂回检查：计算每个圈的整圈长度（总距离）。检查内圈/外圈流向总距离是否超过整圈的一半。若超过，则需调整。

（3）优化调运方案。消除迂回运输：若存在迂回运输，应通过调整流向来缩短内圈或外圈距离。重新分配运量：确保收发平衡，更新流向图直至无迂回运输。

（4）计算总周转量。根据最终调运方案，统计每条路径的运量×距离，求和得出总周转量。

同步测试

一、单项选择题

1. 运输方案设计与决策的起点是（　　）。

A. 客户运输需求分析　B. 运输方式选择
C. 运输线路选择　D. 运输工具与设备选择

2. （　　）的特点是机动、灵活、投资少、受自然条件限制小。

A. 铁路运输　B. 水路运输　C. 管道运输　D. 公路运输

3. （　　）载运能力低、单位运输成本高、受气候条件的限制、可达性差。

A. 铁路运输　B. 航空运输　C. 管道运输　D. 公路运输

4. 以下运输方式中固定成本最高的是（　　）。

A. 铁路运输　B. 水路运输　C. 管道运输　D. 公路运输

5. 以下运输方式中变动成本最低的是（　　）。

A. 铁路运输　B. 水路运输　C. 管道运输　D. 公路运输

6. （　　）是指在物品从生产地到消费地的运输过程中，要从全局利益出发，力求运输距离短、运输能力省、运输费用低、中间转运少、到达速度快、运输质量高，并充分、有效地发挥各种运输工具的作用和运输能力。

A. 运输最优化　B. 运输协调化　C. 运输先进化　D. 运输合理化

7.（　）是最不合理的运输形式。

A. 空车行驶　B. 过远运输　C. 对流运输　D. 运输方式不当

8.（　）是指一种货物可直达目的地，但由于批发机构或商业仓库设置不当，或计划不周，在中途停卸重复装运的不合理运输形式。

A. 空车行驶　B. 重复运输　C. 对流运输　D. 过远运输

9. 在运输决策中，考虑运输成本、运输时间和运输质量等因素时，主要是为了优化（　）。

A. 运输线路　B. 运输方式　C. 运输效益　D. 运输工具

10. 在制订运输计划时，首先需要考虑的是（　）。

A. 运输工具的载重能力　B. 货物的特性和需求

C. 运输线路的长短　D. 运输成本的高低

11. 在评估不同运输方式的优劣时，除了考虑成本和时间外，还需要考虑（　）。

A. 货物的颜色　B. 货物的安全性和完整性

C. 运输工具的外观　D. 运输人员的年龄

12. 企业选择运输方式时，如果货物是重型且对时间要求不高的原材料，最可能选择的运输方式是（　）。

A. 航空运输　B. 水路运输或铁路运输

C. 公路运输　D. 管道运输

13. 在制定运输决策时，考虑减少碳排放和环境污染，企业应倾向于选择（　）。

A. 成本最低的运输方式　B. 速度最快的运输方式

C. 更环保的运输方式　D. 最便捷的运输方式

14. 在进行运输方式选择时，如果货物需要快速到达且对运输成本不太敏感，应优先考虑（　）。

A. 水路运输　B. 铁路运输　C. 航空运输　D. 公路运输

二、多项选择题

1. 当前我国大学生承担的主要历史使命是（　）。

A. 掌握各种专业知识和技能　B. 建设中国特色社会主义

C. 实现中华民族伟大复兴　D. 建设和谐世界

2. 智慧物流未来发展的重要方向和能否进一步迭代升级的关键技术主要包括（　）。

A. 物联网　B. 大数据　C. 人工智能　D. 密集存储技术

3. 运输方案设计与决策的主要内容包括（　）。

A. 客户运输需求分析　B. 运输方式选择

C. 运输线路选择　D. 运输费用计算

4. 不合理运输的类型有（　）。

A. 单程空载　B. 重复运输

C. 对流运输　　　　　　　　　　　　D. 过远运输

5. 下列关于空驶的说法，正确的是（　　）。

A. 因调运不当、货源计划不周、不采用运输社会化而形成的空驶，是不合理运输的表现

B. 空车行驶无论从哪个角度看都是不合理运输的表现

C. 空车行驶是不合理运输的最严重形式

D. 在实际运输组织中，有时候必须调运空车，从管理上不能将其看成不合理运输

6. 航空运输的特点使得它主要担负以下哪些功能？（　　）

A. 承担大批量货物运输，特别是散装货物运输

B. 中长途旅客运输

C. 鲜活易腐等特种货物，以及价值较高或紧急物资的运输

D. 邮政运输

7. 运输合理化体现在（　　）。

A. 运输距离　　B. 运输时间　　C. 运输环节　　D. 运输工具和费用

8. 在评估不同运输方式的成本时，应考虑哪些费用？（　　）

A. 运输工具的租赁或购买费用　　　　B. 燃料费用

C. 维护费用　　　　　　　　　　　　D. 保险费用

9. 对于大型企业而言，建立自己的运输车队可能带来的优势包括：（　　）。

A. 更好地控制运输成本和时间

B. 能够根据企业需求灵活调整运输计划

C. 提高运输的可靠性和安全性

D. 减少对外部运输供应商的依赖

10. 以下哪些策略可以帮助企业降低运输成本？（　　）

A. 优化装载率，减少空载

B. 选择成本更低的运输方式

C. 与运输供应商建立长期合作关系

D. 通过改进包装减少货物损坏和损失

三、简答题

1. 不同运输方式有哪些优势和劣势？

2. 选择运输方式时要考虑的因素有哪些？

3. 试述运输线路成圈的图上作业法的步骤。

4. 在运输决策分析中，为什么需要考虑货物的性质和特点？

5. 在跨国运输决策中，企业需要特别关注哪些风险？

四、业务分析题

1. 甲公司要从位于S市的工厂直接装运500台电视机送往位于T市的一个批发中心。这票货物价值150万元。T市的批发中心确定这批货物的标准运输时间为2.5天，

如果超出标准时间，每台电视机每天的机会成本是 30 元。甲公司的物流经理设计了以下三种物流方案。

方案一：A 公司是一家长途货物运输企业，可以按照优惠费率每千米 0.05 元/台来运送这批电视机，装卸费为每台 0.10 元。已知 S 市到 T 市的公路运输里程为 1 100km，估计需要 3 天的时间才可以运到（因为货物装卸也需要时间）。

方案二：B 公司是一家水运企业，提供水陆联运服务，即先用汽车从甲公司仓库将货物运至 S 市的码头（20km），再用船运至 T 市的码头（1 200km），然后用汽车从 T 市的码头运至批发中心（17km）。由于中转的过程中需要多次装卸，整个运输时间大约为 5 天。询价后得知，陆运运费费率为每千米 0.05 元/台，装卸费为每台 0.10 元，水运运费费率为每千米 0.6 元/百台。

方案三：C 公司是一家物流企业，可以提供全方位的物流服务，报价为 22 800 元。它承诺在标准时间内运到，但是准点率为 80%。

请从成本角度评价这些运输方案的优劣。

2. 原材料运输作业设计。根据原材料供应需求，结合供应商位置等信息（见图 6－20），从工厂所在地南宁出发，巡回运输取货，请进行合理的运输线路规划。运输线路方向按顺时针方向设计，并计算出各条运输线路的油耗量。

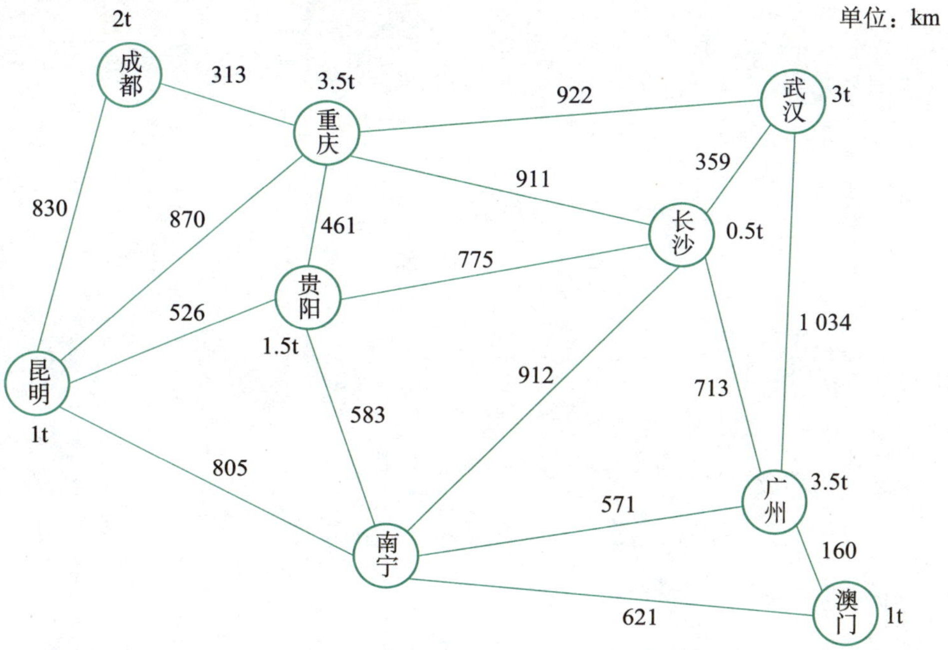

图 6－20　原材料供应商及工厂之间位置图

图中连线上的数字表示公路里程（单位：km），靠近各城市的数字表示原材料供应的需求量（单位：t）。请根据节约里程法优化运输路线。车辆信息如表 6－6 所示。

表 6-6 车辆信息

车型	数量	车长（m）	车宽（m）	车高（m）	额定载重（t）	空驶平均油耗（L/100km）	重驶增加油耗（L/100km·t）
6.3 米货车	2	6.3	2.2	2.2	6	10	0.75
6.5 米货车	2	6.5	2.4	2.4	8	11	0.9
7.2 米货车	2	7.2	2.3	2.7	10	13	1

备注：6.3 米货车总行驶里程不超过 2 860km。
6.5 米货车总行驶里程不超过 3 090km。
7.2 米货车总行驶里程不超过 4 120km。

计算结果均四舍五入并保留两位小数。

参考文献

[1] 王金妍. 物流运输管理实务 [M]. 2版. 北京：清华大学出版社，2023.

[2] 江建达，颜文华，李佑珍. 物流运输管理：理论、实务、案例、实训 [M]. 4版. 大连：东北财经大学出版社，2021.

[3] 李佑珍. 运输管理实务 [M]. 2版. 北京：高等教育出版社，2020.

[4] 孙家庆，张赫，等. 集装箱多式联运 [M]. 4版. 北京：中国人民大学出版社，2020.

[5] 中国国际货运代理协会. 国际航空货运代理理论与实务 [M]. 北京：中国商务出版社，2010.

[6] 徐家骅，沈珺. 物流运输管理实务 [M]. 2版. 北京：清华大学出版社，北京交通大学出版社，2017.

图书在版编目（CIP）数据

物流运输实务 / 姬中英主编. --3 版. --北京：中国人民大学出版社，2025. 8. --(新编 21 世纪高等职业教育精品教材). --ISBN 978-7-300-34184-2

Ⅰ. F252

中国国家版本馆 CIP 数据核字第 2025U7L505 号

"十四五"职业教育国家规划教材
新编 21 世纪高等职业教育精品教材·物流类
物流运输实务（第三版）
主　编　姬中英
副主编　刘　浩　胡艳君　杨晓楼
Wuliu Yunshu Shiwu

出版发行	中国人民大学出版社		
社　址	北京中关村大街 31 号	邮政编码	100080
电　话	010－62511242（总编室）		010－62511770（质管部）
	010－82501766（邮购部）		010－62514148（门市部）
	010－62511173（发行公司）		010－62515275（盗版举报）
网　址	http://www.crup.com.cn		
经　销	新华书店		
印　刷	北京密兴印刷有限公司	版　次	2014 年 9 月第 1 版
开　本	787 mm×1092 mm　1/16		2025 年 8 月第 3 版
印　张	14.25	印　次	2025 年 8 月第 1 次印刷
字　数	308 000	定　价	45.00 元